新编21世纪高等职业教育精品教材·公共基础课系列

写作与沟通

主　编◎丁雪昭　孙嘉慧
副主编◎金红华

中国人民大学出版社
·北京·

图书在版编目（CIP）数据

写作与沟通/丁雪昭，孙嘉慧主编. -- 北京：中国人民大学出版社，2025. 2. --（新编21世纪高等职业教育精品教材）. -- ISBN 978-7-300-33592-6

Ⅰ. H152. 3；C912. 11

中国国家版本馆CIP数据核字第2025AT7590号

新编21世纪高等职业教育精品教材·公共基础课系列

写作与沟通

主　编　丁雪昭　孙嘉慧

副主编　金红华

Xiezuo yu Goutong

出版发行	中国人民大学出版社		
社　　址	北京中关村大街31号	**邮政编码**	100080
电　　话	010－62511242（总编室）		010－62511770（质管部）
	010－82501766（邮购部）		010－62514148（门市部）
	010－62515195（发行公司）		010－62515275（盗版举报）
网　　址	http://www.crup.com.cn		
经　　销	新华书店		
印　　刷	北京鑫霸印务有限公司		
开　　本	787 mm×1092 mm　1/16	**版　　次**	2025年2月第1版
印　　张	18.5	**印　　次**	2025年2月第1次印刷
字　　数	415 000	**定　　价**	48.00元

前　言

党的二十大报告指出，要“加快建设教育强国、科技强国、人才强国”，“广泛践行社会主义核心价值观”，提出培养“立志做有理想、敢担当、能吃苦、肯奋斗的新时代好青年”的时代课题，并提出“深化教育领域综合改革，加强教材建设和管理”，这为教材工作指明了前进方向，提供了根本遵循。本着为党育人、为国育才的初心使命，本书在编写中从贯彻落实立德树人根本任务出发，守正创新，通过各类应用文写作知识的学习和写作技能的训练，提高学生写作能力和水平，培养担当民族复兴大任的时代新人。本书将“四个自信”和工匠精神贯穿始终，寓社会主义核心价值观于知识传授和能力培养之中，培养学生的奉献精神、法治思维、创新思维能力。

随着信息的传递、交流越来越频繁，及时处理和有效传达信息成为提高管理效率的必要手段。应用文作为信息的载体，是党政机关、企事业单位、社会团体及个人履行工作职责、传递工作信息、开展各项工作的重要工具，是沟通、联络整个社会公务活动的桥梁和纽带，个体具有一定的写作能力能更好地投身于国家建设。本书具有以下特点。

1. 以党的二十大精神为引领，注重服务于中国式现代化建设

本书将理论知识、专业技能与社会主义核心价值观相融合，将爱国情怀与职业精神相联系。本书中的例文、实践操作等内容中融入了彰显中国智慧、弘扬中华优秀传统文化的内容。本书旨在提高学生的文字处理能力，使其成为德智体美劳全面发展的社会主义建设者和接班人。

2. 理论和实践相结合，指导性和实用性强

本书在编写过程中按照“学习目标→单元导入→拓展阅读→单元小结→实践操作”的思路组织内容，将应用文的理论知识讲解与实际应用相结合，每个单元都有例文分析，提供多文种的基础知识，最后通过实践操作进行巩固。

3. 依据不同的应用文文种组织内容

本书在调研相关岗位的工作任务和职业能力的基础上，依据人才培养方案，紧紧围绕工作任务的需要来选取理论知识，围绕职业能力设置实战项目。本书依据不同文种，采用先理论后实践的编写模式，强调对学生应用文写作能力的培养，注重以学生为主体、以培养职业能力为核心目标、以真实案例为载体，以练促学。

4. 校企合作编写

本书由学校教师和企业人员合作编写，教学经验丰富的学校教师负责编写理论部分；实战经验丰富的企业人员负责编写案例和操作部分。

本书由辽宁经济职业技术学院丁雪昭、孙嘉慧，辽宁民族师范高等专科学校金红华共同编写。编写分工如下：孙嘉慧负责模块一，模块二中单元一、单元二、单元三和单元五的编写工作；丁雪昭负责模块二中单元四、模块三、模块四以及所有课后实践操作部分的编写工作；丁雪昭和金红华共同负责全书的统稿工作。辽宁经济职业技术学院马骥教授、省广营销集团有限公司内容营销中心副总经理闫国涛（广告圈自媒体账号“空手”作者）负责本书的审阅工作。

本书所引用的例文，著作权归原作者所有，本书仅作分析使用。本书在编写的过程中参考了大量的应用文写作书籍，在此对相关作者和为本书的出版给予帮助和支持的朋友们表示由衷的感谢。对于书中的疏漏之处，望各位专家、读者批评指正。

编者

目　录

模块一　认识应用文

模块二　认识党政公文写作

模块三　认识大学生通用文书

模块四　认识日常事务文书

模块一　认识应用文

单元一

应用文概述

学习目标

知识目标

1. 了解应用文的概念及分类
2. 掌握应用文的特点和作用

能力目标

1. 通过了解应用文的基本信息，理解应用文的写作目的在于处理与解决实际问题，提高沟通和表达能力，准确把握社会现象，准确传递思想观念
2. 能够区别应用文和其他文体，阅读、评鉴各类应用文

素养目标

1. 通过学习应用文，了解时政新闻，感受国家的发展，提高民族自信，树立远大理想
2. 理解“文以辅政”的意义，提高政治素质，增强组织纪律性和法治观念，具备严谨的工作态度和社会责任感
3. 培养善于发现问题、分析问题、解决问题的思辨能力，强化创新思维，提升写作理论素养

单元导入

应用写作历史悠久，源远流长。应用文在我国已有 3 000 多年的历史，它在漫长的社会发展进步中发挥着重要的作用，并在长期的使用过程中逐渐形成了独特而又稳定的格式。

成书于先秦时期的《尚书》，是我国现存最早的记言体史书。它所记载的基本都是典、谟、训、诰、誓、命一类的文体：“典”是对重要史实或专题史实的记载；“谟”是记君臣

谋略的；“训”是臣开导君主的话；“诰”是勉励的文告；“誓”是君主训诫士众的誓词；“命”是君主的命令。《尚书》虽然仅是记言，却形成了六种文体，体现了当时公务文书的基本形式。从《尚书》中，我们可以窥见我国古代应用文的雏形。

秦始皇统一六国，建立了中央集权制度，实行“书同文”。政治和文字的统一，为公务应用文的统一创造了条件。当时，李斯等人制定了公文格式和一系列规定，把皇帝的命令称为“制”“诏”，臣子的上书称为“奏”，写作上订立了“避讳”制度、“抬头”制度、“用印”制度和开头、结尾的用语格式，这一切都标志着公务应用文的逐渐成熟。

专题一　应用文的概念及分类

一、应用文的概念

应用文是指党政机关、企事业单位、社会团体和人民群众在处理各种事务时经常使用的、具有惯用格式的文体。

应用文适用范围广泛，几乎涉及社会生活的各个方面。在社会生活中，一切组织或个人都和应用文有着或多或少的联系，它是国家机器得以运转，单位与单位之间、个人与个人之间、个人与单位之间进行联系和沟通的重要工具，因而，与其他文体相比，它与人们的关系最为直接，使用频率也最高。

例文 1-1

住房城乡建设部关于调整全国一级、二级注册建筑师资格考试考务费收费标准的通知

建计〔2024〕61 号

各省、自治区住房城乡建设厅，直辖市住房城乡建设（管）委，新疆生产建设兵团住房城乡建设局，住房城乡建设部执业资格注册中心：

根据《财政部、国家发展改革委关于重新发布中央管理的住房城乡建设部门行政事业性收费项目的通知》（财税〔2015〕68 号）和《国家发展改革委、财政部关于改革全国性职业资格考试收费标准管理方式的通知》（发改价格〔2015〕1217 号）有关规定，结合全国一级、二级注册建筑师资格考试大纲修订，现将调整后的全国一级、二级注册建筑师资格考试考务费收费标准及有关事项通知如下。

一、全国一级注册建筑师资格考试客观题科目的考务费收费标准为 13 元/科，主观题科目的考务费收费标准为 102 元/科；全国二级注册建筑师资格考试客观题科目的考务费收费标准为 15 元/科，主观题科目的考务费收费标准为 25 元/科。收费标准按照补偿部分考务成本、减轻考生负担的原则核定，具体内容见附件。

二、本通知自印发之日起执行。《住房城乡建设部关于重新发布有关专业技术人员资格考试项目收费标准的通知》（建计〔2016〕82 号）中关于全国一级、二级注册建筑师资格考试考务费收费标准停止执行。

附件：全国一级、二级注册建筑师资格考试考务费收费标准核定表

住房城乡建设部
2024 年 7 月 31 日

这是一篇我们日常工作生活中常见的通知，也是比较典型的应用文。这篇通知中依次写了依据、目的（补偿部分考务成本、减轻考生负担）和事项，文字简练，明白晓畅，使受众一目了然。

例文 1－2

文化和旅游部汛期出游安全提示

当前，我国正值防汛关键期，极端天气多发，文化和旅游部提醒广大游客密切关注旅游安全：

一、关注预警信息。密切关注目的地及沿途天气情况，特别是气象和地质灾害预警信息，合理规划、及时调整行程安排。提前了解旅游景区开放情况，配合落实预警管控措施，防范山体滑坡、落石、泥石流、山洪暴发等自然灾害带来的安全风险。

二、做好个人防护。驾乘机动车或乘坐公共交通工具出游时，全程系好安全带。参加涉水活动穿好救生衣，不在没有安全保障的水域游玩。根据自身身体状况谨慎参与划船、漂流、浮潜、深潜等涉水活动和高空、高速、探险等高风险项目。

三、提高防范意识。外出旅游住宿时，及时了解消防疏散通道及住所周边安全状况。关注当地安全提示，远离可能发生危险的区域，主动避灾避险。遇突发、紧急情况听从现场工作人员引导和指挥，做到有序疏散。

这是一篇安全提示。在提示中，文化和旅游部对汛期出行的广大游客进行全面的提醒，体现了国家机关履职尽责，在不同工作阶段的工作职责。

例文 1－3

国务院关于同意海南省人民政府暂时行使有关行政审批权限的批复

国函〔2024〕122 号

海南省人民政府：

《海南省人民政府关于下放〈中华人民共和国种子法〉〈中华人民共和国畜牧法〉涉及有关行政审批事项权限的请示》（琼府〔2024〕4 号）收悉。现批复如下：

一、为支持海南自由贸易港建设，自本批复印发之日起至 2028 年 12 月 31 日，海南自由贸易港农作物种子进口、从境外引进畜禽遗传资源的审批由海南省人民政府农业农村部门实施。

二、海南省人民政府要抓紧做好行政审批事项下放后的承接工作，制定完善配套措施，加强事中事后监管，确保接得住、管得好。具体管理办法由海南省人民政府制定，经农业农村部同意后实施。

三、期限届满前，农业农村部要会同有关方面及时总结评估，就是否延期提出意见，

报国务院决定。

附件：国务院决定同意海南省人民政府暂时行使有关行政审批权限目录

国务院
2024 年 7 月 30 日

这是一则批复，批复是针对请示行文的。批复的开头点明了国务院是对《海南省人民政府关于下放〈中华人民共和国种子法〉〈中华人民共和国畜牧法〉涉及有关行政审批事项权限的请示》做的批复，特别具有针对性，体现了批复的行文特点。主体部分首先明确说明了国务院同意海南省人民政府的所请之事；接着对海南省人民政府开展这项工作提出了总体要求，“确保接得住、管得好”，并指出了工作方法“具体管理办法由海南省人民政府制定，经农业农村部同意后实施”，使下级机关执行文件精神时具有很大的灵活性，可以大大激发工作人员的积极性、创新精神。但监督检查规则的提出，即到期后是否延期，农业农村部要会同有关方面进行总结评估并提出意见，由国务院决定，也提醒下级机关牢记自己的责任使命。全文语言简练，内容清晰，我们从中能够看到国家建设发展是有序、科学、与时俱进的。

例文 1－4

农业农村部
关于 2024 年伏季休渔期间专项捕捞许可和捕捞辅助船配套服务安排的通告

农业农村部通告〔2024〕1 号

为规范伏季休渔期间专项捕捞许可管理，根据《渔业捕捞许可管理规定》、《农业农村部关于调整海洋伏季休渔制度的通告》（农业农村部通告〔2023〕1 号），现将 2024 年伏季休渔期间专项捕捞许可和捕捞辅助船配套服务安排有关事项通告如下。

一、按品种专项捕捞许可

2024 年伏季休渔期间按品种专项捕捞许可品种为海蜇、沙海蜇、口虾蛄、毛虾、鱿鱼、银鱼、丁香鱼、鸢乌贼和波纹巴非蛤。上述专项捕捞许可的作业场所、作业时限、最大船数、捕捞限额、作业类型、最小网目尺寸和定点上岸渔港等详见附件 1。

二、按作业类型（方式）专项捕捞许可

2024 年伏季休渔期间，同时满足以下条件的海洋捕捞渔船所有人可申请开展虾蟹类、中上层鱼类等资源专项捕捞。

（一）渔业捕捞许可证核定的作业类型（方式）为桁杆拖虾、笼壶类、刺网或者灯光围（敷）网。

（二）渔业船舶所有权登记证书记载的船籍港在上海市、江苏省、浙江省或者福建省辖区内。

（三）渔业捕捞许可证核定的作业场所全部或者部分在北纬 35 度至北纬 26 度 30 分之间的黄海和东海海域。

上述专项捕捞许可的作业场所、作业时限、最大船数、捕捞限额、最小网目尺寸和定点上岸渔港等详见附件 2。

三、捕捞辅助船配套服务安排

2024 年捕捞辅助船配套服务允许作业场所、作业时限、服务类型、最大船数和定点上岸渔港等详见附件 3。

四、专项捕捞许可申请、审批及生产要求

专项捕捞许可证由县级以上渔业渔政主管部门审批发放。符合条件的渔民可依法向船籍港所在地县级以上渔业渔政主管部门申请专项捕捞许可证。经批准开展伏季休渔期间专项捕捞的渔民，应按照核准的作业场所、时限等依法依规开展捕捞生产，遵守渔船进出渔港报告、渔获物定点上岸及安全生产等有关要求，安装并正确使用安全通导设备，服从当地渔业渔政主管部门统一调度，配合开展安全和执法检查，维护正常伏季休渔和生产秩序。

各有关省（自治区、直辖市）渔业渔政主管部门要依法按照公平、公开、便民、高效的原则，明确伏季休渔期间专项捕捞许可的具体审批权限、程序、管理要求，以及捕捞辅助船配套服务安排具体规定。因教学、科研等特殊需要，使用渔船从事捕捞作业的，由省级渔业渔政主管部门另行批准。使用辅助船为内地与港澳之间养殖水产品提供运输服务的，由广东省农业农村厅批准。

附件：1. 2024 年伏季休渔期间按品种专项捕捞许可

2. 2024 年伏季休渔期间按作业类型（方式）专项捕捞许可

3. 2024 年伏季休渔期间捕捞辅助船配套服务安排

农业农村部

2024 年 4 月 24 日

这是一则通告。通告开头部分交代了这项工作的目的、意义和依据；主体部分对 2024 年伏季休渔期间专项捕捞相关工作进行了具体安排；结尾部分发出号召，要求各有关单位“按照公平、公开、便民、高效的原则”履职尽责。

上面列举的 4 篇应用文既涉及老百姓的日常生活、学习，又涉及地区、行业的工作推进。从中我们可以看出，应用文是维系国家机器正常运转的工具，和每一个人都息息相关。正如曹丕在《典论·论文》中说：“盖文章，经国之大业，不朽之盛事。”文章是治理国家的重大事业，是流传万代的不朽之事。

二、应用文的分类

应用文广泛应用于各种不同的社会交际领域，因性质、适用范围、目的、格式的不同而形成众多文种。应用文的分类没有统一的标准。一般来说，按照使用功能来划分，应用文分为通用和专用两大类。

（一）通用类

人们在办公或办事中普遍使用的文书称为通用类应用文。它又可分为三类：

1. 党政机关公文

党政机关公文通常也叫法定公文。中共中央办公厅、国务院办公厅 2012 年印发的

《党政机关公文处理工作条例》第三条规定，党政机关公文是党政机关实施领导、履行职能、处理公务的具有特定效力和规范体式的文书，是传达贯彻党和国家的方针政策，公布法规和规章，指导、布置和商洽工作，请示和答复问题，报告、通报和交流情况等的重要工具。

党政机关公文包括决议、决定、命令（令）、公报、公告、通告、意见、通知、通报、报告、请示、批复、议案、函、纪要共15个文种。

党政机关公文具有一定的法律效力。我们在写作和使用党政机关公文时，要根据《党政机关公文处理工作条例》，区分不同文种的行文要求和适用范围，确定适用的文种形式。

2. 事务文书

事务文书也叫参照行文，是指《党政机关公文处理工作条例》规定文种之外的，日常工作中经常用到的办公行政文书，包括工作计划、总结、调查报告、规章制度、介绍信、证明信、述职报告等用来处理单位内部日常事务或与具体部门进行工作联系的应用文。

它们的行文格式不像党政机关公文那样严格，制作也比较自由。事务文书不具有法律的权威性，一般不单独行文，只作为参考材料；如有必要，须另行备文，按党政机关公文处理。有些事务文书还可在报刊上发表，如新闻、通讯等文种。

3. 日常生活文书

日常生活文书主要是指个人用来处理日常生活事务的应用文，如各类条据、书信、启事、请柬、日记等。日常生活文书与个人的日常生活、人际交往活动关系密切，适用范围很广。日常生活文书虽然也有一定的格式，但不十分严格，写作较灵活自由。

（二）专用类

专用类应用文是指在一定专业机关或专门的业务活动领域内，因特殊需要而专门形成和使用的应用文。由于分工不同，社会各行各业经管的事务有很大的差异，因此在长期的工作实践中便逐渐形成了一些与专业相适应的应用文。此类应用文除了要遵守应用文一般的规则，还有很强的专业特点。

专业类应用文可细分为以下几类：

（1）教育类：教学计划、教学大纲、教学管理条例等。

（2）财经类：市场预测报告、经济合同、审计报告等。

（3）司法类：诉状、辩护词、公证书、判决书等。

（4）传播类：消息、通讯、广告等。

（5）医学类：病历、处方、护理日志、诊断证明书等。

此外，专用类应用文还包括外交、军事等方面的文书，其适用范围都很专一。

专题二　应用文的特点与作用

应用文作为实用文书有着极其鲜明的特点。学生在学习应用文写作的过程中，只有深刻理解、准确把握应用文的特点，才能得心应手，写出好的应用文。与文学作品比起来，应用文的写作更有难度。

一、应用文的特点

（一）实用性

实用性是应用文的第一属性，也是应用文区别于文学作品和其他应用文文体的主要标志。

任何文章的写作都是有目的的。以文学作品为例，虽然诗歌、散文、小说、戏剧的特质不同，但创作者创作时的出发点却是一致的，都是有感而发，其目的是反映社会生活、表达思想情感。而应用文的写作主要是为了解决工作和生活中遇到的实际问题，是由事而发，应用文中不仅要写出具体问题是什么，而且要明确提出解决相关问题的意见、办法，写作目的是解决现实出现的问题。例如，为了向上级请求批准办理某一事项要写请示；为了向上级汇报工作、反映情况要写报告；为了解决民事纠纷要写民事诉状；为了应聘某一工作岗位要写求职信；为了向公众宣传某种商品或服务要写广告……应用文的实用性在解决实际问题时表现得更为直接。所以说，有无实用价值是判断一篇文章是否是应用文的主要标志，也是判断应用文好坏的价值尺度。

（二）真实性

真实性是指写作内容真实准确，实事求是，不浮夸，无虚构。真实是应用文的生命，也是它的显著特点之一。这一点不同于文学作品。文学创作是可以虚构的，比如小说中的人和事，虽然可能来源于生活，但都经过了艺术加工和提炼，因而能更集中、更典型地反映生活的本质。但是，应用文的性质决定了它要讲求真实，不能弄虚作假、虚构编造，否则就无法解决实际问题。应用文必须准确无误地反映客观现实，坚决排斥虚构和杜撰，文中所涉及的数据、材料等都要真实、准确；所发布、传达的上级指示精神必须态度明确。比如，写纪要，不能无中生有、歪曲事实，要真实记录会议的相关情况；写调查报告，不能靠主观想象，必须深入调查，掌握真实的情况；写新闻报道，不能胡编乱造，一定要真实、客观地反映时间、地点、人物和事件……真实性是写作应用文必须遵循的原则，作者要坚持实事求是，一切从实际出发，依法行文，否则将承担一定的责任。

（三）规范性

应用文的写作体式有其特定、惯用的格式，也就是说，应用文的内容结构和文体格式都是有规律可循的，这就是所谓的规范性。

它主要表现在两个方面：一是文种的规范性，即办什么事用什么文种，不能混淆；二是格式的规范性，即每一个文种在写法上都有大体的格式规范，不可随意变更。

文学创作主张创新和风格多样，但应用文写作恰恰相反，必须追求规范化。使用规范的格式，目的是使应用文清晰醒目，便于写作、阅读、承办、归档、查询等，从而及时处理问题，充分发挥应用文的社会功能。

应用文规范的格式，有的是长期以来约定俗成的，有的则是由国家行政机关规定的。每一种应用文都有属于自己的固定格式，包括内容的选择、结构的安排等都应严格遵守规定。例如，工作计划，一般先写目的，然后写具体任务、目标、措施、时间、步骤；调查报告，一般先介绍调查目的、调查对象、调查时间和地点、调查方式，然后就调查的问题分项阐述；消息，一般采用倒金字塔结构形式，即把最重要的内容写在前面……当然，应用文的格式也不是一成不变的，随着社会的发展，人们生活习惯和观念的变化，应用文的写作格式也会变化，但无论怎样变化，都要使它更加符合方便人们表情达意的需要，更加顺应社会发展的需要。

（四）针对性

应用文中的每一个文种都有一定的适用范围，这就决定了它们都有明确、直接的对象。比如，写信要有对象，请示要有对象，通知要有对象……即便是广告、启事也有对象，只不过它们的对象范围大一些，针对的是有关消费者和知情者群体。这与文学作品有明显不同，文学作品的阅读对象往往不明确，没有严格的针对性，一首诗、一篇散文、一部小说……谁都可以看，也可以不看，完全取决于阅读对象的意愿。

所以，应用文对作者来说是非写不可，对阅读对象来说是非读不可，否则会贻误工作。正因为如此，应用文作者在写作时要注意阅读对象的心理特点，只有这样才能发挥出应用文应有的作用。

（五）时效性

应用文是为了解决生活工作中遇到的实际问题而写的，这就决定了它有很强的时效性。应用文的各个文种都有时间限制，都是针对一定时间内要解决的问题，没有时间限制就失去了效用。所以，一旦出现问题，要及时发文、及时反映、按时办理，不允许有任何拖延，以免造成严重后果。相对而言，文学作品的写作几乎没有时间限制，所以时间性不强。

（六）明确性

明确性是针对应用文在行文语言上的要求。应用文的语言要简洁明确、干净利落，写作时要字斟句酌，表态时要清晰明确，不能模棱两可、含糊其词，就连标点符号也要准确无误。应用文是为了办事的，只有语言明确，才能提高办事效率，保证工作质量。

例文 1-5

国务院办公厅关于开展
2025 年全国 1%人口抽样调查的通知

国办函〔2024〕71 号

各省、自治区、直辖市人民政府，国务院各部委、各直属机构：

根据《全国人口普查条例》规定，国务院决定于 2025 年开展全国 1%人口抽样调查。现将有关事项通知如下：

一、总体要求

以习近平新时代中国特色社会主义思想为指导，深入贯彻党的二十大和二十届二中、三中全会精神，认真落实党中央、国务院决策部署，以人口高质量发展支撑中国式现代化，依法科学调查，周密组织部署，确保调查数据真实准确，掌握2020年以来我国人口在数量、素质、结构、分布以及居住等方面的变化情况，客观反映我国人口发展状况，为科学制定国民经济和社会发展规划、完善新时代人口发展战略、推动人口高质量发展，提供准确的统计信息支持。

二、调查对象和范围

调查对象为我国境内抽中住户的全部人口，全国共抽取约500万住户、1 400万人。

三、调查内容和时间

调查内容为人口和住户的基本情况，主要包括姓名、公民身份号码、性别、年龄、民族、受教育程度、行业、职业、迁移流动、婚姻、生育、死亡、住房情况等。

调查标准时点为2025年11月1日零时。

四、组织实施

2025年全国1%人口抽样调查是一项重大国情国力调查。各地区、各部门要按照全国统一领导、部门分工协作、地方分级负责、各方共同参与的原则，做好调查的组织实施工作。

为加强领导和协调，由国家统计局会同有关部门成立2025年全国1%人口抽样调查工作协调小组，统筹负责调查的组织实施。各成员单位要按照职责分工，各负其责、通力协作、密切配合、信息共享。县级以上地方各级人民政府要切实加强组织领导，建立相关工作机制，确保调查任务顺利完成。要充分发挥街道办事处和居民委员会、乡镇人民政府和村民委员会的作用，动员和组织社会力量积极参与、认真配合做好调查工作。2025年全国1%人口抽样调查工作协调小组及相关工作机制不作为议事协调机构，任务完成后自动撤销。

地方调查机构根据工作需要，可聘用或者从有关单位商调符合条件的工作人员，应及时支付聘用人员的劳动报酬，保证商调人员在原单位的工资、福利及其他待遇不变，确保调查工作顺利进行。

五、经费保障

2025年全国1%人口抽样调查所需经费，由中央和地方各级人民政府共同负担，列入相应年度财政预算，按时拨付、确保到位，保障调查工作顺利开展。

六、工作要求

（一）坚持依法调查。严格落实《中华人民共和国统计法》、《中华人民共和国统计法实施条例》、《全国人口普查条例》的有关规定，不得虚报、瞒报、拒报、迟报，不得伪造、篡改调查数据。全流程加强对调查对象个人信息的保护，各级调查机构及其工作人员必须严格履行保密义务，严禁向任何机构、单位、个人泄露或出售调查对象个人信息。

（二）确保数据质量。始终坚守数据质量第一原则，严格执行调查方案，规范调查工作流程，建立健全调查数据质量追溯和问责机制，充分应用部门行政记录和社会大数据强化事前事中事后数据质量检查核查，提升调查数据采集处理效能，确保调查数据真实准确、完整可信。

（三）做好宣传引导。深入宣传调查的重要意义和要求，引导广大调查对象依法配合调查，如实申报调查项目，为调查工作顺利实施营造良好的社会氛围。

国务院办公厅

2024 年 9 月 12 日

（此件公开发布）

作为应用文，例文 1－5 的通知就符合应用文的行文规范。本文要求主旨鲜明，结构严谨，语言庄重，这样各单位在收到该通知后能够明确要做什么事、怎么做、做成什么样，从而贯彻执行以上通知的内容，保质保量完成工作任务。

二、应用文的作用

作为具有实用功能的特定文体，应用文具有自己独特的作用。由于应用的范围相当广泛，应用文的作用也是多方面的，这些作用并非单一存在、没有联系的。

（一）沟通联系

沟通联系是应用文的主要功能。随着社会分工越来越细，人类的社会交往也越来越频繁。为了有效地开展工作和做好各项活动，各方面常常需要加强联系、沟通信息。群体与群体之间、群体与个人之间、个人与个人之间都存在千丝万缕的联系，应用文成为各种联系的主要载体，可以使社会组织及其成员更好地商洽、支持与配合，相互协作完成任务。所以，应用文作为普遍使用的文体，是促进社会组织之间、社会成员之间沟通协调的工具之一。

比如，双方合作，需要签订协议、合同；商品销售，要有策划案、广告；基层工作人员在工作中遇到不能解决的问题，需要向上级机关请示等。这些都需要靠应用文来促进沟通、协调关系、加强联系。

（二）宣传教化

无论对公还是对私，应用文都是为了使人们知道应该做什么、为什么要做、怎样去做。

党和国家通过应用文下达各种文件，向全国人民宣传各项方针、制度、政策；各地区、各部门、各企事业单位通过应用文推广经验，促进生产工作，表扬先进人物，批评揭露不良现象，惩治违法事件等，从而提高人们的思想觉悟，规范人们的行为，保障社会的安定，推动各项事业的健康发展。

以广告为例，企业通过广告来宣传企业形象，传播商品信息，激发消费者的购买欲望。广告直接、显著的宣传作用可以使企业不断扩大自身影响，提高自身的知名度和赞誉度，赢得社会的信任和支持，获得极高的回报。

（三）凭证依据

应用文也是工作中解决、处理问题的凭证和依据。这种凭证和依据作用在不同文种中体现的程度不同。党政机关处理各类公务，需要用应用文进行记载并保存，如颁布的行政法规、某一方面的规章制度和下达的文件，既是发文机关下发文件的凭证，也是受文单位开展工作的依据。契约性文书的凭证作用更为直接、明显，如条据、合同、协议书、公证材料等，为签约各方确定权利义务关系提供了具有法律意义的依据。一旦出现问题、纠纷，人们依靠这些凭证，可以通过法律手段解决纷争，维护自身的利益。

另外，可以作为凭证的应用文最后都将转化为档案资料，成为研究历史的重要凭据和参考依据。

拓展阅读

我国古代应用文的演变

单元小结

应用文写作以公文及各种实用文体的写作为研究对象，同时注重总结写作的内在规律与实践经验。认识了应用文的特点和作用，我们才能知道应用文是什么；弄懂了应用文的写作要求，我们才能知道应用文应该怎么写。

实践操作

一、改错题

阅读下文，分析其句子是否有序，在表达文义上存在什么问题，以及应该如何修改。

温馨提示

近来越来越多的业主来物业诉苦，讲述自家邻居门口堆放的杂物过多，看着心情糟糕，而且邻里邻居间的还不好意思面对面和邻居说，所以希望让物业出面协调下隔壁邻居。实际上自家门口的地方是共用的地方，物业没有强制的权利去清理业主家门口的杂物，一直以来物业遇见易燃品的杂物会帮忙清理，偶尔还被业主误会成物业多管闲事！

夏季已经来临，希望喜欢在家门口放置过多杂物的业主，换个清新的心情，把自家门口堆放的物品清理清理。以下关于个别楼层近期出现的问题再次特别提示：

1. 楼上业主请勿抛扔烟头、脏水、杂物等。

2. 业主在出入时千万不要给陌生人刷卡开门，避免心存不轨之人进入楼内给业主造成不必要的损失（近日有业主家门口鞋被盗）。

3. 业主离家时请务必将防盗门反锁（防盗门反锁才有防盗功能）。

4. 公共区域内不要堆放贵重物品及杂物，一是避免丢失，二是避免火灾等安全隐患（消防通道内严禁堆放任何杂物）。“上半年即将过去了，请未交 2024 年物业费的业主抓紧交费。”

××馆物业服务中心

2024.5.1

二、辨析题

请仔细阅读下面两组中 A、B 的文字，谈谈它们在语言运用上的区别。

第（1）组：

A：几痕细线连于杆与杆之间，线上停着几个小黑点，那便是燕子。

B：电线上落着几只燕子。

第（2）组：

A：像喜马拉雅山盛开的雪莲，像荒漠上悠然而现的绿洲，像草原上铺锦刺绣的格桑，在送走了多少次坎坷之后，我们终于迎来了教研教改的春天。

B：我们克服了重重困难，终于取得了成功。

三、写作题

1. 这是《航拍中国·新疆》的开场白，请你模仿辨析题中“B”的语言表述方式改写这段文字。

新疆是中国陆地面积最大的省份，相当于 101 个北京的大小，南有昆仑山，北有阿尔泰山，中部是天山，这三座大山之间，环抱着中国最大的两个盆地，我们的空中旅程从天山开启，探寻水孕育生命的奥秘。在海拔 5 000 米之上，亲近博格达峰，在冰雪之中，造访天池。向西飞进新疆最大的草原。比起山脉，河流似乎更经常被认为是文明的缘起。不过当我们谈论的是一座全长 2 500 千米，横跨四国的巨大山系时，情况就另当别论了。

2. 下面是发掘杭州雷峰塔地宫的一段报道。请将关于地宫打开过程的文字改为概括叙述，不超过 40 个字。

上午 9 时整，考古队进入现场开始发掘。打开地宫并不容易，直到 9 时 45 分，考古人员才将压在地宫洞口的 750 千克的巨石移开，露出 93 厘米长宽、13 厘米厚的大理石盖板。盖板上没有任何文字，但考古人员在紫红色的泥土中发现了 10 枚唐开元通宝铜钱。10 时 5 分盖板基本清理完毕。10 时 30 分盖板绘图完毕。11 时整盖板还没有打开，发掘现场发现越来越多的钱币。11 时 11 分，最激动人心的时刻到了，考古人员开始用撬棍撬开盖板。11 时 18 分，考古人员翻开大理石盖板，地宫口终于打开了！

单元二

应用文的写作要素

学习目标

知识目标

1. 理解应用文主旨的概念及特点，了解应用文材料的选择标准

2. 理解应用文结构的概念，掌握应用文语言的特点

能力目标

1. 能够把握应用文的主旨、材料、结构和语言等方面的要求，做到言之有物、言之有理、言之有序，言之有势

2. 能够确立应用文的主旨，依据主旨恰当使用材料，合理安排结构，正确选择表达方式

3. 能够对具体的应用文就观点、材料、结构、语言等方面加以分析评鉴

4. 能够合理恰当、字斟句酌地写出合乎文法的应用文

素养目标

1. 理解确立主旨的过程就是矛盾分析的过程，从而提高思辨、创新能力

2. 正确筛选、整合材料，谨慎使用材料，准确传达信息，牢记肩负的社会责任，使所写应用文发挥其应该发挥的作用

单元导入

应用文写作是一门与社会同步发展的学科，它来源于社会、服务于社会。学好应用文写作对我们适应日常工作、学习是十分有帮助的。应用文写作与一般文体写作有许多共通之处，比如都需要立意、布局、谋篇，但在写作知识运用上有其独特性。我们只有掌握其独特性，才能正确、规范地写好应用文。

专题一　应用文的主旨

例文1-6

弘扬勤俭节约之风

近来，公共场所的电子屏、海报上随处可见“节约”“光盘”等字样，半份菜、单人套餐、“光盘”兑换奖励等新型餐饮模式在很多餐厅悄然推开。习近平总书记对制止餐饮浪费行为作出重要指示以来，全社会积极响应，把厉行勤俭节约落实到行动上。

勤俭节约，倡导一种适度、节用、合理的生活和发展方式，蕴含珍惜资源、保护环境的价值取向，包含以艰苦奋斗为荣、以骄奢淫逸为耻的道德品质，体现对可持续发展的重视、对子孙后代的负责，是社会文明的显著标识。从《尚书》提出“克勤于邦，克俭于家”，到诸葛亮崇尚“静以修身，俭以养德”，再到《朱子治家格言》叮嘱“一粥一饭，当思来处不易”，诸多古训格言都彰显了崇俭抑奢的中华传统美德。

我们党继承和弘扬中华民族这一传统美德，铸就了艰苦奋斗、勤俭立业的优良传统。1936年，美国作家埃德加·斯诺来到延安，见到我们党的领导人住在简陋的窑洞里，睡在土炕上，穿着用缴获的降落伞做成的背心。他从中国共产党人极其简朴的生活中发现了一种伟大的力量，并称之为“兴国之光”。近百年来，一代又一代中国共产党人发扬勤劳俭朴的精神，砥砺坚不可摧的意志，带领中国人民书写了国家和民族发展的壮丽史诗。党的十八大以来，以习近平同志为核心的党中央出台“八项规定”，以身作则、率先垂范，弘扬勤俭节约的优良作风，大力破除奢靡之风，营造了风清气正、崇尚节俭的社会氛围。

同时也要看到，从日常餐饮到社会生活各领域，浪费现象仍然不同程度存在，挥霍浪费、透支消费还颇有市场。出现种种浪费行为，究其原因，有的是价值观扭曲，攀比心理和虚荣心作祟，以奢为荣、追求享乐，讲排场、好面子；有的是未经历过物质匮乏时期，对勤俭节约难以产生直观体认；有的是缺乏社会责任感，认为节俭与否主要取决于自身经济状况和生活水平，纯属个人行为，对其重要性缺乏全面认识。

勤俭节约，涉及道德、社会、经济和环境等多方面。对于个人和家庭而言，勤俭节约是一种生活态度和美德。任何物质财富的创造都凝结着劳动者的辛劳，选择节俭的生活方式，体现对自身劳动和他人劳动的尊重。对于社会而言，勤俭节约与公德紧密相连，节俭一旦蔚然成风，便可大大减少社会资源浪费、减轻环境承载压力，成为改变社会风貌的强大力量。对于各级党委和政府而言，带头过“紧日子”，各项支出精打细算，把其他领域压减的资金投入民生领域，努力办好群众关切的事情，体现全心全意为人民服务的根本宗旨，有利于不断夯实党执政的根基。

当前，面对决胜全面小康、决战脱贫攻坚的艰巨任务，面对前所未有的风险挑战，更要弘扬勤俭节约的优良传统，激发艰苦奋斗的精气神。让勤俭节约蔚成风尚，既迫在眉睫又任重道远，需要坚持德法共治，大力开展营养健康、绿色低碳等宣传教育活动，引导群众树牢浪费可耻、节约为荣的价值观念，培养勤俭节约的良好美德，建立健全鼓励节约、整治浪费的长效机制，让勤俭节约内化于心、外化于行，使崇俭抑奢成为全社会的文明追求。

这是《人民日报》发表的一篇评论，它以当下社会关注的“勤俭节约”为话题，向全社会发出了“弘扬勤俭节约之风”的倡议，立意明确，主题突出，逻辑清晰，论述全面。

一、应用文主旨的概念

主旨是文章的灵魂。所谓应用文的主旨，也叫主题，是应用文要表达的主要内容，是写作主体的认识、观点、见解、主张、情感及行文目的的集中体现，也是应用文价值的体现。

主旨在应用文写作中具有极为重要的意义，它决定着一篇应用文的基本内容和表现形式。具体地说，它决定着材料的选取、文种的选择、结构的安排和表达方式的选取。

正所谓“意在笔先”，作者在动笔写作之前就应该确定应用文主旨。应用文是为了解决实际出现的问题而写作的文体，目的是解决这一问题，所以应用文的主旨要在写作之前就确定，结论也往往在写作之前就确定了，同时作者的写作行为在一定程度上也是被动的，是为解决问题而动笔，写作的过程更是确切地体现主旨的过程。

二、应用文主旨的特点

（一）正确

应用文的主旨必须符合国家的法律、行政法规，符合党和国家的路线、方针、政策，同时也要符合客观事实，能够客观地反映事物的本质规律。如果应用文的主旨出现了偏差，应用文就不能发挥应有的作用，就无法经受住实践的考验。

（二）单一

应用文主旨的单一即表现为某一种主张或某一种思想。特别是公文，主题必须单一、明确，做到一文一事。这样行文易于上级和主管部门审阅，下级机关执行，便于对公文的立卷与归档，读者对主旨的理解单一。只有理解上达到同一性，才有利于统一认识，有利于问题的解决。

写作中切不可多中心，面面俱到反倒会主次不分；更不可下笔千言，离题万里。例如，一篇总结报告，不能把所有的工作事无巨细地都容纳进去；一篇请示里，不能同时请示几个问题，这样写作，会造成请示越写越长，主旨越来越模糊，不利于问题的解决、工作的开展。

（三）明确

应用文写作要求直截了当地点明主旨，表明态度，提出解决问题的措施和办法。作者对文章所涉及的各类问题，必须有明确的观点立场，应该怎么做、解决什么问题、达到什么目的都要明确地表达出来，既不能模棱两可、含糊其词，也不能像文学作品那样含蓄隐晦。只有明确、突出的主旨才能确保应用文被准确地理解并应用于实践，才能提高“按文办事”的效率。

（四）深刻

主旨深刻指的是应用文的主旨要能反映问题的本质。要想使主旨具有深刻性，我们就要练就透过现象看本质的能力，要能透过事物千姿百态的外部特征和复杂微妙的内部联系抓住主要矛盾。

如果在应用文写作中仅仅堆砌材料，没有归纳，就无法深刻地体现应用文的主旨，这样会显得浅薄，导致文章无法发挥应有的价值。例如，简报、通讯、总结、市场调查报告、可行性研究报告等应用文体，都要求主题深刻。

例文 1-7

国务院办公厅关于 2024 年部分节假日安排的通知

国办发明电〔2023〕7 号

各省、自治区、直辖市人民政府，国务院各部委、各直属机构：

经国务院批准，现将 2024 年元旦、春节、清明节、劳动节、端午节、中秋节和国庆节放假调休日期的具体安排通知如下。

一、元旦：1 月 1 日放假，与周末连休。

二、春节：2 月 10 日至 17 日放假调休，共 8 天。2 月 4 日（星期日）、2 月 18 日（星期日）上班。鼓励各单位结合带薪年休假等制度落实，安排职工在除夕（2 月 9 日）休息。

三、清明节：4 月 4 日至 6 日放假调休，共 3 天。4 月 7 日（星期日）上班。

四、劳动节：5 月 1 日至 5 日放假调休，共 5 天。4 月 28 日（星期日）、5 月 11 日（星期六）上班。

五、端午节：6 月 10 日放假，与周末连休。

六、中秋节：9 月 15 日至 17 日放假调休，共 3 天。9 月 14 日（星期六）上班。

七、国庆节：10 月 1 日至 7 日放假调休，共 7 天。9 月 29 日（星期日）、10 月 12 日（星期六）上班。

节假日期间，各地区、各部门要妥善安排好值班和安全、保卫、疫情防控等工作，遇有重大突发事件，要按规定及时报告并妥善处置，确保人民群众祥和平安度过节日假期。

国务院办公厅

2023 年 10 月 25 日

这是一则告知性通知。文章内容简单，省略了通知的发文原因，开门见山地点明了发文依据，具体事项，并在结尾处提出一定的要求、建议或希望。主旨明确、单一、具体，清晰告知受众做什么、怎么做。

专题二　应用文的材料

一、应用文材料的概念

材料是一篇应用文的血肉，是一系列事实或依据，包括事件、现象或数据、理论依据。它是服务于主旨的，指的是在主旨的指导下收集、撷取写入或未写入文章中的事实和依据。首先，在动笔写作之前，我们要大量地收集材料；其次，我们要在主旨的指导下，对这些原始材料进行分析、比较、筛选。收集材料要越多越好，以十当一；选择材料要精益求精，以一当十。

二、应用文材料的选择标准

应用文写作的材料可分为直接写入的材料和非直接写入的材料两类。直接写入的材料是体现主旨的媒介，非直接写入的材料和直接写入的材料一起对主旨的形成和确立发挥重要作用。

（一）围绕主旨选择

搜集材料的途径主要有两条：一是通过查阅现有的资料，如各种记录、报表、统计数字、报刊、书籍、部门或企业的档案等，占有大量间接材料；二是通过实地调查，运用观察、访问、问卷、开调查会等方法收集各种直接材料。

在大量占有材料之后，我们要从应用文亟待解决的问题出发，按照应用文主旨的需要，对所占有的材料进行取舍，选择能够有力地说明、突出主旨的材料，与主旨无关、不能服务于主旨的材料，哪怕获得的过程再不易、材料本身再生动，都要放弃。会不会围绕主旨选择恰当的材料，能体现作者对材料的处理能力以及逻辑思维能力。

我们还要依据主旨，恰当地安排材料的先后顺序，确定其详略程度，选择适宜的表达方式。常见的材料使用方法有列举法、综合法和列举、综合结合法。例如，“×××仓库所用的电缆、电线大部分是近几年购置的，其中有许多是不符合国家标准的劣质品，抗热、耐磨程度极不稳定，管库职工的休息室是在库房内用木板隔开的，职工在这里用煤火炉取暖、做饭、休息。该仓库的防火教育工作也比较薄弱，有些管库职工甚至不知道电线起火时应该采用什么方法扑灭。”这段文字为了说明火灾隐患严重，就从设备、布局、人员三个方面列举事例，既把这个易燃环境存在的火灾隐患的问题说得清清楚楚，也说明了问题的严重程度。如果只引用其中一个事例，或者都从一个侧面引用事例，就不会论述得如此全面。

（二）选择真实材料

要学会对材料进行分析，首先要能够鉴别材料的真伪，因为虚假和浮夸的材料必然导致产生错误的结论；其次要鉴别材料是否符合国家的法律、行政法规和方针政策，因为依法行文是应用文写作的基本原则。分析材料的总原则是：去粗取精、去伪存真、由此及彼、由表及里，通过对材料进行鉴别，确保应用文的真实性。

真实是应用文的生命。应用文是为了解决现实存在问题而产生的，那么写作过程中所选取的材料必须得是真实准确的，否则难以得出正确的结论。在引用过程中不能随意改动，否则有损材料的价值，最终导致事实歪曲，应用文也就失去了意义。这要求我们以端正的态度、严谨的作风来选取材料。

（三）选择典型材料

典型材料指的是那些能够深刻揭示事物本质、具有广泛代表性和强大说服力的材料。使用典型材料能起到以一当十、以少胜多的反映主旨的作用。要想使材料更好地体现文章的主旨，作者就需要从大量的材料中筛选出典型的材料。应用文大多选择正面材料阐述问题，但有时也可以选择反面材料进行映衬。

例文 1-8

辽宁省“十四五”文化和旅游发展规划（节选）

序　言

“十三五”时期，在以习近平同志为核心的党中央坚强领导下，辽宁省委省政府全面贯彻习近平总书记关于东北、辽宁振兴发展的重要讲话和指示批示精神，特别是关于文化和旅游的重要论述和指示批示精神，把文化和旅游工作摆在突出位置，聚焦举旗帜、聚民心、育新人、兴文化、展形象的使命任务，实施一系列重大政策、重大举措、重大工程，全省文化和旅游发展稳中有进、繁荣向好。文化引领风尚、教育人民、服务社会、推动发展的作用充分发挥，旅游对全省经济社会发展综合带动功能更加明显，文化和旅游发展为全面建成小康社会提供了有力支撑。文艺创作繁荣发展，精品力作不断涌现。公共文化服务效能不断提升，覆盖城乡的公共文化服务体系网络基本建成。文物保护利用全面推进，非物质文化遗产保护传承卓有成效。文化产业和旅游业持续健康发展，文化产业综合效益得到提升，旅游业综合带动作用不断增强。文化和旅游产品更加优质丰富，文化精品特别是主旋律作品、产品日益丰富。文化和旅游加快融合、相互促进，发展基础更加稳固。文化事业、文化产业和旅游业在全省经济社会发展的地位和作用凸显。全省 4 个城市获评全国文明城市，新增国家级爱国主义教育基地 4 个，1 部舞台剧获全国精神文明“五个一工程”奖，1 部舞台剧获“文华大奖”。全省村文化广场建设实现“一村一广场”，2.7 万多支群众文化艺术团体活跃在城镇乡村。大连华录集团入选“全国文化企业 30 强”。全省新增国家历史文化名城 1 个，新增全国重点文物保护单位 19 处，新增国家一级博物馆 1 个，12 个县入选国家级革命文物保护利用片区，新增国家级非遗代表性项目 9 项。全省新增 5A 级景区 1 家，3 个县区入选国家全域旅游示范区，30 个村入选全国乡村旅游重点村，沈阳市、盘锦市列入国家级文化和旅游消费试点城市，沈阳市入选国家级旅游业改革创新先行区，大连市被确定为中国（大连）邮轮旅游发展试验区。辽宁与五大洲 40 多个国家或地区开展文化交流，辽宁文化和旅游的知名度、美誉度不断提升。

这是《辽宁省“十四五”文化和旅游发展规划》序言部分的第一段。文中前半部分概述了“十三五”期间辽宁省文化事业、文化产业和旅游业在全省经济社会发展的地位和作用，但是如果不写这些就不免显得笼统，没有说服力。文中后半部分围绕辽宁省文化事业、文化产业和旅游业在“十三五”期间开展的各项工作，列举了在资源、产业、科教、人才、基础设施等方面取得的具体成果，真实可信，有力地说明了辽宁省文化事业、文化产业和旅游业在“十三五”时期的发展使其具备了迈上新台阶的有利条件，为制定“十四五”文化和旅游发展规划奠定了较好的基础，积蓄了发展潜能。

专题三　应用文的结构

一、应用文结构的概念

如果说，主旨是文章的灵魂，材料是文章的血肉，那么结构就是文章的骨架。一篇好文章不仅在形式上要和谐统一，给人以美感，而且要表现出整体与部分、部分与部分、部分自身的联系和变化。

应用文的结构是指围绕应用文主旨的需要，将材料系统地、科学地进行组织和安排，使其按照一定的形式和格式排列起来，也就是通常所说的布局、谋篇，是作者思路的体现。应用文的结构既要服务于主旨，也要适应文种的特点和表达的需要，只有这样才能将材料组成有机的整体，才能真正做到谋篇布局。

二、应用文结构的特点

（一）固定性

应用文是经过长期写作实践后逐渐形成的，有着较为固定写作结构的文体，用以满足实际工作的需要。这些固定的结构形式，使写作更快速、阅读更便捷，从而提高了办事效率。特别是公文写作，其格式更规范，结构更固定。

（二）逻辑性

应用文要求有严密的逻辑。作者写作时要根据主旨的需要安排好结构，要反映客观事物的本质联系和规律明确先写什么、后写什么。写作中通常按照“开端—发展—结果”的顺序安排结构；写问题通常按照“发现问题—分析问题—解决问题”的顺序安排结构。应用文要明确告知读者为什么做、做什么、怎么做。

三、应用文结构的类型

应用文既可以采用纵式结构，即根据人们的思路、事物的发展或活动的开展，由浅入深、由眼前到长远纵向推进；也可以采用横式结构，即根据应用文的内容横向展开，材料之间呈并列关系；还可以采用纵横结合式结构，即在组织材料时，既考虑时间的发展过程，又考虑事物的内在联系和性质。应用文具体表现为以下几种类型。

（一）单段式

单段式俗称单枪匹马式。单段式结构模式是指正文内容用一个自然段来表达，一篇公文就是一段。它用于内容少而单一、不便分开，往往采用一段文字来表达的文章，如命令（令）、公告以及内容简单的决定、函、通知等。

例文 1-9

应急管理部关于印发《社会应急力量分类分级测评实施办法（试行）》的通知

应急〔2024〕83号

各省、自治区、直辖市应急管理厅（局），新疆生产建设兵团应急管理局，部机关各司局，国家安全生产应急救援中心，部所属有关单位：

《社会应急力量分类分级测评实施办法（试行）》已经2024年10月8日应急管理部第24次部务会议审议通过，现印发给你们，请认真贯彻落实。

应急管理部

2024年10月11日

这是一则发布文件的通知。文章开门见山，直截了当地交代了做什么、怎么做，即对于《社会应急力量分类分级测评实施办法（试行）》这份文件要“认真贯彻落实”。文章结构简单，语言简洁，语气斩钉截铁，但法律约束力极强。

（二）两段式

两段式结构模式是指正文内容用两个自然段来表达。它用于内容简单、不需要每层内容都分段写的文章。这种结构模式一般适用于以下两种情况：一种是把结语部分和主体内容分开写，即结语单列一个自然段，成为两段式；另一种是把开头部分和主体部分分开写，即开头单列一个自然段，成为两段式。

例文 1-10

市场监管总局关于27项国家计量基准计量比对结果的通告

（2024年第24号）

为保证国家计量单位制的统一和全国量值的准确可靠，检验国家计量基准的运行维护管理情况，确保主副计量基准量值等效一致，市场监管总局组织实施了低频垂直向振动基准计量比对等27项国家计量基准计量比对。现将结果通告如下：

通过计量比对主导实验室和技术专家对国家计量基准计量比对结果的技术审查、统计分析和综合评价，中国计量科学研究院、中国测试技术研究院等7家单位累计进行了56家次国家计量基准计量比对。比对结果全部符合规定要求，未出现比对结果偏离正常范围的情况。

附件：国家计量基准计量比对结果

市场监管总局

2024年9月23日

这是一则通告。除了附件说明之外，第一段交代了发文目的，用文种承启语“现将结果通告如下”开启第二段，第二段介绍了市场监管总局如何开展国家计量比对工作、对象的数量和工作的结果。文章结构简单，表述清晰。

（三）三段式

三段式结构模式是指把开头、主体内容、结尾分为三段来写，是比较规范的、常用的短篇应用文结构模式。

（四）多段式

多段式结构模式是指开头概述基本情况，说明原因、目的、依据，结尾单独成段或省略结尾，主体内容分为若干自然段，各部分不分条列项。多段式用于内容较多、篇幅较长的应用文，一般包含四个以上自然段。

（五）条款式

条款式结构模式是指用分条列项的形式安排应用文结构。规章制度、计划、合同等较多使用这种形式。条款式应用文从头到尾都用条款组织内容，给人以眉目清楚、排列有序的印象。条款式应用文通常有两种形式：一种是章断条连式，俗称下楼梯式，即以章节为序划分层次，各章节下的条不随章节不同而分别编号，而是连续编号，这便于执行承办时援引使用；另一种是分条列项式，即正文内容分条列项，逐层阐明。

例文 1－11

教育部高等学校教学指导委员会章程

第一章　总　则

第一条　教育部高等学校教学指导委员会（以下简称教指委）是教育部聘请并领导的指导高等学校本科教育教学工作的最高专家组织，具有非常设机构的性质。

（略）

第二章　任　务

第三条　教指委以习近平新时代中国特色社会主义思想为指导，贯彻落实全国教育大会精神，落实新时代全国高等学校本科教育工作会议要求，接受教育部委托，开展高等学校教育教学研究、咨询、指导、评估和服务等工作。

（一）开展新时代中国特色社会主义高等教育理论体系研究，开展高等学校人才培养和本科教育教学理论与实践研究。

（略）

第三章　组　织

第四条　教指委一般按照专业类设置。根据实际工作需要，设置综合类、课程类、专项工作类等教指委。

（略）

第四章　委　员

第八条　教指委委员由高等学校、政府部门和行业、企业、科研院所等单位的专家组成，由教育部在省级教育部门、高等学校、行业部门（协会）和上届教指委推荐基础上进行选聘。委员任职条件包括：

（一）政治立场坚定，遵纪守法，能够全面贯彻党的教育方针，深刻理解和把握高等教育有关政策。

（略）

第五章　工作制度

第十三条　建立教指委主任委员和秘书长联席会议制度。联席会议由教育部定期组织召开，必要时可召开临时会议。

（略）

第六章　工作支持

第十九条　主任委员所在单位应对教指委的日常工作提供合理的工作条件和工作经费。按照《教育部办公厅关于教育部高等学校教学指导委员会印章使用事宜的通知》（教高厅函〔2014〕2号），教指委开展工作时如需使用印章，由主任委员所在单位代章或经主任委员授权由秘书长所在单位代章。

（略）

第七章　附　则

第二十条　各教指委可依据本章程制订工作细则。

第二十一条　本章程自公布之日起施行，由教指委总秘书处负责解释。

这是一则章断条连式的章程。全篇分章，章下有条，条下设款，如第二章第三条第一款。整个章程分条列项，条目清晰，便于读者理解。

（六）表格式

这是应用文不同于其他文体所特有的一种结构形式。表格式应用文通常有两种形式：一种是规范表格文书，即事先印制好规范的表格式文本，将有关内容分项列出，各项之后留下空白，按规定填写，一般要注明填写要求和注意事项，如图 1－1 所示；另一种是临时表格文书，即作者单位临时制作的表格式文书，根据写作目的，将有关统计数据编制成表格。

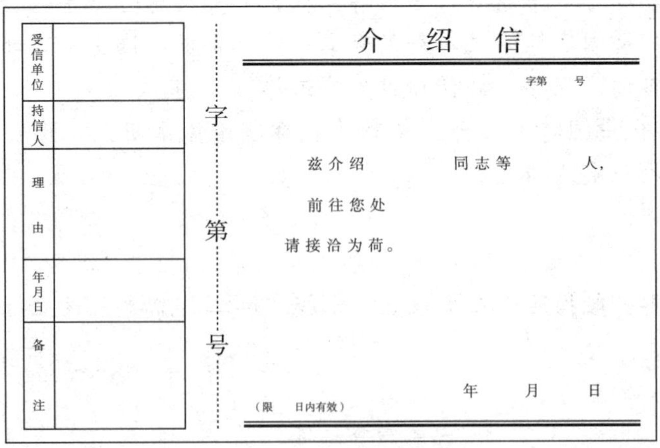
受信单位
持信人
理由
年月日
备注
字
第
号
介　绍　信
字第　号
兹介绍　同志等　人，
前往您处
请接洽为荷。
年　月　日
（限　日内有效）

图 1－1　介绍信模板

四、应用文结构的基本内容及写法

应用文结构的基本内容由标题、开头、正文、结尾和落款构成，其中正文的写作还涉及层次与段落、过渡与照应几个要素。

（一）标题

标题字数不多，但它有概括全文、揭示中心的作用，要鲜明、准确，因此有“题好一半文”之说。

应用文的标题写作要求充分体现主旨，有的标题还要依照相关条例规范的要求进行书写，这与文学作品形式多样、命题灵活多变的标题有着明显的不同。应用文标题的基本形式有两种：

1. 公文式标题

公文式标题的构成通常是发文机关名称＋事由＋文种，如“教育部办公厅关于开展‘读经典 我思考’”主题读书活动的通知”。但在实际操作中可根据具体情况省略部分要素，即使用事由＋文种的形式，如“2020年政府网站和政务新媒体检查情况通报”；或仅说明文种的形式，如“倡议书”。

2. 文章式标题

这里的“文章”指的是不包括“公文”在内的文章。文章式标题常用于办公事务文书、日常生活文书等应用文中，它可分为单标题、双标题。

（1）单标题，如“××百货公司租赁经营招标书”。

（2）双标题。双标题往往由引题＋正题或正题＋副题组成，如“文明城市建设面临的重要课题——××距全国文明城市还有多远”“现实力量与想象空间——面对‘互联网＋’的电影美学新表达”。

（二）开头

应用文的开头没有一成不变的写法。文种不同、内容不同，写法也各不相同，但无论如何表达，开头都有统领全文、确定基调的作用，因此无论哪一类文种，无论什么内容，开头都要考虑紧扣主旨，尽快引出主旨，即在开头第一句或第一段就要把读者的思想引到所要说明和解决的问题上。常见的应用文开头大致有以下几种：

1. 概述式

概述式开头，即概括地写出该文的主要内容、基本情况或主要问题，交代有关背景、缘由。这种开头多用于调查报告、述职报告、可行性研究报告、简报、总结、纪要等文种。例如，《四川大学以“五个强化”促进毕业生高质量充分就业》的开头：“四川大学深入学习贯彻党的二十大精神和习近平总书记关于做好高校毕业生就业工作的重要指示精神，把就业工作作为重中之重、摆在更加突出位置，在健全机制、拓展岗位、优化服务、重点帮扶、提升质量等方面多措并举、综合发力，不断提升就业工作质量和水平，努力促进毕业生高质量充分就业。”

2. 目的式

目的式开头，即开头就说明写文章的目的、缘由、意义、宗旨。目的式开头常用“为了”“为”等介词引导，表明行文目的，常用于决定、情况通报、通告、通知、意见、计划等文种。例如，《中共中央关于进一步全面深化改革 推进中国式现代化的决定》的开头：“为贯彻落实党的二十大作出的战略部署，二十届中央委员会第三次全体会议研究了进一步全面深化改革、推进中国式现代化问题，作出如下决定。”

3. 根据式

根据式开头，即交代行文依据，表明该应用文是根据法律、法令、文件精神、对方来文、存在的问题、突发事件等行文的，以保证发文的法定权威性。根据式开头常用“根据”“遵照”“按照”等介词引导，常用于批复、决定等文种。例如，《农业农村部关于2024年伏季休渔期间专项捕捞许可和捕捞辅助船配套服务安排的通告》的开头：“为规范伏季休渔期间专项捕捞许可管理，根据《渔业捕捞许可管理规定》、《农业农村部关于调整海洋伏季休渔制度的通告》（农业农村部通告〔2023〕1号），现将2024年伏季休渔期间专项捕捞许可和捕捞辅助船配套服务安排有关事项通告如下。”

4. 提问式

提问式开头，即开头就提出问题，制造一个悬念，发人深思，然后引出正文。调查报告、毕业论文、新闻等文种有时用这种方式开头。例如，《人民日报》发文《防汛关键期如何做好防范应对?》的开头：“监测预警、巡查防守……‘七下八上’防汛关键期，防汛重点领域和环节如何落实落细措施、做好防范应对？近日，记者进行了采访。”

5. 说明式

说明式开头，即开头先对要写作对象的背景、情况做一些说明，在此基础上引出正文。这种开头多用于调查报告、新闻、通讯、广告等文种。例如，《执青春之笔 书奋斗篇章》的开头：“夏日时节，当歌声在校园响起，那些青春的身影，带着师长同窗的殷殷祝福与期待，踏上各自的征途：有的选择扎根基层、投身乡村，书写乡村全面振兴新篇章；有的选择献身科研、探索未知，为科技进步贡献青春力量……人生如同远航，每个人都是勇敢的‘航海家’，大家以梦想为舵、以奋斗为帆，带着热爱奔赴美好未来。”

总之，应用文的开头都离不开根据、目的、原因、事件、时间等要素，具体选用哪一种开头，作者要根据全文的内容、结构和表达的需要来决定。

（三）正文

1. 层次

层次是文章思想内容的表现次序，它反映了作者的思维过程。安排层次的常见顺序有以下几种：

（1）并列式，即各层次之间呈并列关系。一些法规性文件，常常是一条一个层次，条与条之间呈并列关系。

（2）递进式，即各层次之间是层层递进的纵深关系，按事物自身的内在联系或逻辑顺序安排层次。意见、报告等文种常采用这样的方式。

（3）总分式，即各层次之间是总述与分述的关系，既可以先总述后分述，也可以先分述后总述。工作总结、调查报告、纪要等文种常采用这种方式。

（4）顺序式，即各层次是按照事件发展的经过或时间的先后顺序来排列的，常用于叙事性较强的文种。市场调查报告、总结、通报、纪要、报告等常采用这种方式。

内容丰富、篇幅较长的应用文，通常以拟定小标题方式表示层次。拟定小标题时要遵循集中明确的原则，使读者能够快速准确地领会本章节的主要内容，还要顾及整篇文章的逻辑结构，总标题与小标题之间要具有总分关系，各小标题之间应是并列关系，依照文章主旨分清主次详略。例如，《国务院治淮会议纪要》一文的第一部分共有四个小标题：防洪方面、除涝防渍方面、灌溉方面、管理方面，四个小标题清晰地展示了各段之间内容上的承接关系。

应用文中规范的层级标法形式有两种，一种是使用数量词标注：第一层为“一、”“二、”“三、”“四、”……第二层为“（一）”“（二）”“（三）”“（四）”……第三层为“1.”“2.”“3.”“4.”……第四层为“（1）”“（2）”“（3）”“（4）”……另一种是使用词或词组标注，如用“首先”“其次”“最后”等表述层次关系。

2. 段落

段落俗称自然段，是组成应用文的最基本单位，是应用文在阐述思想内容时，用来表示转折、强调、间歇等情况的文字停顿。段落在行文格式上以开头和换行为标志。

段落和层次同样都反映出作者思路发展的某一个阶段，但段落不同于层次。在文章中，内容比较单一的层次可能由一段文字组成，即篇段合一式，这种情形在一些较短的应用文中比较常见，如公文中的批复、函和通知中的转发性通知，以及日常工作中使用的证明信、邀请函等。层次比较复杂的内容，可能通过几个段落来体现，即以序数词为标志，分条列项地划分段落，这种情形在合同、报告等应用文中较为常见。

3. 过渡

过渡是指上下文之间的衔接、转换，起到承上启下的作用，使前后相邻的段落自然衔接，让读者的思路能够由前者连贯自然地过渡到后者。

常见的过渡形式有以下三种：

（1）过渡词。它一般用在一些转折关系不太突出的地方。常用的过渡词有“总之”“由此可见”“综上所述”等。

（2）过渡句。在段落或层次之间，常用句子将上下文串联起来，这样的句子就是过渡句，又称承启用语，如“现将具体要求通知如下”“现通报如下”“现提出如下处理意见”“本项目招标概况如下”“现签订合同如下”等。

（3）过渡段。当两个层次间的转折较大时，就需要用过渡段来进行过渡，起到承前启后或者提示的作用。

4. 照应

照应是指前后内容关照、呼应。照应并非简单的文字重复，而是有意识地进行强调、重复。应用文的照应主要有以下几种形式：

（1）首尾照应。开头与结尾相呼应，结尾通常起强调、补充的作用，有画龙点睛的效果。

（2）前后照应。前面的内容为后面的内容埋下伏笔，后面的内容对前面的内容进行解释，相互呼应，使整篇应用文在表达上更加完整。

（3）题文照应。标题与应用文的部分内容相照应，比如标题与应用文的正文、主旨、开头或者结尾相照应。

（四）结尾

结尾是指文章的结束部分。结尾写得好，能够起到强调主题、突出主旨、加深印象的作用。如果正文主体部分已表明作者意图，结尾也可省略。常见的结尾有以下几种：

1. 总结式

总结式结尾归纳全文，得出结论，点明主旨，以加深读者对文章的印象。总结式结尾常用“综上所述”“总而言之”等词语引出。这种形式多用于总结、调查报告、通报等文种。

2. 号召式

号召式结尾归纳全文，提出希望，展望未来，发出号召。号召式结尾常用“望”“希望”等字词开头。这种形式多用于总结、决定、计划、纪要等文种。

3. 说明式

说明式结尾是对主体部分的未尽事宜做一些补充说明，或者对与内容有关的问题做一些必要的交代。说明式结尾常用“以上内容仅用于××××”“本合同一式两份，双方各执一份”等语句。这种形式多用于公告、通报、通告、合同、规章制度等文种。

4. 期请式

期请式结尾，即在陈述事件后，以习惯用语和固定格式结尾。这种形式多用于公文、经济合同、诉讼文书等文种，比如公文中，通知的结尾一般用“特此通知”，请示的结尾用“当否，请批示”，报告的结尾用“请予指正”，请批函的结尾用“请予审批”等；事务文书中，述职报告的结尾用“请各位批评指正”，请柬的结尾用“敬请届时光临”等。

与开头一样，应用文的结尾也是多种多样的，具体选择哪一种结尾方式，还要根据具体情况进行恰当的选择。

一般来说，应用文的结构应该发挥如下作用：标题可以使读者明确文章的主旨；开头可以使读者理解写作的缘由；层次可以使读者理解文章思路中每一阶段的意义；段落可以使读者获得思索、回味的空间；过渡可以使读者的思维完成自然的转换；照应可以使读者的认识紧连密锁；结尾可以使读者明确题旨、知晓要求。

（五）落款

落款包含发文机关署名和成文日期，俗称署名署时。在成文日期之上，以成文日期为准居中编排发文机关署名。有些应用文的成文日期编排在标题下方。

专题四　应用文的语言

一、应用文语言的概念

语言是思想的载体，也是进行写作、表达内容、构成应用文的重要手段。应用文的主旨需要用语言来凸显，材料需要用语言来表达，结构需要用语言来组织。

例文 1-12

××通信有限公司关于成立客户服务中心的通知

公司各科室：

为了增进与客户的联络、进一步做好客户服务工作、适应公司日益发展的新形势，经公司研究决定，在原客户联络室的基础上成立客户服务中心，主任由×××同志兼任。

××通信有限公司

××××年××月××日

这是一则告知性通知。这篇通知表述凝练，依次写明了成立客户服务中心的目的——“为了增进与客户的联络、进一步做好客户服务工作、适应公司日益发展的新形势”，成立的依据——“经公司研究决定”，具体工作事项——“在原客户联络室的基础上成立客户服务中心，主任由×××同志兼任”，文字简洁，明白晓畅，使受众一目了然。

二、应用文语言的特点

不同的文体有不同的社会功能，也形成了不同的语言特点。应用文的语言特点主要有以下三点。

（一）准确

准确，是指语言含义要表述清楚，词语的内涵外延要明确，做到遣词造句的准确。具体而言，要注意以下几个方面：

1. 区别字义，避免错字别字

组成一篇应用文的字、句、章、篇都应该准确，避免使用错别字，“即、既”不分、“已、己”不分、“辨、辩”不分、“未、末”不分、“分、份”不分、“帮、邦”不分、“爆、暴”不分、“需、须”不分、“拨、拔”不分、“搏、博”不分；“启事”写成“启示”、“安装”写成“按装”、“家具”写成“家俱”、“上风”写成“上峰”、“惋惜”写成

“婉惜”、“寂寞”写成“寂莫”、“毕竟”写成“必竟”……出现错别字，说明作者不懂字义，不懂字义必然导致无法准确表情达意。

2. 辨析词义，避免用词随意

我们要准确把握词语之间的细微差别，不能不辨不析随意使用，特别是近义词的辨析，比如“施行”与“实行”、“消灭”与“消亡”、“成绩”与“成就”、“成果”与“成效”、“事情”与“事件”、“反应”与“反映”、“征购”与“收购”、“坚决”与“坚定”、“顾固”与“固执”以及“同意”、“原则同意”与“基本同意”等，要谨慎辨析之后才能选用。

3. 搭配妥当，避免成分残缺

汉语词汇按语法可分为实词和虚词两大类。实词又分为名词、动词、形容词、数词、量词、副词和代词等；虚词又分为连词、介词、助词、语气词、叹词等。各类词在句子中的语法特点和功用是不一样的。如果我们在撰写应用文的过程中没有恰当选择词类，就会产生语病。如果说口头语言要求成分完整，那么书面语言的要求就更高了。应用文书承载着解决实际问题的重任，句子成分不完整，会产生歧义，就有可能导致应用文的作用得不到充分的发挥。

（二）简洁

简洁是指语言要言简意赅，没有多余的成分，用最少的文字表述最丰富的内容，要让读者一看就懂，不引起误读，这既是节省时间、提高办事效率的需要，也是应用文真实、明确特征的体现。但简洁既不意味着遣词造句单调浅陋，也不意味着可以随意地省略要素信息。

（三）庄重

《党政机关公文处理工作条例》第三条明确指出：“党政机关公文是党政机关实施领导、履行职能、处理公务的具有特定效力和规范体式的文书，是传达贯彻党和国家方针政策，公布法规和规章，指导、布置和商洽工作，请示和答复问题，报告、通报和交流情况等的重要工具。”这就确定了党政机关公文所具有的权威性和行政约束力。行政公文属于重要的应用文文种，具有一定的代表性。

应用文的语言应该是庄重、严肃的。要体现应用文语言的庄重性就要做到以下两点：一是要用规范的书面语言，既不能用口语，也不能用方言、土俗俚语，更不能滥用繁体字、异体字，同时禁止生造词语；要使用规范化简称，不能滥用缩略语。二是使用应用文专门用语。应用文常常有一套相对固定的用语，有的还保留了一定的古语成分，如“特此函达”“妥否，请批示”等。

另外，应用文的文种不同，用词语气也不一样。命令多用斩钉截铁的语气，没有商量的余地，如图 1－2 所示。征询意见、协商事情的公函要用商量的语气，法规性公文的语气很严肃。

中华人民共和国人力资源和社会保障部令

第 53 号

《人力资源社会保障部关于修改和废止部分规章的决定》已经2024年6月3日人力资源社会保障部第30次部务会审议通过，现予公布，自公布之日起施行。

部　长　　王晓萍

2024年6月14日

图 1－2　令

三、应用文专用语言

（一）开头用语

开头用语用于说明发文缘由、意义、根据，或介绍背景材料及情况等。为、为了，根据、按照、遵照、依照，鉴于、关于、由于，目前、当前，兹（指现在）、兹有、兹将、兹介绍、兹派、兹聘等都是常见的开头用语。

（二）承启用语

承启用语用于连接开头与主体部分，起承上启下的作用。为此、据此、故此、鉴此、综上所述、总而言之、总之，根据……决定、根据……特通告如下、依据……公告如下、为了……现决定、为……通报如下、现就……问题请示如下、现将……（情况）报告如下、现就……问题提出如下意见、拟采取如下措施等都是常见的承启用语。

（三）引述用语

引述用语是指批复或复函引述来文作为依据的用语。悉（知道）、收悉、电悉、文悉、敬悉、欣悉等都是常见的引述用语。

（四）批转用语

批转用语是指用于批转、转发、印发通知的用语。批转、转发、印发、请遵照执行、请认真贯彻执行、请认真按照执行、请照此执行、请结合实际认真贯彻落实等都是常见的批转用语。

（五）称谓用语

称谓用语是指对各机关的称谓，包括简称。我（部）、贵（局）、你（省）、本（部门）、该（处）等都是常见的称谓用语。

（六）经办用语

经办用语用来表明工作处理过程或情况。经、业经、兹经、未经，拟、拟办、拟订，施行、暂行、试行、可行、执行，审定、审议、审发、审批，会议听取了、会议讨论了、会议指出、会议通过了、会议决定、会议要求、会议恳切呼吁等都是常见的经办用语。

（七）表态用语

表态用语用来表示意见、态度。应、应当、同意、原则同意、不同意，不可、可办、照办，批准、原则批准、特此批准，请即执行、按照执行、可行、不可行、迅即办理等都是常见的表态用语。

（八）结尾用语

结尾用语大致分为以下几种。

用于请示的结尾用语：当否，请批示；妥否，请批复等。

用于函的结尾用语：请研究函复；盼复；请予复函；不知尊意如何，盼函告；望协助办理，并尽快见复等。

用于报告的结尾用语：请指正；请审阅等。

用于批复、复函的结尾用语：此复；特此专复；特函复等。

用于知照性公文的结尾用语：特此公告（通告、通知、通报）等。

用于表示敬意、谢意、希望的结尾用语：敬礼、致以谢意、谨致谢忱、希、即希、敬希、请、望、敬请、烦请、恳请、希望、要求等。

表示命令的结尾用语：着、着令、特命、责成、令其、着即等。

表示告诫的结尾用语：切切、毋违、切实执行、不得有误、严格办理等。

拓展阅读

武帝求茂才异等诏

单元小结

本单元讲授了应用文书写作的要素——主旨、材料、结构、语言。没有主旨，文章就像没有灵魂的行尸走肉；没有材料，文章就像没有血肉的一堆枯骨；没有结构，文章就像没有骨架的一块死肉；语言如果啰唆乏味，文章就像披上了破衣烂衫。应用文写作是一门与社会同步发展的学科，学好应用文写作对我们日常的工作学习很有助益。

实践操作

一、改错题

1. 到北京参观奥运村及新改造后的“地铁”是我这次旅行的归途。

2. 在几天时里，我们的身体和精神都有很大的收获，体重逐日增加（最高的达五公斤），精神非常愉快。

3. 校长、副校长和其他学校领导出席了这届迎新会。

4. 去年的学习情绪和今年比较起来大不相同。

5. 从事业的发展上看，还缺乏各项科学专家与各项人才。

二、辨析题

下面这两组文字是某市人民政府加强自行车交通管理规定的讨论稿和定稿，试比较讨论稿和定稿在语意表述上的不同。

1. 讨论稿：凡骑自行车者，必须遵守以下规定：

定稿：骑自行车者，必须遵守以下规定：

2. 讨论稿：沿路靠右行驶，禁止逆行。在划有车辆分道线的道路上，不准在机动车道或便道上骑行。

定稿：沿路靠右行驶，禁止逆行。禁止在便道上骑行。在划有机动车和非机动车分道线的道路上，禁止在机动车道上骑行。

三、阅读题

请从下面每则材料中提炼一个观点。

1. 当球王贝利踢进第 1 000 个球时，记者去访问他：“您对所踢进的 1 000 个球中的哪个球最满意?”贝利回答说：“我对第 1 001 个球最满意。”

2. “运动”这个词，两个字都含有一个“云”，而且“云”开始“走”了就是“运”，“云”跟“力”挨在一起就“动”了。“动”是云朵的自然状态；云一直在“动”，到了一定程度，它们就爆发出“力”量。这样的解释肯定贻笑大方，但“运动”确实能积蓄力量。“每天锻炼一小时，健康工作五十年，幸福生活一辈子”，这三者之间是递进关系，更是因果关系。

单元三

应用文的表达方式

学习目标

知识目标

1. 了解叙述的人称，叙述、议论、说明的区别
2. 理解叙述的特征、议论的要素、说明的结构

能力目标

1. 能够理解应用文的社会功用决定了其表达方式不同于文学作品
2. 能够分析应用文的叙述、议论、说明等表达方式并加以评鉴

素养目标

1. 能够不断提升文化素养，提高语言文字的运用能力
2. 能够主动关注社会，成为有担当、有责任心、有情怀、有创造力的建设者

单元导入

在文章里，以叙述、描写为主的是记叙文；以议论为主的是议论文；以说明为主的是说明文。如果对表达方式不敏感，我们就难免会错用文体。普遍采用的表达方式有叙述、描写、抒情、议论与说明。其中，应用文以实用为目的，故很少运用描写、抒情，而较多运用叙述、议论、说明，以便介绍情况、阐述观点或说明问题。其中，记叙文的记叙六要素、议论文的议论三要素和论证的结构安排、说明文的说明顺序与说明方法，是写作时务必遵循的原则规范。

专题一　应用文中的叙述

叙述，又称记叙，是按照一定的次序叙说、介绍人物的经历、言行或事物发展变化过程的表达方式。一个完整的叙述包括时间、地点、人物以及事件的起因、经过、结果六个要素。

叙述是应用文的基本表达方式，用来交代背景，介绍文章涉及的人、单位或事件的基本情况、事物发展变化过程以及相互关系，为议论提供事实依据。例如，通报、报告、总结等文种都以叙述事实作为阐述理论的依据；会议纪要、合同、诉讼公文、新闻稿等都用叙述对事实作如实反映和记载。

例文 1－13

在不断历练中成长成才（青春之声）

2024 年 4 月，在酒泉卫星发射中心举行的神舟十八号航天员与中外记者见面会上，航天员叶光富、李聪、李广苏分享了逐梦蓝天的故事。李广苏说，刚成为一名飞行员时，强烈的晕机反应曾一度让自己面临停飞。困难面前，李广苏没有退缩，在日复一日的训练中，他不断调整自己的状态，克服一个个困难，实现了一次又一次的自我超越。

“宝剑锋从磨砺出，梅花香自苦寒来。”成功的背后，是不懈的练习、持续的努力。国家游泳队队员张雨霏无论是成为奥运冠军前，还是进入新的备战周期，一年四季，她的生活基本都是在训练与比赛中度过。张雨霏说：“一周 7 天我们练 6 天，每天上午下午都要训练，每节课 2 至 3 个小时，一周 11 至 12 节课。”为调整好继电器，沈阳铁路信号有限责任公司电器车间调整班班长柯晓宾一遍遍地练习。她在工作台放上秒表，调整一台继电器的时间，从一个月缩短一分钟，到半个月再缩短一分钟，变为一周又缩短一分钟。半年后，柯晓宾成为同期中第一名上线、独立生产的信号调整工。多年来，她手指间的水泡磨成了老茧，调整越发熟练。

常言道，“台上十分钟，台下十年功”。一项项不凡成绩的取得，靠的是持之以恒的付出。从体育健儿在训练场上咬紧牙关再多坚持一会儿，到大国工匠甘坐冷板凳下绣花功夫提升技艺水平，再到科研人员以“十年磨一剑”的精神不懈探索、厚积薄发，着力破解“卡脖子”技术难题，坚持是获得成功的重要因素，是对梦想最好的诠释。

和坚持不懈、久久为功相对应的是各种“速成主义”。在快节奏的社会，慢下来、静下心，保持干事的定力和韧劲尤为难得。然而，互联网上，不乏几天就学会某项技能的广告推送，“一夜暴富”的故事，在一些年轻人中也有一定市场。受此影响，有人追求“短平快”，凡事求捷径；有人浅尝辄止，不肯沉心静气下一番功夫，最终只能蹉跎了岁月。一分耕耘，一分收获。成功不会从天而降，唯有一开始就端正态度，下一番苦功夫、笨功夫，才能在历练中成长，实现个人价值。

也有人会问，明明自己下了功夫，却为何不见成效，或收效不大？问题可能出在方法上。正确的方法是成事的必要条件。无论是运动员、工匠，还是研究者，其中的佼佼者必定既勤奋努力又掌握了科学方法。对于年轻人来说，书本和实践都是学方法、长本领的重要途径。在书海遨游，到一线历练，都能让人受益无穷。有了行之有效的办法，再加上刻苦的练习、孜孜不倦的努力，方能干出一番业绩。

“为者常成，行者常至，历史不会辜负实干者。”当代中国青年是与新时代同向同行、共同前进的一代，生逢盛世，肩负重任。在这个大有可为的时代，年轻人要有愚公移山的志气、滴水穿石的毅力，脚踏实地，埋头苦干，积跬步以至千里，一定能够把宏伟目标变为美好现实。

这是《人民日报》的一篇新闻稿。文中对航天员叶光富、李聪、李广苏，国家游泳队队员张雨霏，电器车间调整班班长柯晓宾等人的成长经历进行了叙述。这些叙述为后文阐述成功和成绩的背后是持之以恒的付出和科学方法的运用提供了依据，真实可信，可以有效激励年轻人脚踏实地，立志干出一番业绩。

一、应用文叙述的特征

（一）以记事为主

因为应用文要反映现实、解决问题，所以应用文中的记叙多以记事为主，如反映经济活动状况、市场情况、经济信息或阐述事情原委、总结工作等。此外，应用文中的叙述以平实为主，极少华丽渲染。文学作品的叙述可作艺术加工，所述事件不必是客观存在的事实；应用文所述事实必须客观真实，既不能对事实夸大或缩小，也不能歪曲事实或主观臆造，否则就会导致决策失误。例如，如果市场预测所依据的市场状况是虚构的，那么结果就必定有很大的偏差。

（二）以顺叙为主

为使读者条理清晰地理解所述的客观事实，应用文讲求平铺直叙，尽量使用顺叙。顺叙是指按照事件发生的先后顺序来叙述，这是应用文写作中最基本的叙述方式之一。应用文可以按照时间顺序、事件的发展顺序和人们认识事物的客观顺序进行叙述，这样能使比较复杂的事情条理清晰、一目了然。顺叙的优点是有头有尾，符合阅读习惯；缺点是缺少波澜，略显平淡。

（三）以概括叙述为主

文学作品须通过叙述细节来塑造人物形象，展开故事情节，但在应用文中，则是要用叙述为阐明正确结论作依据。例如，通报的叙述是为后面阐述事实的性质，达到对这一事件的学习、鉴戒或引起注意的目的而服务的。可见，叙述本身不是全文的核心，因而应用文写作的叙述大多是简明扼要的概括叙述，这种叙述要围绕一个核心展开，重点叙述能够表述主旨、说明本质问题的核心部分，包含的信息要充实，语言表述要简洁有力，只注重对事件的整体勾画，不要求细节的具体、内容的详尽，可以只是综合地、概括地叙述若干人或事的共同点。

二、应用文叙述的人称

叙述的人称是指作者进行叙述的角度。应用文中的叙述人称多为第一人称和第三人称，有时也会使用第二人称进行叙述。

第一人称有“我”“我们”，是发文机关在文章中以见证者、当事人的身份出现并进行叙述的人称。凡是从本人、本单位为立足点叙述事情的，都用第一人称。常常采用第一人称的文种有报告、请示、批复、议案、函、意见、述职报告、贺信、计划、总结、申请书、倡议书、讲话稿等。主观性叙述多选用第一人称，其优点是真实、亲切、可信；缺点是囿于所见所闻，不能叙述见闻之外的事情。例如，《辽宁省“十四五”文化和旅游发展规划》中的这段文字就是以第一人称进行叙述：“‘十四五’时期文化和旅游发展面临重大机遇，也面临诸多挑战，我们要胸怀中华民族伟大复兴战略全局和世界百年未有之大变局，更加自觉地准确识变、科学应变、主动求变，抓住机遇、迎接挑战，锐意进取、攻坚克难，以创新发展催生新动能，以深化改革激发新活力，奋力开创文化和旅游发展新局面。”

需要说明的是，应用文中的第一人称，指的往往是发文机关，只有很少一部分是作者本人，比如个人计划、个人总结、个人述职报告、个人启事等。

发文机关向主送机关进行叙述常用第二人称，具体包括“你”“你们”等，公文中常用“你们”“你省”“你局”等词语。例如，“你们《关于辽宁省承办第十五届全国冬季运动会的请示》（体竞字〔2023〕133号）收悉”。

第三人称有“他”“她”“它”“他们”，是指作者在文章中以局外人身份出现进行叙述的人称。客观性叙述多选用第三人称。第三人称不受时空和作者是否亲身经历限制，因而叙述面较广、较为自由。常常采用第三人称的文种有纪要、会议记录、意向书、订货单、合同、新闻稿等。例文1－13中对航天员叶光富等人成长成才经历的叙述就是以第三人称进行叙述的。

例文1－14

贺　电

中国体育代表团：

欣悉上海运动员樊振东在巴黎奥运会乒乓球男子单打决赛中顽强拼搏、勇夺冠军，实现该项目奥运会、世锦赛与世界杯“大满贯”。我们谨代表上海人民表示热烈祝贺！

自东京奥运会夺冠以来，樊振东始终坚持刻苦训练，保持了世界一流的竞技水平，展现了奋发向上、勇攀高峰的精神状态。樊振东取得的优异成绩，离不开国家体育总局和中国乒乓球队的悉心培养，我们向国家体育总局和中国乒乓球队表示衷心的感谢！

衷心祝愿中国体育健儿在巴黎奥运会上再接再厉、再创佳绩！

中共上海市委
上海市人民政府
2024年8月4日

这是一则贺电。运动员樊振东在2024年巴黎奥运会乒乓球项目男子单打决赛中获得了金牌后，上海市委、市政府向中国体育代表团发去贺电，信中以第一人称角度，感谢国家体育总局和中国乒乓球队对樊振东的悉心培养，表达对中国运动员的祝愿。

例文 1-15

习近平总书记给第三届中国“互联网＋”大学生创新创业大赛“青年红色筑梦之旅”的大学生的回信

第三届中国“互联网＋”大学生创新创业大赛“青年红色筑梦之旅”的同学们：

来信收悉。得知全国150万大学生参加本届大赛，其中上百支大学生创新创业团队参加了走进延安、服务革命老区的“青年红色筑梦之旅”活动，帮助老区人民脱贫致富奔小康，既取得了积极成效，又受到了思想洗礼，我感到十分高兴。

延安是革命圣地，你们奔赴延安，追寻革命前辈伟大而艰辛的历史足迹，学习延安精神，坚定理想信念，锤炼意志品质，把激昂的青春梦融入伟大的中国梦，体现了当代中国青年奋发有为的精神风貌。

实现全面建成小康社会奋斗目标，实现社会主义现代化，实现中华民族伟大复兴，需要一批又一批德才兼备的有为人才为之奋斗。艰难困苦，玉汝于成。今天，我们比历史上任何时期都更接近实现中华民族伟大复兴的光辉目标。祖国的青年一代有理想、有追求、有担当，实现中华民族伟大复兴就有源源不断的青春力量。希望你们扎根中国大地了解国情民情，在创新创业中增长智慧才干，在艰苦奋斗中锤炼意志品质，在亿万人民为实现中国梦而进行的伟大奋斗中实现人生价值，用青春书写无愧于时代、无愧于历史的华彩篇章。

习近平

2017年8月15日

这是习近平总书记给参加第三届中国“互联网＋”大学生创新创业大赛“青年红色筑梦之旅”的大学生的回信。习近平总书记在信中肯定了青年学子们的行为“体现了当代中国青年奋发有为的精神风貌”。第二人称的使用，让人倍感亲切。

例文 1-16

关于给予王××同志批评处分的通报

王××，女，财贸学院辅导员。该同志在未经学院批准的情况下，于2022年12月25日离岗并私自出境，至今未归。该同志在离岗期间未履行请假手续，违反了《××大学教职工请假暂行规定》的相关规定。

经研究，决定对王××同志予以全院通报批评，取消其本年度评优资格，从2022年12月25日起停发其全部工资。

希望广大教职员工引以为戒，严格遵守校纪校规，认真履行请假手续。

××大学

2023年1月5日

这是一则批评性通报。通报中在陈述王××的行为时使用“该同志”的表述方式，属于典型的第三人称表述方式。

专题二　应用文中的议论

议论又称论说，是作者通过摆出事实材料和进行逻辑推理，对某件事情或某个问题表明自己的立场、观点或意见，实质上是一种说理的方式。应用文常常用议论的方式进行评论、分析，探寻事物发展的规律和阐述主题。根据具体的主题，有的直接加以议论，有的只是含有一些议论的成分，不展开具体的论证。通报、决定中常会使用议论，概括性地直陈事理，提出自己的观点。

例文 1－17

中共中央关于进一步全面深化改革 推进中国式现代化的决定（节选）

（2024 年 7 月 18 日中国共产党第二十届中央委员会第三次全体会议通过）

为贯彻落实党的二十大作出的战略部署，二十届中央委员会第三次全体会议研究了进一步全面深化改革、推进中国式现代化问题，作出如下决定。

一、进一步全面深化改革、推进中国式现代化的重大意义和总体要求

（1）进一步全面深化改革的重要性和必要性。改革开放是党和人民事业大踏步赶上时代的重要法宝。党的十一届三中全会是划时代的，开启了改革开放和社会主义现代化建设新时期。党的十八届三中全会也是划时代的，开启了新时代全面深化改革、系统整体设计推进改革新征程，开创了我国改革开放全新局面。

以习近平同志为核心的党中央团结带领全党全军全国各族人民，以伟大的历史主动、巨大的政治勇气、强烈的责任担当，冲破思想观念束缚，突破利益固化藩篱，敢于突进深水区，敢于啃硬骨头，敢于涉险滩，坚决破除各方面体制机制弊端，实现改革由局部探索、破冰突围到系统集成、全面深化的转变，各领域基础性制度框架基本建立，许多领域实现历史性变革、系统性重塑、整体性重构，总体完成党的十八届三中全会确定的改革任务，实现到党成立一百周年时各方面制度更加成熟更加定型取得明显成效的目标，为全面建成小康社会、实现党的第一个百年奋斗目标提供有力制度保障，推动我国迈上全面建设社会主义现代化国家新征程。

当前和今后一个时期是以中国式现代化全面推进强国建设、民族复兴伟业的关键时期。中国式现代化是在改革开放中不断推进的，也必将在改革开放中开辟广阔前景。面对纷繁复杂的国际国内形势，面对新一轮科技革命和产业变革，面对人民群众新期待，必须继续把改革推向前进。这是坚持和完善中国特色社会主义制度、推进国家治理体系和治理能力现代化的必然要求，是贯彻新发展理念、更好适应我国社会主要矛盾变化的必然要求，是坚持以人民为中心、让现代化建设成果更多更公平惠及全体人民的必然要求，是应对重大风险挑战、推动党和国家事业行稳致远的必然要求，是推动构建人类命运共同体、在百年变局加速演进中赢得战略主动的必然要求，是深入推进新时代党的建设新的伟大工程、建设更加坚强有力

的马克思主义政党的必然要求。改革开放只有进行时，没有完成时。全党必须自觉把改革摆在更加突出位置，紧紧围绕推进中国式现代化进一步全面深化改革。

这段文字进行了多方面、多层次、多角度的完整性论证，运用概念、判断、推理等思维形式阐明了事物的内在联系，原则性地表述了事理，让读者明白了“进一步全面深化改革，推进中国式现代化”的重要意义和总体要求，统一了思想。

一、应用文议论的三要素

每一段完整的议论均由论点、论据、论证三要素构成。

（一）论点要正确、明确

论点，就是作者提出的观点、见解。议论时只能有一个中心论点，却可以有多个分论点。无论是哪类应用文，议论时都要明确地阐明论点，即提倡什么、反对什么，肯定什么、否定什么，必须旗帜鲜明，绝不能含糊不清。

（二）论据要充分、翔实

论据，是指证明论点的材料，也就是论点得以成立的理由和依据。论据包括理论论据和事实论据。引用理论论据时要严格说明出处，忠于原意；引用的事实论据必须客观真实，经得起推敲审查，不能用未经验证的材料去证明论点。

（三）论证要规范、有力

论证，又叫论证过程，是指运用论据来证明论点的过程。论证方法有归纳法、例证法、引证法、类比法、反证法、喻证法、对比法、归谬法、因果法等。论据和论点之间要具有必然推出的联系，符合推理的逻辑，论据不能胡乱联系。

二、应用文议论的特点

（一）重数据、重材料

应用文中的议论与议论文的不同之处就在于，应用文中的议论不是靠言论的雄辩，而是以不可辩驳的事实和数据为依据，反对不切实际、天马行空的议论。

（二）点到即止

应用文中的议论既不需要长篇大论，也无须展示一个完整的议论过程，它点到即止，不做深入论证，对逻辑推理的要求也不严格，有时还会省去论证过程，直接阐述论点。

（三）与说明、叙述等方式结合使用

与一般议论文以议论贯穿始终的方式不同，应用文中不单独进行完整的议论，往往是

依赖于所叙述的事实和说明的对象，在事实和现象的基础上进行议论，也就是夹叙夹议、叙议结合。

三、应用文议论的结构

（一）纵式结构

纵式结构是逐层深入的论述结构，即在提出论点后按照逻辑关系，循序渐进地去论证，由浅入深，层层递进，把观点逐渐展开，最后归纳总结。这种论证结构的好处是层次清楚、逻辑严密、论证深刻。纵式结构主要有两种类型：

（1）将中心论点分成几个分论点，分论点之间构成的是由浅入深、由简单到复杂的关系。层次间可用诸如“不仅……而且……”“……况且”等关联词语过渡。

（2）按照“提出问题、分析问题、解决问题”的思路安排论证结构，即按“是什么—为什么—怎么样”的顺序来写。

运用纵式结构要注意的是：层次之间的关系要符合认知规律，不可随意颠倒；层次之间的过渡要自然，要注意使用一些承启用语做好承上启下的工作。

（二）横式结构

横式结构是并列展开的论述结构。各部分内容之间没有明显的主次、先后、因果、条件等层次关系，而是从不同的角度对论点展开论证。

专题三　应用文中的说明

说明，就是用简明扼要的文字，对客观事物或事理的状态、性质、特点、功能、成因、关系、功用等属性，加以客观的解释和介绍的表达方式。在应用文中以说明的方式来介绍背景材料、交代情况，既可以为叙述进行铺垫，也可以为议论提供必要的依据。解释介绍的对象既可以是真实存在的，如总结、简报、调查报告、工作报告等应用文种中对某些基本情况的介绍，表彰、处分决定或通报等应用文种中对有关人员或单位的介绍，介绍信、证明信、自荐书等专用书信的内容，启事、合同、广告、说明书、解说词等事务文书中的相关内容；也可以是抽象说理的，如条例、规定、制度、公约等行政法规、规章中的内容。说明是应用文中主要的表达方式之一，常与叙述同时使用。

例文 1－18

2023 年电线电缆、水泥等 31 种产品质量国家监督抽查情况通报

近期，市场监管总局组织电线电缆、水泥等 31 种产品质量国家监督抽查。现将抽查情况通报如下：

一、基本情况

（一）监督抽查概况。共抽查检验 4 223 家生产单位、1 997 家销售单位的 4 583 批次产品，发现不合格产品651批次。在不合格产品中，电线电缆22批次、水泥16批次、家用和类似用途插头插座4批次、家用和类似用途固定式电气装置的开关（墙壁开关）8批次、延长线插座（带电源适配器）5批次、砂轮11批次、防爆灯具12批次、防爆电机6批次、防爆电器4批次、电子门锁51批次、危险化学品包装物5批次、童鞋41批次、滚筒干衣机2批次、食具消毒柜6批次、按摩器具29批次、电热水壶9批次、织物蒸汽机8批次、自动电饭锅16批次、电源适配器14批次、移动电源33批次、电磁灶22批次、固定式通用灯具76批次、嵌入式灯具109批次、彩色电视机12批次、打印机2批次、家用电动洗衣机7批次、电动晾衣架5批次、废弃食物处理器17批次、加湿器8批次、儿童及婴幼儿服装81批次、学生文具10批次（见附件1）。

（二）跟踪抽查情况。跟踪抽查到上次抽查不合格生产单位136家，其中有25家生产单位产品仍不合格（见附件2）。

（三）拒检情况。本次抽查中，广州市格古洛电器有限公司违反《产品质量法》规定，无正当理由拒绝接受监督抽查（详见附件3）。

二、抽查结果分析

（略）

三、有关要求

针对本次产品质量国家监督抽查发现的问题，各有关省级市场监管部门要按照《产品质量法》《产品质量监督抽查管理暂行办法》等有关要求，迅速组织做好监督抽查结果处理工作，并及时将处理情况录入e-CQS系统。对不合格产品，要依法采取查封、扣押等措施，严禁生产销售；涉嫌假冒的，要通过现场检查、询问情况、查阅合同发票等方式调查取证，查清违法事实，从严从快从重处置。对不合格产品生产销售单位，要明确整改要求，严格督促落实整改措施，及时组织复查。对连续两次抽查不合格和拒绝接受监督抽查的，要开展现场检查和跟踪抽查，通过核查、约谈等方式依法严肃处理，并实施重点监管。违法行为涉嫌犯罪的，要及时移送司法机关。要督促抽查不合格生产销售单位落实质量安全主体责任，按要求配备质量安全总监和质量安全员，建立符合本单位实际的质量安全风险清单，落实日管控、周排查、月调度工作制度。总局将加强抽查结果处置情况的跟踪督办，并视情通报。

附件：（略）

这是一份情况通报。文中“基本情况”部分和“有关要求”部分都运用了说明的表述方式。第一部分“基本情况”中介绍了此次市场监管总局组织的产品质量国家监督抽查中抽查了哪些产品和产品的数量，最后一部分“有关要求”中对在本次产品质量国家监督抽查中发现的问题如何处理进行了说明。文字简明扼要，内容清晰明了。

一、应用文说明方法的种类

常用的说明方法有定义说明、分类说明、举例说明、比较说明、引用说明、数字说明、图表说明等。

（1）定义说明是用准确、科学的语言揭示事物的本质，是对某种概念的内涵和外延的规定。

（2）分类说明是将说明对象按照一定的标准划分出不同的类型，并加以说明。分类说明需要注意的是，划分类别时标准要统一，类与类之间不能混淆，列举的种类不能有遗漏。

（3）举例说明是举出具体事例来说明事物或事理。举例说明可以把比较抽象、复杂、深奥的事物或事理说得具体、浅显、容易理解。

（4）比较说明是把两种或两种以上的事物放在一起比较，用以说明事物的本质特点。比较是人们认识事物的根本方法之一。事物之间无论是做横向比较还是做纵向比较，都要有可比性。横向比较，就是对互相关联的两个事物进行比较；纵向比较，就是对同一事物在不同发展阶段的情况进行比较。

（5）引用说明是引用资料说明客观事物或说明对象的情况。这种方法比较有说服力，容易令人信服。

（6）数字说明是用精确、具体的数字来说明事物特征，使说明更客观、更具有科学性。使用数字时要仔细核对，来源必须可靠且准确无误。

（7）图表说明是用图画和表格来说明事物特征。这种方法比较直观，多用于比较，而且文字较少，掌握起来也很容易。

二、应用文说明的特点

（一）客观

说明是为了真实客观地反映事物的本来面貌、本质特征，这就要求说明客观、科学、严肃，实事求是，否则说明就失去了根本意义。

（二）准确

说明要抓住特征，用词要准确、恰当。此外，为了使说明准确，要根据说明对象和写作目的，选用最佳的说明方法。采用什么说明方法，要服从内容的需要灵活选择，比如采用比较说明、图表说明、数字说明等方法来辅助说明。

（三）科学

说明的内容应是正确的，说明的方法应是恰当的。说明的内容必须正确，即与客观事实相符。为了保持内容的正确性，必须恰当运用说明方法，比如举例说明是列举突出的实例来说明事物事理，是通过个别认识一般的一种方法，既能帮助读者理解，又能给读者留下深刻的印象。

三、应用文说明的顺序

应用文说明的顺序是使说明内容条理化的必要条件。常见的说明顺序有逻辑顺序、时间顺序、空间顺序。采用什么顺序，主要取决于说明对象的特点。

（一）逻辑顺序

逻辑顺序，即按照事物、事理的内在逻辑关系，或由个别到一般，或由具体到抽象，或由主要到次要，或由现象到本质，或由原因到结果逐一介绍说明。

无论是实体事物，如山川、江河、花草、树木、器物等，还是抽象事理，如思想、观点、概念、原理、技术等，都适用于以逻辑顺序来说明。阐述事物、事理间的各种因果关系或其他逻辑关系，以逻辑顺序写作较为适宜。

（二）时间顺序

时间顺序，即按照事理发展过程的先后顺序来介绍。例如，说明生产技术、产品制作、工作方法、历史发展、文字演变、人物成长、动植物生长等，按时间顺序写作较为适宜，因为这样说明得更清楚，能对文章起到画龙点睛的作用，使读者一目了然。

（三）空间顺序

空间顺序，即按照事物空间结构的顺序来说明，或从外到内，或从上到下，或从整体到局部来加以介绍，这样说明有利于全面说明事物各方面的特征。

四、应用文说明的结构

（一）按照说明对象的自身条理性安排结构

任何说明对象都有自身的条理性，把握这种条理性并据此安排结构，能使说明的内容井然有序。一般来说，运动、变化、发展的事物，它的条理性表现在时序上，不同时间有不同的形态，在说明时可按时间顺序安排结构。处于静止状态的事物，如建筑群、名胜古迹、物品等，常常在空间位置上体现出条理性，在说明时宜按空间顺序，先表后里、先外后内进行说明。

（二）按照人们对说明对象的认识规律安排结构

针对比较陌生或者难以理解的说明对象，要按照人们对事物的认识规律安排说明结构，说明时要建立由具体到抽象、由表面现象到内在事理、由个别推及一般的写作结构。在具体说明中先写状态，再写功用或成因，最后揭示性质特征，这样更利于读者理解。

对并不陌生的事物或事理，说明时可先说一般，再说个别现象（先写性质特征，后写状态）。这样，读者可以先获得对事物或事理的总体认识，再进行具体的理解。

五、叙述、议论、说明的区别

在应用文的写作中，说明是最主要的表达方式之一，它经常与叙述同时使用。由于说明和叙述都有着介绍人物、述说事物的功能，因此二者有时难以区分。

叙述、议论、说明的区别主要表现在下面两点：

（一）叙述、议论、说明的使用目的不同

叙述的目的是诉诸读者的感性，使读者有所“感”；议论的目的是诉诸读者的理性，

使读者有所“信”；说明的目的是诉诸读者的理性，使读者有所“知”。

（二）叙述、议论、说明的表达方式不同

叙述是对物体作出形象、生动、活泼的述说，使读者获得感悟；议论则是运用概念、判断、推理的思维方式推出观念，使读者获得思绪；说明是对物体作出冷静、客观、科学的诠释，使读者获得知识。

叙述、议论、说明是不可互换、不可替代、各自独立的表达方式，在实际中，也有交叉运用的情况。

拓展阅读

《标点符号用法》　　《出版物上数字用法》

单元小结

本单元所讲述的叙述、议论、说明，是应用文写作中常常采用的表达方式。表达方式是靠语言来表述的，因此，语感的形成与表达方式的准确把握，有着密切的关系。如果肯下工夫，多背诵、多分析名段名篇，日积月累，就可以从语感上掌握叙述、议论、说明的特点。

掌握表达方式的最终目的是完成诸文体的写作，所以，我们在增强语感的同时，还应有意识地培养自己的写作感觉。

实践操作

一、改错题

1. 不管气候条件和地理环境都极端不利，登山队员仍然克服了困难，胜利攀登到峰顶。

2. 止咳祛痰片，它里面的主要成分是远志、桔梗、贝母、氯化铵等配制而成。

3. 春风一阵阵吹来，树枝摇曳着，月光、树影一起晃动起来，发出沙沙的声响。

4. 由于银行贷款利率下调，所以我厂产品的生产成本下降了一倍。

5. 加强素质教育是深化教育体制改革的关键，不能否认这是培养新世纪人才的重要举措。

二、辨析题

公文的正文一般都有叙事、说理、目的（结论）。请细读下面的一段文字，属叙事的，画上“______”线；属说理的，画上“______”线；属目的（结论）的，画上“......”线。

国务院关于防沙治沙工作情况的报告显示，党的十八大以来，坚持治沙和致富相结合，沙区经济社会发展取得新成效。各地坚持生态建设产业化、产业发展生态化，利用沙区独特资源，适度发展中药材、优质牧草、经济林果、沙漠旅游等产业，实现生态改善和经济发展相得益彰。黄土高原、燕山山地、新疆绿洲等地形成了一批林果、瓜果、木本油料等生产基地，年产干鲜果品 4 800 万吨，占全国总产量的 25%，重点地区林果收入占农民纯收入一半以上。沙区生态环境不断好转，有效保护了耕地，提升了粮食安全保障能力。华北东北等粮食主产区基本建成带片网相结合的农田林网，保护了 4.5 亿亩农田。

三、阅读题

1. 请你阅读下列材料，在表格中填写每个材料的数据、分析和观点。

资料批注	任务
2024 年前三季度，邮政行业寄递业务量和邮政行业业务收入分别完成 1 376.7 亿件和 1.2 万亿元，同比分别增长 19.6%和 10.7%，继续保持快速增长势头。快递业务量和业务收入分别完成 1 237.7 亿件和 1.0 万亿元，同比分别增长 22.0%和 14.1%（同比增速按可比口径计算）。其中，三季度，快递业务量完成 436.1 亿件，同比增长 20.1%。	数据： 分析： 观点：
2023 年上半年，重庆公安机关共移送起诉电信网络诈骗及关联犯罪嫌疑人 78 00 余人，破获案件 4 400 余起，追赃返还 1.94 亿元。这些数字的背后，充分体现了重庆市各有关部门的高度重视和积极作为，以及不断加强金融消费者的反诈教育和风险防范工作。	数据： 分析： 观点：
持续深化禁寄物品管控，扎实开展寄递安全“三项制度”专项整治，深入推进安全生产治本攻坚三年行动。优化行业保通保畅工作机制。强化重点地区重点时段督导检查和寄递服务保障，积极开展行业防汛抗旱防台风工作情况调度。持续开展常态化行业运行监测预警和舆情监测。部署规范快递市场秩序、提升服务质量工作，坚决防止“内卷式”恶性竞争。持续推进快递员合法权益保障工作。	数据： 分析： 观点：

2. 指出下列材料的核心意思。

2020 年 5 月 27 日上午 11 时整，2020 珠峰高程测量登山队 8 名攻顶队员，全部成功登顶珠峰，将五星红旗插上世界最高峰峰顶并开展各项测量工作。5 月 27 日凌晨 2 时许，8 名攻顶队员从海拔 8 300 米营地出发，克服重重困难，成功从北坡登上珠穆朗玛峰峰顶。巧合的是，45 年前的今天，1975 年 5 月 27 日中国登山队登顶珠峰，首次将觇标带至峰顶，测绘人员根据交会测量原理，推算出珠峰高程为 8 848.13 米。今天，测量登山队员在峰顶竖立起测量觇标，使用 GNSS 接收机通过北斗卫星进行高精度定位测量，使用雪深雷达探测仪探测了峰顶雪深，并使用重力仪进行了重力测量。上述高精度测量仪器均由我国自主研发。同时也是人类首次在珠峰峰顶开展重力测量，这将有利于大地水准面优化，提高珠峰高程精度，并获取宝贵的科学数据。当觇标竖立在峰顶后，在珠峰周边海拔 5 200 米至 6 000 米的 6 个交会点，测量队员开始同步开展峰顶交会测量和 GNSS 联测，获取珠峰高程测量数据。

核心意思：

城市水系管理处负责人表示，今年，将在加强水系绿化管护的同时，重点对连心河两岸绿化水平进行提升。连心河沿线的重要部位，将进行高标准绿化整治，增加乔木数量；对河两岸的一般绿地，将以种植灌木、彩叶树及野花组合的方式，丰富绿化色彩，增加整个连心河绿地靓度。水是影响植物生长的第一要素。考虑到 S 市干旱缺水的实际，为提升连心河沿线绿地管护质量，确保绿地浇灌到位，将在连心河沿线有条件的地方铺设管道 24 万米，实施喷灌浇水。为进一步提升水系绿化管护水平，水系管理部门将由粗放管理向精细化管护转变，通过奖优罚劣、末位淘汰等措施强化管护，着力打造“水系形象”。

核心意思：

模块二　认识党政公文写作

单元一

党政公文写作概述

学习目标

知识目标

1. 掌握党政公文的概念、特点和种类
2. 掌握党政公文的规范格式
3. 理解党政公文的行文规则

能力目标

1. 能够准确地描述党政公文格式以及相关要求
2. 能够辨识党政公文，能够运用党政公文的行文规则选择文种

素养目标

1. 了解党和国家的重要举措，树立远大理想
2. 依法、依规、依程序制文行文，培养严谨的文风、一丝不苟的精神以及认真负责、爱岗敬业、诚实守信的工作态度和责任担当

单元导入

党政公文有广义和狭义之分。广义上讲，党政公文是党政机关、社会团体、企事业单位等合法组织办理各种公务时使用的书面材料的总称。狭义上讲，党政公文主要是指党政机关实施领导、履行职能、处理公务时所使用的文书。根据《党政机关公文处理工作条例》第三条规定，党政机关公文是党政机关实施领导、履行职能、处理公务的具有特定效力和规范体式的文书，是传达贯彻党和国家方针政策，公布法规和规章，指导、布置和商洽工作，请示和答复问题，报告、通报和交流情况等的重要工具。

专题一 党政公文概述

2012年4月16日，中共中央办公厅、国务院办公厅印发了《党政机关公文处理工作条例》(以下简称《条例》)。《条例》分总则、公文种类、公文格式、行文规则、公文拟制、公文办理、公文管理、附则八章四十二条，自2012年7月1日起施行。1996年5月3日中共中央办公厅发布的《中国共产党机关公文处理条例》和2000年8月24日国务院发布的《国家行政机关公文处理办法》停止执行。

在实际工作中，党政公文被普遍应用在各级机关、企事业单位和社会团体中，成为区别于各个领域的各类行业文书的通用类公文。

一、党政公文的概念

《条例》总则中明确指出，为了适应中国共产党机关和国家行政机关（以下简称党政机关）工作需要，推进党政机关公文处理工作科学化、制度化、规范化，制定本条例。本条例适用于各级党政机关公文处理工作。

党政机关公文是党政机关实施领导、履行职能、处理公务的具有特定效力和规范体式的文书，是传达贯彻党和国家方针政策，公布法规和规章，指导、布置和商洽工作，请示和答复问题，报告、通报和交流情况等的重要工具。

《条例》第四条至第七条也指出，公文处理工作是指公文拟制、办理、管理等一系列相互关联、衔接有序的工作。公文处理工作应当坚持实事求是、准确规范、精简高效、安全保密的原则。各级党政机关应当高度重视公文处理工作，加强组织领导，强化队伍建设，设立文秘部门或者由专人负责公文处理工作。各级党政机关办公厅（室）主管本机关的公文处理工作，并对下级机关的公文处理工作进行业务指导和督促检查。

二、党政公文的特点

（一）鲜明的政策性

公文在各项事业中发挥着阐明事理、启发觉悟和提高认识的作用，是治国理政的重要工具，代表着党和政府的执政理念、执政思想，丝毫不能偏离党和国家的政治目标和政策轨道，不能有悖于党和国家的路线方针政策以及法律法规等，具有很强的政策性要求。

（二）法定的权威性

党政机关公文是各级党政机关根据法律赋予的权限和职责制作和发布的，表达的内容是党政机关对特定问题的权威意见、看法和要求。党政机关通过制发公文来发挥领导和指导作用，把各级党政机关紧密联结在一起，统一思想，统一认识，使政令畅通，运转灵活，上下合拍，工作步伐整齐一致，以体现党和国家政权组织的权威。同时，党政机关通过制发公文来传达政策，解决问题，推动工作。

（三）程序的合法性

党政公文必须做到内容合法、程序合法。内容合法，即党政公文必须符合国家宪法和法律，符合党的章程和国家的行政法规以及国家现行的各项政策。程序合法，即党政公文的制作和发布程序必须符合党和国家的法定规章制度。

（四）体式的规范性

党政公文具有统一、规范的体式。这一体式体现在公文的文体、构成要素及其格式安排上。《条例》对党政公文的公文格式、行文规则、公文拟制、公文办理等均作了明确的规定，是各级党政机关制发公文的规范标准。

规范党政公文格式，具有重要的意义：第一，党政公文格式规范可以理解为党政机关政策文本的规范，体现公共权力的严肃性、权威性；第二，规范党政公文格式有利于提高党政机关信息传递过程中编码、译码的效率，降低党务、政务管理成本；第三，规范党政公文格式有利于促进运用现代科学技术手段处理公文，提高公文办理的成效。

（五）执行的可接受性

党政公文的本质属性——现实执行性表明，党政公文的制发是基础，执行是关键。党政公文既是推行党和国家决策、政策的工具，又代表党和国家及社会现实甚至未来的价值归属。忽视党政公文的价值因素，容易导致其可接受性降低，从而难以达到党政机关的预期决策目标。

在政治日益民主、信息高度公开的今天，党政公文的可接受性往往决定了其实际效力。党政公文的可接受性，主要表现为内容的可接受性和形式的可接受性两方面。

1. 内容的可接受性

首先，党政公文内容要合法，要符合党的章程和国家法律、行政法规等的要求。其次，公文是各级机关按照党和国家的统一意志，协调行动的依据和凭证，起着“立此存照”的作用。下级机关根据上级的命令、指示、决议、批复、计划开展工作；上级机关凭借下级的报告、请示，有针对性地处理回复、解决问题；平行机关之间也根据来文机关的公函、通知，协调配合，统一行动。

2. 形式的可接受性

形式的可接受性是指党政公文的文字表达要简要、明白、具体、易懂。简要，即要言不烦，简明扼要，忌套话、空话、废话；明白，即态度鲜明，用语准确，忌含糊不清；具体，即求真务实，表述详细、周全，忌过于抽象；易懂，即通俗生动，浅显好懂，忌故作深沉和乱用专业术语、生编词语。

三、党政公文的种类

（一）按照适用范围划分

按照适用范围划分，《条例》将党政公文分为 15 种，即决议、决定、命令（令）、公报、公告、通告、意见、通知、通报、报告、请示、批复、议案、函、纪要。

（1）决议。它适用于会议讨论通过的重大决策事项。

（2）决定。它适用于对重要事项作出决策和部署、奖惩有关单位和人员、变更或者撤销下级机关不适当的决定事项。

（3）命令（令）。它适用于公布行政法规和规章、宣布施行重大强制性措施、批准授予和晋升衔级、嘉奖有关单位和人员。

（4）公报。它适用于公布重要决定或者重大事项。

（5）公告。它适用于向国内外宣布重要事项或者法定事项。

（6）通告。它适用于在一定范围内公布应当遵守或者周知的事项。

（7）意见。它适用于对重要问题提出见解和处理办法。

（8）通知。它适用于发布、传达要求下级机关执行和有关单位周知或者执行的事项，批转、转发公文。

（9）通报。它适用于表彰先进、批评错误、传达重要精神和告知重要情况。

（10）报告。它适用于向上级机关汇报工作、反映情况，回复上级机关的询问。

（11）请示。它适用于向上级机关请求指示、批准。

（12）批复。它适用于答复下级机关请示事项。

（13）议案。它适用于各级人民政府按照法律程序向同级人民代表大会或者人民代表大会常务委员会提请审议事项。

（14）函。它适用于不相隶属机关之间商洽工作、询问和答复问题、请求批准和答复审批事项。

（15）纪要。它适用于记载会议主要情况和议定事项。

（二）按照行文方向划分

我们可以将行文方向理解为党政机关公文的传递方向，也指行文关系。按照这个标准划分，党政公文可分为上行文、下行文、平行文。

（1）上行文，是在垂直组织系统中，下级机关向上级机关发送的行文，如报告、请示等。

（2）下行文，是在垂直组织系统中，上级机关向下级机关发送的行文，如决议、决定、命令（令）、通知、通报、批复等。

（3）平行文，是同级机关或不相隶属机关之间发送的行文，如函等。

在15种党政公文中，意见与纪要是可上行、下行与平行的文种。

（三）按照紧急程度划分

按照紧急程度划分，党政公文分为紧急公文和普通公文，紧急公文又可分为特急件、加急件。

（四）按照秘密等级划分

按照秘密等级划分，党政公文分为秘密公文和普通公文，秘密公文又可分为绝密件、机密件、秘密件。

使用秘密等级，应了解保密文件的保密期限。根据《中华人民共和国保守国家秘密法》第二十条中对于国家秘密保密期限的规定："国家秘密的保密期限，应当根据事项的性质和特点，按照维护国家安全和利益的需要，限定在必要的期限内；不能确定期限的，应当确定解密的条件。国家秘密的保密期限，除另有规定外，绝密级不超过三十年，机密级不超过二十年，秘密级不超过十年。机关、单位应当根据工作需要，确定具体的保密期限、解密时间或者解密条件。机关、单位对在决定和处理有关事项工作过程中确定需要保密的事项，根据工作需要决定公开的，正式公布时即视为解密。"

专题二　党政公文的格式

为适应党政机关工作需要，推进党政机关公文处理科学化、制度化、规范化，《党政机关公文处理工作条例》（以下简称《条例》）第十条规定："公文的版式按照《党政机关公文格式》国家标准执行。"国家标准《党政机关公文格式》（GB/T 9704—2012）规定了党政公文通用的纸张要求、排版和印制装订要求和党政公文格式各要素的编排规则，并给出了党政公文的式样。该标准适用于各级党政机关制发的公文，其他机关和单位的公文可以参照执行。使用少数民族文字印制的党政公文，其用纸、幅面尺寸及版面、印制等要求按照该标准执行，其余可以参照该标准并按照有关规定执行。

一、党政公文用纸、排版与装订要求

（1）公文用纸：一般使用纸张定量为 $60g/m^2$～$80g/m^2$ 的胶版印刷纸或复印纸。纸张白度 80%～90%，横向耐折度≥15 次，不透明度≥85%，pH 值为 7.5～9.5。公文用纸采用 GB/T 148 中规定的 A4 型纸，成品幅面尺寸为 210mm×297mm。

（2）页边版心：天头（上白边）为 37mm±1mm，公文用纸订口（左白边）为 28mm±1mm，版心尺寸为 156mm×225mm。图 2-1 为 A4 型公文用纸页边及版心尺寸。

（3）字号、字体、行数、字数：如无特殊说明，公文一般用 3 号仿宋体字；一般每面排 22 行，每行排 28 个字，并撑满版心，公文中文字的颜色均为黑色；制版干净无底灰，字迹清楚无断划，尺寸标准，版心不斜，误差不超过 1mm。

（4）印刷：双面印刷；页码套正，两面误差不超过 2mm。黑色油墨应当达到色谱所标 BL100%，红色油墨应当达到色谱所标 Y80%、M80%。印品着墨实、均匀；字面不花、不白、无断划。

（5）装订：公文应当左侧装订，不掉页，两页页码之间误差不超过 4mm，裁切后的成品尺寸允许误差±2mm，四角成 90°，无毛茬或缺损。骑马订或平订的公文应当：订位为两钉外订眼距版面上下边缘各 70mm 处，允许误差±4mm；无坏钉、漏钉、重钉，钉脚平伏牢固；骑马订钉锯均订在折缝线上，平订钉锯与书脊间的距离为 3mm～5mm。包本装订公文的封皮（封面、书脊、封底）与书芯应吻合、包紧、包平、不脱落。

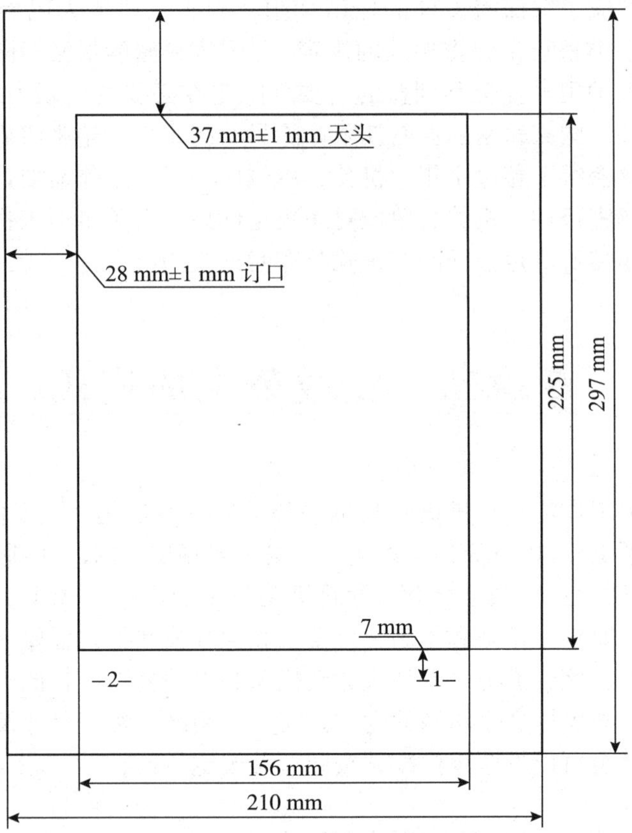

图 2－1　A4 型公文用纸页边及版心尺寸

注：版心实线框仅为示意，在印制公文时并不印出。

二、党政公文格式各要素编排规则

《条例》第九条规定："公文一般由份号、密级和保密期限、紧急程度、发文机关标志、发文字号、签发人、标题、主送机关、正文、附件说明、发文机关署名、成文日期、印章、附注、附件、抄送机关、印发机关和印发日期、页码等组成。"《党政机关公文格式》中，将版心内的公文格式各要素划分为版头、主体、版记三部分。公文首页红色分隔线以上的部分称为版头；公文首页红色分隔线（不含）以下、公文末页首条分隔线（不含）以上的部分称为主体；公文末页首条分隔线以下、末条分隔线以上的部分称为版记。页码位于版心外，如图 2－2 所示。

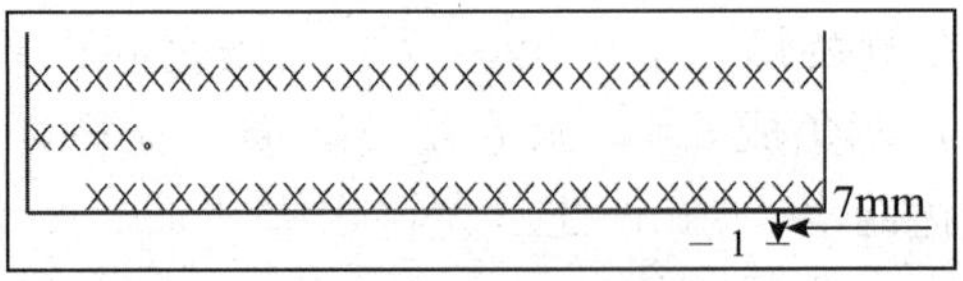

图 2－2　A4 型公文用纸页码

注：版心实线框仅为示意，在印制公文时并不印出。

（一）版头

公文版头区包括份号、密级和保密期限、紧急程度、发文机关标志、发文字号、签发人、版头中的分隔线等要素。

1. 份号

份号，又称公文份数序号，是指公文印制份数的顺序号。《条例》第九条规定，涉密公文应当标注份号。涉密公文应当根据涉密程度分别标注“绝密”“机密”“秘密”和保密期限。如果发文机关认为有必要，也可对不带密级的公文编制份号。

使用份号的目的是准确掌握公文的印制份数、分发范围和对象，发文机关根据份号可以掌握每一份公文的去向，以防止遗漏或丢失。

《党政机关公文格式》7.2.1 规定，如需标注份号，一般用 6 位 3 号阿拉伯数字，顶格编排在版心左上角第一行。例如，如果印制 50 份公文，第 1 份的份号写成“000001”，最后 1 份的份号写成“000050”，如图 2－3 所示。

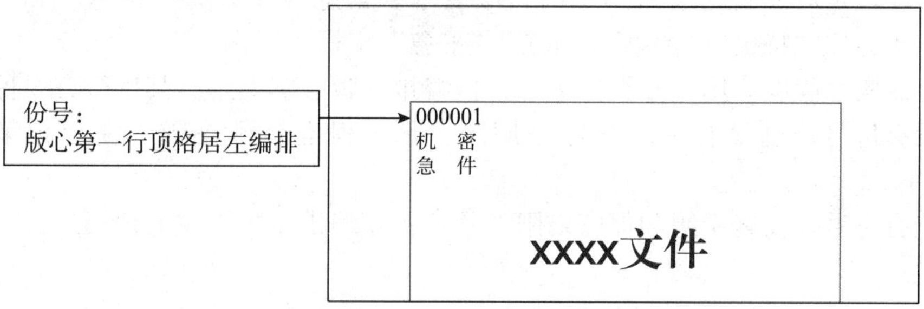

图 2－3　版头中的份号编排

注：版心实线框仅为示意，在印制公文时并不印出。

2. 密级和保密期限

密级和保密期限，是指公文的秘密等级和保密的期限。秘密等级，是公文保密程度的标志。《条例》第九条规定，涉密公文应当根据涉密程度分别标注“绝密”“机密”“秘密”和保密期限。《中华人民共和国保守国家秘密法》第十四条规定，绝密级国家秘密是最重要的国家秘密，泄露会使国家安全和利益遭受特别严重的损害；机密级国家秘密是重要的国家秘密，泄露会使国家安全和利益遭受严重的损害；秘密级国家秘密是一般的国家秘密，泄露会使国家安全和利益遭受损害。

保密期限是对公文密级时效的规定。例如，“绝密★1 年”意味着该公文属于绝密等级，保密期限为 1 年，过期即可解密。

如需标注密级和保密期限，一般用 3 号黑体字，顶格编排在版心左上角第二行；保密期限中的数字用阿拉伯数字标注。“绝密”“机密”“秘密”两字之间不空格，保密期限中阿拉伯数字和“年”字也不空格，如图 2－4 所示。如果只标密级不标保密期限，“绝密”“机密”“秘密”两字之间空一字（两个字符），如图 2－5 所示。

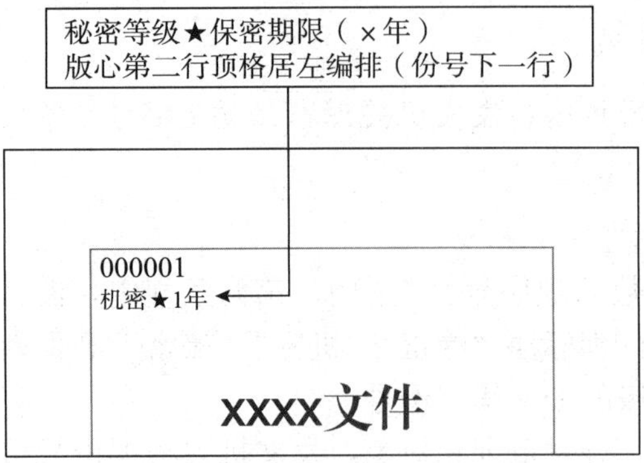

图 2-4　含保密期限的格式

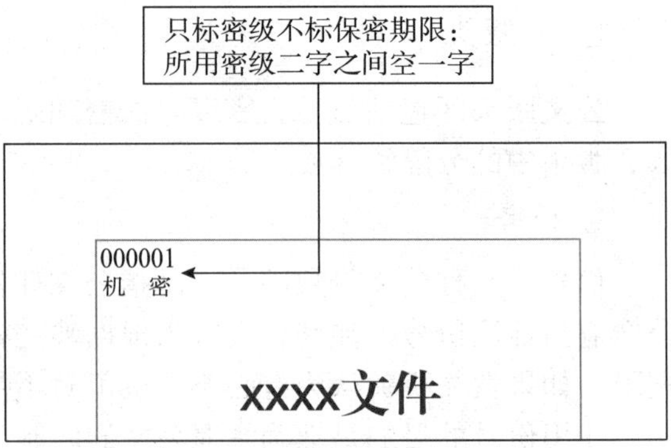

图 2-5　不含保密期限的格式

注：版心实线框仅为示意，在印制公文时并不印出。

3. 紧急程度

紧急程度，是对公文送达和办理的时限要求。紧急公文分为“特急”和“加急”两种。电报应当标注“特提”“特急”“加急”“平急”字样。

如需标注紧急程度，用 3 号黑体字，顶格编排在版心左上角。其排行有 3 种形式：

（1）没有份号，也没有密级和保密期限，紧急程度编排在版心左上角第一行，如图 2-6 所示。

（2）只有份号，没有密级和保密期限，紧急程度编排在版心左上角第二行，如图 2-7 所示。

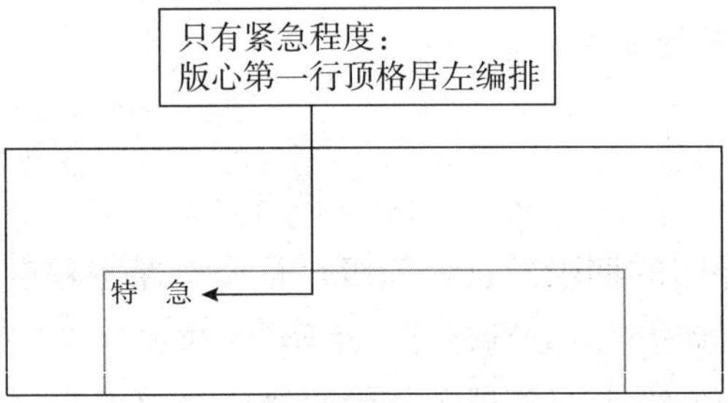

图 2-6　只有紧急程度的格式

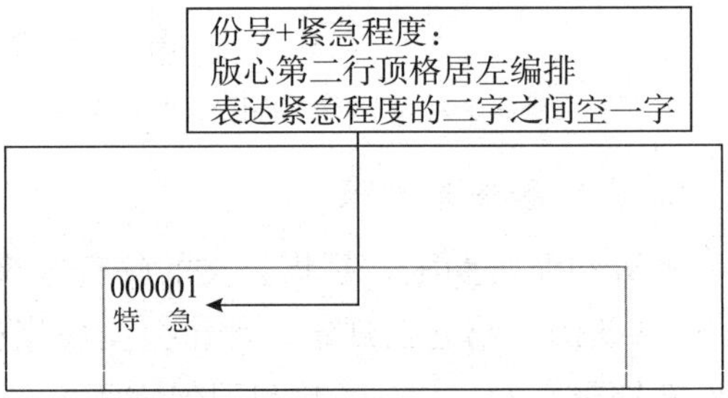

图 2-7　有份号和紧急程度的格式

注：版心实线框仅为示意，在印制公文时并不印出。

（3）有份号、密级和保密期限，紧急程度编排在版心左上角第三行。

标注时，如果同时有密级和保密期限、紧急程度的，表达紧急程度的两个汉字之间不空格，如图 2-8 所示。如果只有密级或紧急程度、不同时标注保密期限的，表达紧急程度的两个汉字之间应空一字（两个字符），如图 2-9 所示。

需要注意的是，《党政机关公文格式》将公文份号、密级和保密期限、紧急程度统一编排在了公文首页左上角，从而在右侧留出了空白区域以利于公文处理。如需同时标注份号、密级和保密期限、紧急程度，按照份号、密级和保密期限、紧急程度的顺序自上而下分行排列，如图 2-8 所示。

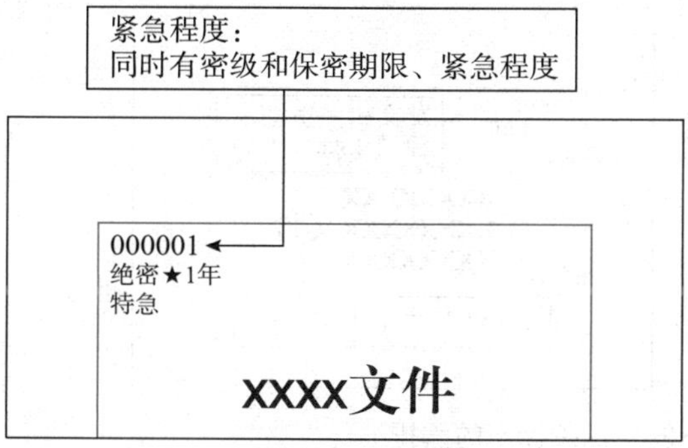

图 2-8　含保密期限的格式

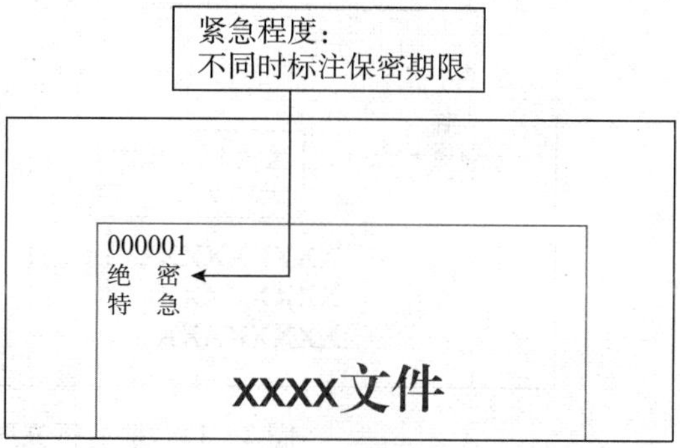

图 2-9　不含保密期限的格式

注：版心实线框仅为示意，在印制公文时并不印出。

4. 发文机关标志

发文机关标志由发文机关全称或者规范化简称后加“文件”二字组成，也可以采用发文机关全称或者规范化简称的形式。

发文机关全称应以批准该机关成立的文件核定的名称为准，规范化简称应由该机关的上级机关规定，或由本机关自定且其他行政机关收到明文告知。

发文机关标志居中排布，上边缘至版心上边缘为 35mm，推荐使用小标宋体字，颜色为红色，以醒目、美观、庄重为原则，字号由发文机关根据机关名称字数多少酌定，如图 2-10 所示。

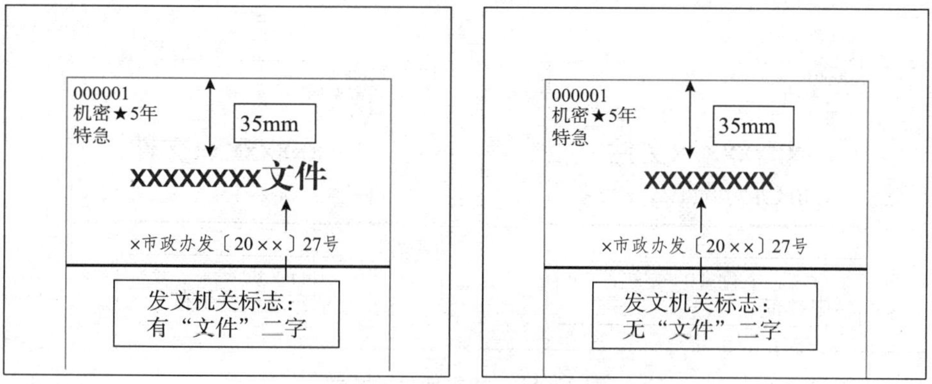

图 2-10　发文机关标志的格式

注：版心实线框仅为示意，在印制公文时并不印出。

联合行文时，如需同时标注联署发文机关名称，一般应当将主办机关名称排列在前；如有“文件”二字，应当置于发文机关名称右侧，以联署发文机关名称为准上下居中排布。如联合行文机关过多，可缩小发文机关字号、行距等，从而保证公文首页显示正文，如图 2-11 所示。

5. 发文字号

发文字号由机关代字、年份、发文顺序号组成。编立发文字号便于文件的统计、登记和引用。

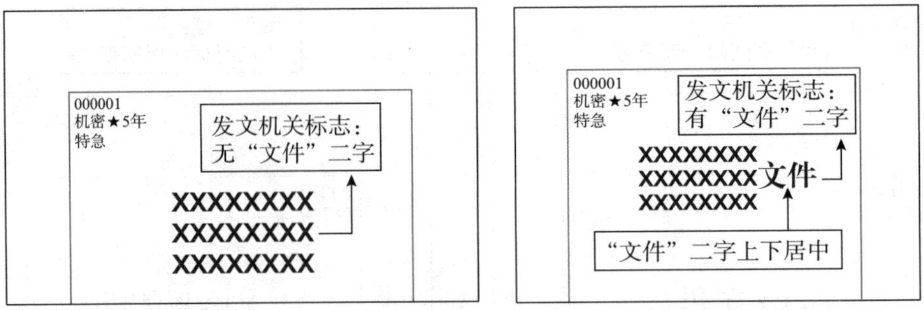

图 2-11　联合行文时多个发文机关标志的编排

注：版心实线框仅为示意，在印制公文时并不印出。

机关代字一般由两个层次组成。第一个层次是发文机关代字，第二个层次是发文机关主办文件的部门的代字。如“人厅〔2010〕20号”，“人”是人民日报社代字，“厅”指主办这份文件的是办公厅。机关代字要求准确、规范、精练、无歧义、易识别，并固定使用，避免与上级机关、同级机关的机关代字雷同。年份一定要用全称，不能简化。序号按文件的形式统一编定，即不管是哪个部门主办的，只要是同一发文形式，就要统一按顺序编号。发文字号编排在发文机关标志下空二行位置，居中排布。年份、发文顺序号用阿拉伯数字标注；年份应标全称，用六角括号“〔〕”括入；发文顺序号不加“第”字，不编虚位（即1不编为01），在阿拉伯数字后加“号”字。上行文的发文字号居左空一字编排，与最后一个签发人姓名处在同一行，如图2-12所示。

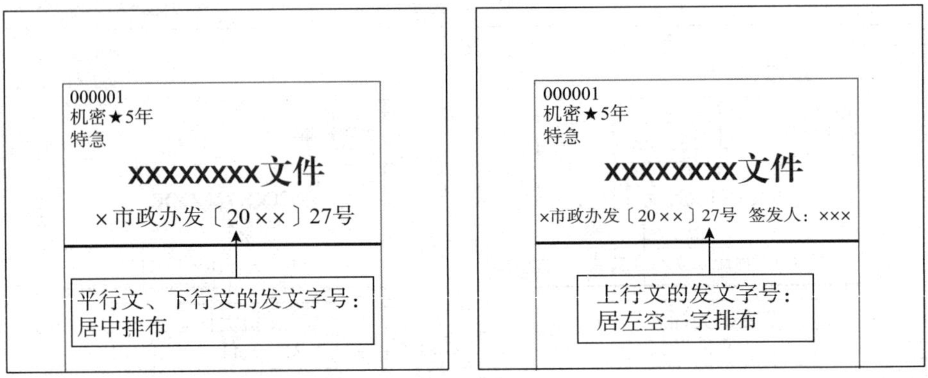

图 2-12　发文字号的格式

注：版心实线框仅为示意，在印制公文时并不印出。

联合行文时，使用主办机关的发文字号。

6. 签发人

签发人是指最后审定公文文稿签字印发的行文机关负责人。上行文应当标注签发人姓名，目的是为上级机关了解下级单位中的哪位负责人对上报事项负责。

签发人，由“签发人”三字加全角冒号和签发人姓名组成，居右空一字，编排在发文机关标志下空二行位置。“签发人”三字用3号仿宋体字，签发人姓名用3号楷体字。

联合上报公文，出现多个签发人时，签发人姓名按照发文机关排列顺序从左到右、自上而下依次均匀编排。一般每行排两个姓名，回行时与上一行第一个签发人姓名对齐。发文字号应始终与最后一个签发人姓名处在同一行，红色分隔线与最后一个签发人距离为4mm，如图2－13所示。

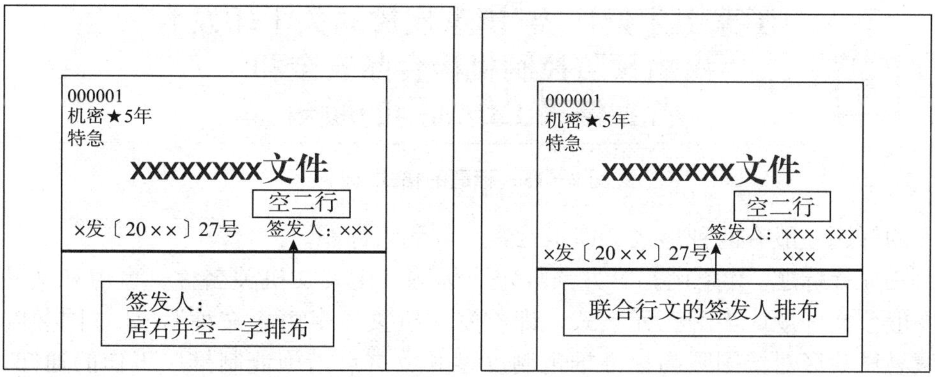

图2－13　签发人的格式

注：版心实线框仅为示意，在印制公文时并不印出。

7. 版头中的分隔线

发文字号之下4mm处居中印一条与版心等宽的红色分隔线。

（二）主体

公文主体区包括标题、主送机关、正文、附件说明、发文机关署名、成文日期、印章、附注和附件等要素。

1. 标题

标题是对公文主要内容的概括和揭示，其作用在于向读者传达公文的基本内容。鲜明、准确的标题能够给读者留下深刻的印象；一般用2号小标宋体字，编排于红色分隔线下空二行位置，许多公文的标题字数较多，一行排不下，需要多行居中排布，但最好不超过三行；回行时，不能把含义完整的词组分割成两行，要词意完整、排列对称、长短适宜、间距恰当；标题排列应当使用菱形或梯形，结构助词“的”应在行末，如图2－14、图2－15所示。

联合行文时，发文机关之间用空格隔开。标题中除行政法规、规章名称全称加书名号以外，一般不使用标点符号，但在事由部分出现多个机关、人名等并列时，每个机关名称、人名之间应用顿号隔开，不使用空格，如图2－15所示。

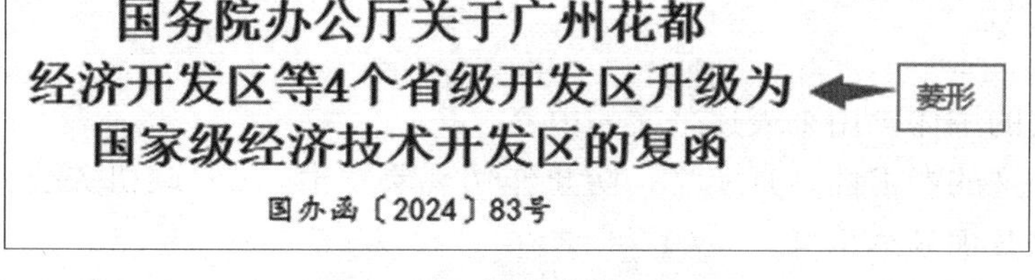

图2－14　标题的格式（1）

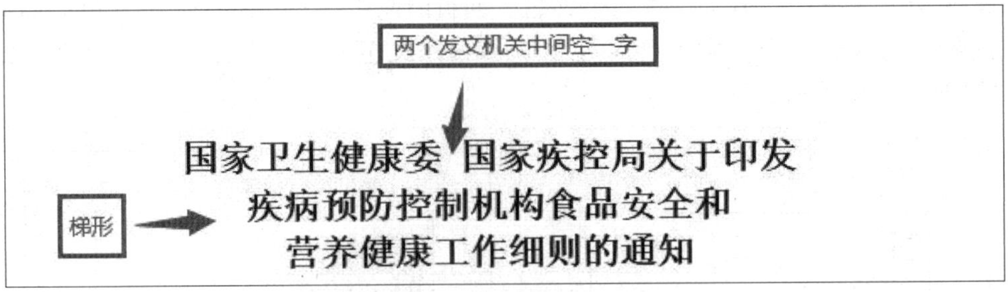

图 2-15 标题的格式（2）

公文的标题一般有两种形式，即三元素、双元素标题。

（1）三元素标题。《条例》第九条规定，标题“由发文机关名称、事由和文种组成”。因此，一般公文标题应当为三元素式，即“发文机关＋事由＋文种”，如《国务院关于做好自由贸易试验区对接国际高标准推进制度型开放试点措施复制推广工作的通知》。三元素标题是标准式公文标题。

（2）双元素标题。

1）事由＋文种。在有版头的情况下，有的公文省略了发文机关，如《关于印发医学人文关怀提升行动方案（2024—2027 年）的通知》。省略发文机关是因为发文机关标志中已有了发文机关名称。需要说明的是，请示是例外。也就是说，除请示这一文种必须严格标注发文机关名称外，其他文种的发文机关名称在惯例上可以被省略。

2）发文机关＋文种。有的公文省略了发文事由，如《×××公司通告》。省略事由，或是因为发文机关居于权威位置，或是因为公文正文内容简短，不需向读者提示发文事由。

2. 主送机关

主送机关是指公文的主要受理机关，应当使用机关全称、规范化简称或者同类型机关统称。同类型机关的统称，如“各省、自治区、直辖市人民政府”。主送机关名称按党、政、军、群的性质顺序排列。

在通常情况下，上行文（如请示、报告等）、特指性下行文（如批复、通知等）、平行文（如函等），只写一个主送机关；普发性下行文（如决定、通知、通报、意见等）写同类型机关的统称；周知性公文（如公告、通告等）可以不写主送机关。

主送机关采用 3 号仿宋体字，编排于标题下空一行位置，居左顶格，回行时仍顶格，同类型机关内同级机关之间用顿号分隔，不同类型机关之间用逗号分隔，最后一个机关名称后标全角冒号，如图 2-16 所示。如果主送机关过多导致公文首页不能显示正文，应当将主送机关名称移至版记中，将其置于抄送机关的上一行，标注方法与抄送机关相同，与抄送机关之间不加分隔线。

3. 正文

正文是公文的主体，用来表述公文的内容。

为了确保公文的严肃性、真实性，防止作伪现象发生，《党政机关公文格式》中特别规定，公文首页必须显示正文。

当正文需要引用其他公文时，要按照先引标题，后引发文字号的方式进行引用，如“你市《关于实施临时价格干预措施的请示》（雅府〔2013〕20 号）收悉”。

正文采用3号仿宋体字，位于主送机关名称下一行，每个自然段左空二字，回行顶格。文中结构层次，一般不超过四层，序数依次可以用“一、”“（一）”“1.”“（1）”标注；一般第一层用黑体字、第二层用楷体字、第三层和第四层用仿宋体字标注，如图2-16所示。正文中数字和年份（阿拉伯数字）不能回行。关于阿拉伯数字和汉字数字的使用，应当执行国家标准《出版物上数字用法》（GB/T 15835—2011）的有关规定。

主送机关：
回行仍要顶格编排

××××关于××××××的通知（2号小标宋体字）

标题下空一行

×××、×××、×××、×××，××××、×××、××××，
×××××：
□□××××××××××××××，×××、××××××××，
××××××××××××××××。
一、××××××××××（第一层正文，黑体字）
（一）××××××××（第二层正文，楷体字）
1.××××××××××××××，××××××××××××，
××××××××××××××××。
（1）××××××××××××××××××......
（第三、四层正文，3号仿宋体字）

图2-16　主送机关、正文有多个层次的格式

4.附件说明

附件说明包含公文附件的顺序号和名称。

公文不一定都有附件，只有正文内容言及的有关文件或材料，因为将其写入正文会使正文内容冗杂繁乱，所以才附在正文之后而形成附件。因此，在正文中涉及附件内容处应当加括号注明“见附件”或“附后”，并须准确标注附件的顺序号和名称，以显示公文的附件与正文不可分割的关系。

公文如有附件，应采用3号仿宋体字，在正文下空一行左空二字编排“附件”二字，后标全角冒号和附件名称。如有多个附件，使用阿拉伯数字标注附件顺序号（如“附件：1.×××××”）；附件名称后不加标点符号。附件名称较长需回行时，应当与上一行附件名称的首字对齐，如图2-17所示。

××××××××××××××（见附件1），×××××××，
××××××××××××××××××。
××××××××××××,××××××××××××
××××（见附件2），×××××××××××××××××。
×××××××××,××××××××××××××××××
×××××××××××××××。

附件名称后不标注标点符号

正文下空一行，左空2个字

□□附件：1.×××××××××××××××××
2.××××××××××××××××××××××××
××××××××××

附件名称过长，跨行时与上一行名称的首字对齐

图2-17　附件说明的格式

应当注意的是，在正文中写明报送、批转、转发、印发等字样的公文，在其生效标志后附的内容不是公文的附件，因此在附件说明处不必标注相关内容，如图2-18所示。

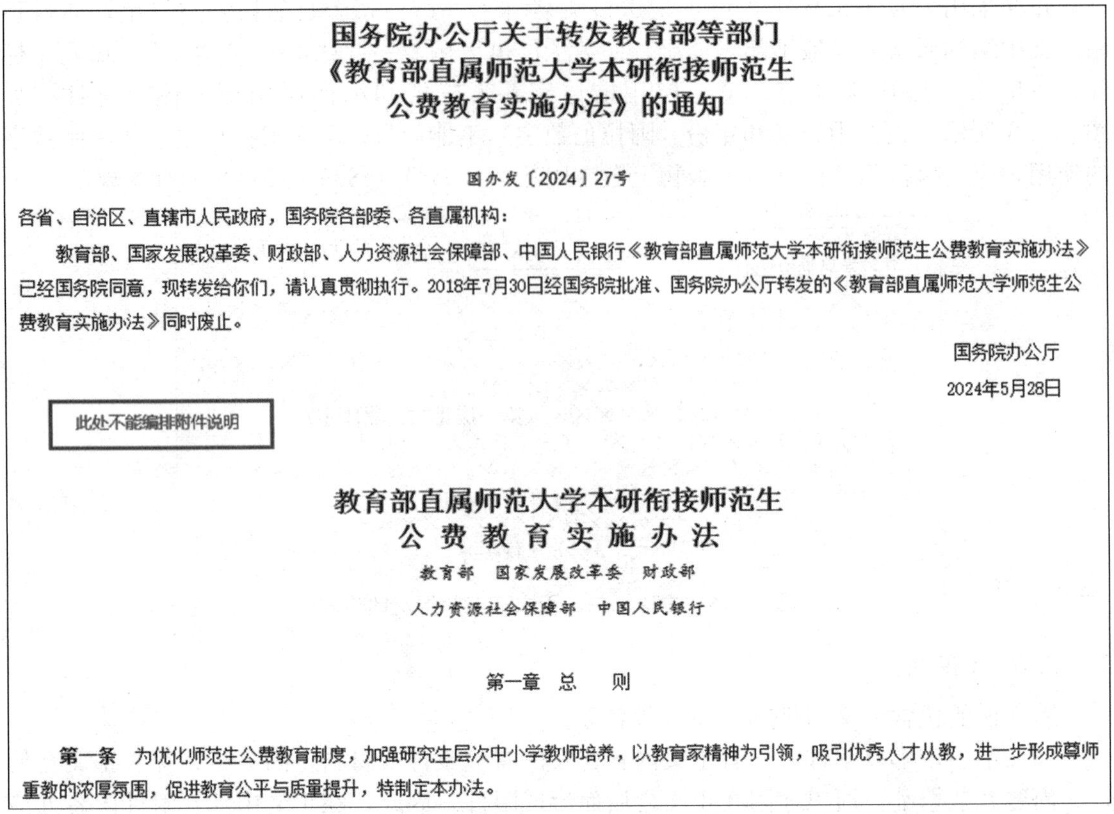

国务院办公厅关于转发教育部等部门
《教育部直属师范大学本研衔接师范生
公费教育实施办法》的通知

国办发〔2024〕27号

各省、自治区、直辖市人民政府，国务院各部委、各直属机构：

教育部、国家发展改革委、财政部、人力资源社会保障部、中国人民银行《教育部直属师范大学本研衔接师范生公费教育实施办法》已经国务院同意，现转发给你们，请认真贯彻执行。2018年7月30日经国务院批准、国务院办公厅转发的《教育部直属师范大学师范生公费教育实施办法》同时废止。

国务院办公厅

2024年5月28日

此处不能编排附件说明

教育部直属师范大学本研衔接师范生
公 费 教 育 实 施 办 法

教育部　国家发展改革委　财政部

人力资源社会保障部　中国人民银行

第一章　总　　则

第一条　为优化师范生公费教育制度，加强研究生层次中小学教师培养，以教育家精神为引领，吸引优秀人才从教，进一步形成尊师重教的浓厚氛围，促进教育公平与质量提升，特制定本办法。

图 2－18　不属于附件、不能编排附件说明的格式

5. 发文机关署名

发文机关署名，是公文生效的重要标志之一，署名生效也是国际惯例。

发文机关署名应当用发文机关全称、规范化简称或者同类型机关统称。单一行文、联合行文时都要标注发文机关署名。

公文一般以发文机关名义署名，对议案、命令（令）等特殊文种需要由签发人署名的，应当写明签发人职务并加盖签发人签名章。签名章一般用红色。

6. 成文日期

成文日期是公文生效的时间，如无生效时间，从某种意义上说，公文就是一纸空文。一份公文从起草到发出，整个撰制过程有好几个日期，即拟稿日期、审核日期、签发日期、批准日期、会议通过日期、印发日期、生效日期等。成文日期确定的原则是：会议通过的决议、决定等以会议讨论通过的日期为准；经发文机关负责人签发的公文，以签发日期为准；联合行文的公文，以最后签发的机关负责人签发的日期为准；经上级机关或立法机关批准的公文，以上级机关或立法机关批准的日期为准。

成文日期在公文中的标注位置有两种：一是在公文标题之下，写全年、月、日，并用圆括号括起来，如会议通过的决议、决定等公文，如图 2－19 所示；二是成文日期在公文正文或附件说明的右下方标注，写全年、月、日。

中共中央 国务院 中央军委
关于给汤洪波颁发“二级航天功勋奖章”
授予唐胜杰、江新林“英雄航天员”荣誉称号
并颁发“三级航天功勋奖章”的决定
（2024年7月26日）

图 2-19　成文日期在公文标题下标注的格式

《党政机关公文格式》7.3.5.4 规定，成文日期中的数字，“用阿拉伯数字将年、月、日标全，年份应标全称，月、日不编虚位（即 1 不编为 01）”，如 2024 年 11 月 11 日。

由于印章一般加盖在成文日期上，成文日期要依印章的位置而定。

7. 印章

公文中有发文机关署名的，应当加盖发文机关印章，并与发文机关署名相符。公文加盖印章是体现公文效力的表现形式，是公文生效的标志，是鉴定公文真伪最重要的依据。印章用红色，不得出现空白印章。上行文一定要加盖印章。纪要一般不加盖印章。联合下行文时，所有联署行文机关均须署名并加盖与发文机关署名、发文机关标志相符的印章。签发人签名章也属于印章的一种特殊形式。

公文的发文机关署名、成文日期和印章的编排，有以下三种情况：

（1）加盖印章的公文。加盖印章的公文，成文日期一般右空四字编排。

单一机关行文时，一般在成文日期之上、以成文日期为准居中编排发文机关署名，印章端正、居中下压发文机关署名和成文日期，使发文机关署名和成文日期居印章中心偏下位置，印章顶端应当上距正文（或附件说明）一行之内，如图 2-20 所示。

联合行文时，一般将各发文机关署名按照发文机关顺序整齐排列在相应位置，并将印章一一对应、端正、居中下压发文机关署名，最后一个印章端正、居中下压发文机关署名和成文日期，印章之间排列整齐、互不相交或相切，每排印章两端不得超出版心，首排印章顶端应当上距正文（或附件说明）一行之内，如图 2-21 所示。

图 2-20　单一机关行文的生效标志格式

图 2-21　联合机关行文的生效标志格式

注：版心实线框仅为示意，在印制公文时并不印出。

（2）不加盖印章的公文。单一机关行文时，在正文（或附件说明）下空一行右空二字编排发文机关署名，在发文机关署名下一行编排成文日期，首字比发文机关署名首字右移二字，如成文日期长于发文机关署名，应当使成文日期右空二字编排，并相应增加发文机关署名右空字数。如果发文机关署名更长，那么以发文机关署名右空二字为准，二者整体移动来调整位置，如图 2－22 所示。

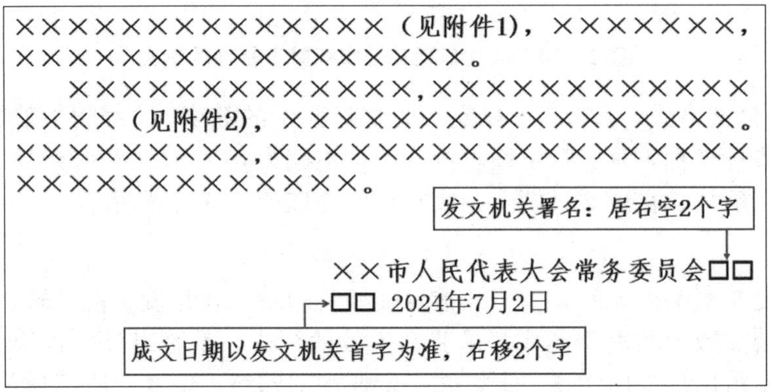

图 2－22　发文机关署名更长的格式

联合行文时，应当先编排主办机关署名，其余发文机关署名依次向下编排。

（3）加盖签发人签名章的公文。单一机关制发的公文加盖签发人签名章时，在正文（或附件说明）下空二行右空四字加盖签发人签名章，签名章左空二字标注签发人职务，以签名章为准上下居中排布。在签发人签名章下空一行右空四字编排成文日期，如图 2－23 所示。

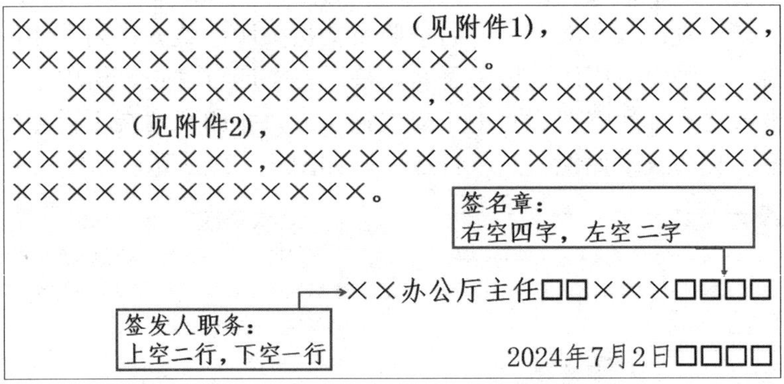

图 2－23　单一机关行文的签名章格式

联合行文时，应当先编排主办机关签发人职务、签名章，其余机关签发人职务、签名章依次向下编排，与主办机关签发人职务、签名章上下对齐；每行只编排一个机关的签发人职务、签名章；签发人职务应当标注全称。签名章一般用红色。

8. 附注

附注，用于公文印发传达范围等需要说明的事项，对公文的发放范围、使用时需注意的事项加以说明。印发、传达范围是指公文发至的机关级别和传达对象的范围，如“此件公开发布”或“此件发至××级”。在一般情况下，上行文、平行文、周知性公文无须标注印发和传达范围，而具有密级的下行文则必须标注印发和传达范围。公文如有附注，用

3 号仿宋体字，居左空二字加圆括号，编排在成文日期下一行，如图 2－24 所示。

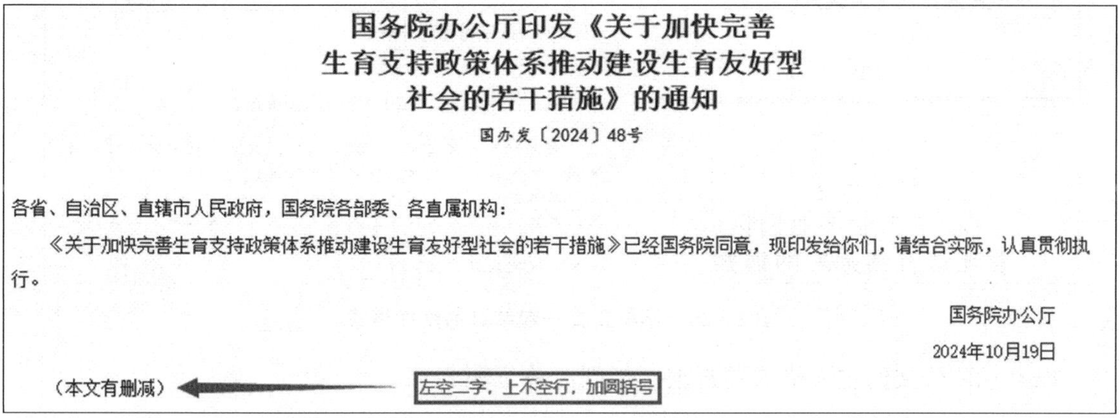
国务院办公厅印发《关于加快完善生育支持政策体系推动建设生育友好型社会的若干措施》的通知

国办发〔2024〕48号

各省、自治区、直辖市人民政府，国务院各部委、各直属机构：

《关于加快完善生育支持政策体系推动建设生育友好型社会的若干措施》已经国务院同意，现印发给你们，请结合实际，认真贯彻执行。

国务院办公厅

2024年10月19日

（本文有删减）

图 2－24　附注的格式

9. 附件

附件，指公文正文的说明、补充或者参考资料。上面的“附件说明”仅仅是本附件的顺序号和名称。附件通常是附属于公文正文的其他文字、图表、图形等材料，对公文正文起说明、解释、补充、证实、参考作用。如果这些材料穿插在公文正文中，往往会隔断公文前后的联系而造成阅读上的不便，故须作为公文附件单独表述。附件是公文正文的有机组成部分，同正文具有同等效力。

附件应当另面编排，并在版记之前，与公文正文一起装订。“附件”二字及附件顺序号用 3 号黑体字顶格编排在版心左上角第一行。附件标题居中编排在版心第三行。附件顺序号和附件标题应当与附件说明的表述一致。附件格式要求同正文，如图 2－25 所示。

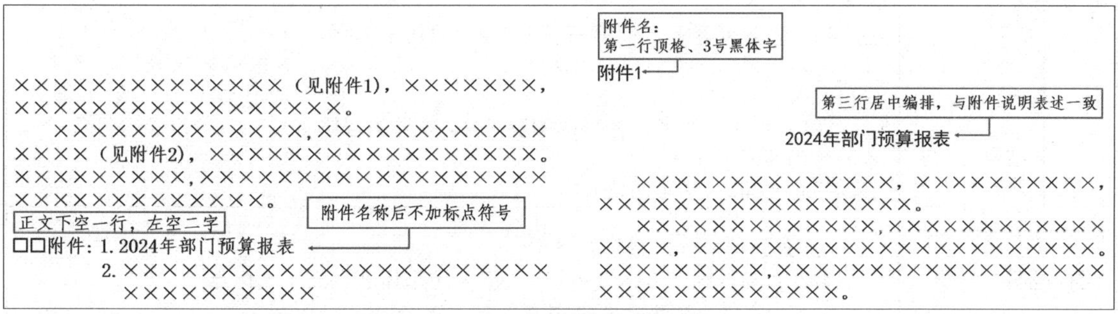

图 2－25　与正文一起装订的附件格式

如果附件与正文不能一起装订，应当在附件左上角第一行顶格编排公文的发文字号并在其后标注“附件”二字及附件顺序号，如图 2－26 所示。

批转转发印发类公文所带的被批转、转发、印发的文件，不按附件处理，在公文正文中也不加附件说明，而是直接另面编排，附件中首页不标注“附件”二字，其他格式与正文一致。

需要注意的是，附件虽然是正文内容的组成部分，但附件本身不能排列于“附件说明”下，必须置于公文生效标志印章之后、版记之前。

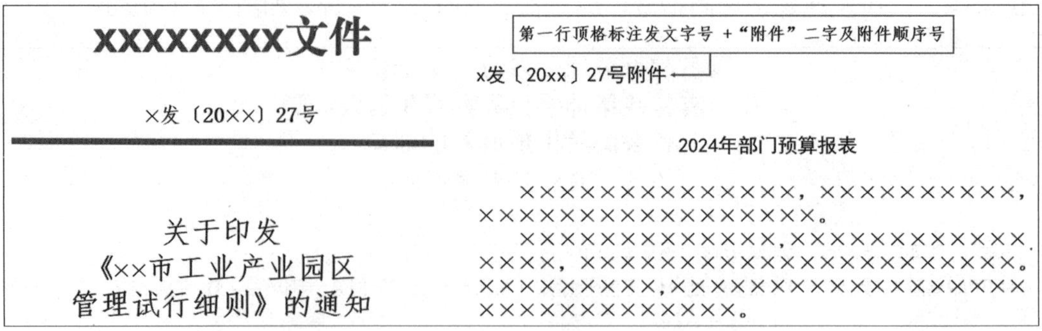

图 2－26　不与正文一起装订的附件格式

以上党政公文的主体格式要素编排规则汇总至表 2－1。

表 2－1　党政公文的主体格式要素编排规则汇总

要素		具体内容
标题		发文机关名称＋事由＋文种/事由＋文种/发文机关＋文种 （分隔线下空二行、居中、菱形或梯形、2 号小标宋体字）
主送机关		××××、××（机关全称、规范化简称或者同类型机关统称）： （标题下空一行、顶格、回行也顶格、3 号仿宋体字）
正文	开头	□□（正文 3 号仿宋体字）××××××××××××××××××××××××××××××。现将有关事项通知如下（承启用语）。
	主体	□□一、×××××××（第一层正文，黑体字） ××××××××××，××××××××××。 □□（一）×××××××（第二层正文，楷体字） ××××××××××，××××××××××。××××××××××，××××××××××。 □□1.×××××××（第三层正文，3 号仿宋体字） ××××××××××，××××××××××。××××××××××，××××××××××。
	结语	□□（1）×××××××（第四层正文，3 号仿宋体字）。××××××××××，××××××××××。 □□特此通知。（结尾用语）
附件说明		（正文下空一行，左空二格） □□附件：1.××××××××××（3 号仿宋体字，文尾无标点） 2.××××××××××
发文机关署名		××有限公司（成文日期正上方）
成文日期、印章		20××年××月××日□□ （右空四字，红色印章，印章端正、居中）□□
附注		□□（此件公开发布） （3 号仿宋体字，居左空二字，加圆括号）

注：以上内容仅供参考。

例文 2－1

例文	说明
国务院办公厅关于同意辽宁省承办 2028 年第十五届全国冬季运动会的函	标题： 发文机关名称＋事由＋文种
国办函〔2023〕107 号	发文字号
体育总局、财政部：	主送机关
你们《关于辽宁省承办第十五届全国冬季运动会的请示》（体竞字〔2023〕133 号）收悉。经国务院领导同志批准，现函复如下：	正文： 前言引述来文，以“现函复如下”过渡
一、同意辽宁省承办 2028 年第十五届全国冬季运动会。	
二、体育总局、辽宁省人民政府要坚持以习近平新时代中国特色社会主义思想为指导，深入贯彻习近平总书记关于体育工作的重要讲话和指示批示精神，完整、准确、全面贯彻新发展理念，落实党中央、国务院有关规定，按照“简约、安全、精彩”的办赛要求，充分结合辽宁省经济社会发展实际，共同组织好 2028 年第十五届全国冬季运动会，为强国建设、民族复兴伟业贡献体育力量。	
三、筹备和举办 2028 年第十五届全国冬季运动会的经费主要由辽宁省人民政府自筹，中央财政给予一次性定额补助。中央财政定额补助资金主要用于运动会举办和场地维修等，场馆设施建设所需资金由辽宁省人民政府自行负担。	
国务院办公厅 2023 年 10 月 22 日	生效标志
（此件公开发布）	附注

这是一份批复。标题中“同意”二字已经鲜明地表达了发文机关的态度。正文部分前言引述来文，与主体部分以承启用语“现函复如下”衔接。主体先说明对所请事项的批复结果，然后提出工作要求，以及所需资金的来源、用途。此文格式要素齐全、规范，语言简洁、准确。

（三）版记

公文版记区包括版记中的分隔线、抄送机关、印发机关和印发日期等要素，如图 2－27 所示。

1. 版记中的分隔线

《党政机关公文格式》6.2 规定公文双面印刷。一般来说，版记置于公文最后一页最下面的位置；如果公文内容很短，首页可以放下版记内容，版记也必须移至第 2 页上。版记一定在偶数页上。

抄送：×××××××××，××××××，×××××，×××××， ××××××，
×××××××××× 2012年7月1日印发

— 2 —

图 2-27 版记中各要素的编排

注：版心实线框仅为示意，在印制公文时并不印出。

如果公文主体之后的空白容不下版记，须另起一页标注版记，此时版记应放在最后一面，而不管前面的空白有多少。如果公文有附件，附件后的空白可容下版记，此时应将版记置于该空白处；如果附件是被转发的文件，该文件本身带有版记，那么被转发文件的版记不可代替转发文件的版记，转发文件应标注自己的版记。

版记中的分隔线与版心等宽，首条分隔线和末条分隔线用粗线（推荐高度为0.35mm），中间的分隔线用细线（推荐高度为0.25mm）。首条分隔线位于版记中第一个要素之上，末条分隔线与公文最后一面的版心下边缘重合，以保证公文的完整性，使版头与版记格式有所照应。有的公文格式图示未标明印发机关和印发日期下的末条分隔线，是错误的。

2. 抄送机关

抄送机关，是指除主送机关外需要执行或者知晓公文内容的其他机关。抄送机关应当使用机关全称、规范化简称或者同类型机关统称。

公文有了“抄送”这一格式要素，才能使某项工作涉及的所有机关形成一个共同完成任务的整体，从而使公务运作上下配合，左右畅通，顺利进行，因而不可漏抄，但也不能滥抄。

公文如有抄送机关，一般用4号仿宋体字，在印发机关和印发日期之上一行、左右各空一字编排。顺序是：先标注“抄送”二字，后加全角冒号，随后标注抄送机关名称；回行时与冒号后的第一个抄送机关首字对齐；最后一个抄送机关名称后标句号。同类型机关内同级机关之间用顿号分隔，不同类型机关之间用逗号分隔。

如果主体部分的主送机关过多，即上面所述公文首页不能显示正文，需把主送机关移至版记，除将“抄送”二字改为“主送”外，编排方法同抄送机关。既有主送机关又有抄送机关时，应当将主送机关置于抄送机关之上一行，之间不加分隔线。有时纪要也会出现此类情况，也会采用此种标注方法。

3. 印发机关和印发日期

印发机关，是指公文的送印机关，即公文的印制主管部门。印发机关不是公文的发文机关，一般是发文机关的办公厅（室）或文秘部门。有的发文机关未设专门的文秘部门，发文机关就是印发机关。

印发日期，是指公文的送印日期。标注印发日期是为了准确反映公文的生成时间，通过了解生效时间与印发时间的时间差，既可以使发文机关掌握制发公文的效率，也可以使收文机关掌握公文的传递时间，这些均有利于公文的办理。

印发机关和印发日期使用 4 号仿宋体字，编排在末条分隔线之上，印发机关左空一字，印发日期右空一字，用阿拉伯数字将年、月、日标全，年份应标全称，月、日不编虚位（即 1 不编为 01），后加“印发”二字。

版记中如有其他要素，应当将其与印发机关和印发日期用一条细分隔线隔开。

（四）页码

《党政机关公文格式》将页码列为公文格式的一项要素，说明页码是公文的重要组成部分，是保证公文有效性和完整性的标志。

公文页码采用 4 号半角宋体阿拉伯数字，编排在公文版心下边缘之下。数字左右各放一条一字线；一字线上距版心下边缘 7mm。单页码居右空一字，双页码居左空一字。

公文的版记页前有空白页的，空白页和版记页均不编排页码。公文的附件与正文一起装订时，页码应当连续编排。

三、公文的特定格式

除上述标准的党政公文格式之外，还有信函格式、命令（令）格式和纪要格式。

（一）信函格式

信函格式和公文中的函不能等同。一个是公文的特殊格式，一个是公文文种。

与标准的党政公文格式相比，信函格式中有所变化的格式要素主要有发文机关标志，分隔线，版心区域，份号、密级和保密期限、紧急程度，发文字号，标题，页码和版记。

1. 发文机关标志

（1）发文机关标志是首页的第一个格式要素，使用红色小标宋体字，字号未做强制规定，发文机关名称后不加“文件”二字。发文机关标志上边缘距离上页边 30mm，居中排布。

（2）联合行文时使用主办机关标志。

2. 分隔线

（1）首页上下需要添加红色双线，上方一条双线，上粗下细，位于发文机关标志下方 4mm；下方一条双线，上细下粗，位于下页边上方 20mm；线长均为 170mm；居中排布。

（2）上方双线下面的文字和下方双线上面的文字距红色双线的距离为 3 号汉字字高的 7/8。

3. 版心区域

版心区域尺寸无变化，首页版心与标准党政公文相比位置有所下移。

4. 份号、密级和保密期限、紧急程度

份号、密级和保密期限、紧急程度的排列格式与标准党政机关公文的要求相同，但位置变成了在上方红色双线下。

5. 发文字号

发文字号顶格居右编排，位于上方红色双线下，即与份号同行（如有份号）。

6. 标题

标题位于份号、密级和保密期限、紧急程度中最后一个要素的下边缘下空二行处。

7. 页码

首页不显示页码。

8. 版记

与标准党政公文格式相比，信函格式公文中的版记区域不需要编排印发机关、印发日期和分隔线，只需要编排抄送机关。版记位于公文最后一面版心内最下方。

图 2-28 和图 2-29 为信函格式公文的首页、末页效果图。

中华人民共和国外交部

000001　　××××〔20××〕××号
机密★1 年
特急

××关于××××××××的通知

××××××××××××××××：
□□××××××××××××××，××××××××××××××，×××××××××××××××。现将有关事项通知如下。
□□××××××××××××××××，×××××××××××××××××。×××××××××，××××××××××。
□□×××××××，×××××××××，×××××××××。××××××××。×××××××××，×××××××××。×××××××。×××××××××，××××××××××。××××××××××××××××，××××××××××××，××××

图 2-28　信函格式公文的首页效果图

×××××××××，×××××××××。×××××××××××××××××，×××××××××。×××××××××××××××，×××××××××。
□□特此通知。
□□附件：×××××××××

××××××
（公章）
××××年×月×日□□□□

□□（附注）

□抄送：×××××××××，×××××××××，××××××××××××××××，×××□□×××××。×××××××××××××××，×××××××××。

□—2—

图 2-29　信函格式公文的末页效果图

（二）命令（令）格式

与标准党政公文格式相比，命令（令）格式中的发文机关标志、发文字号、标题和正文等均有所变化。

1. 发文机关标志

（1）发文机关标志由发文机关全称加“命令”或“令”字组成，一般不使用发文机关规范化简称。

（2）发文机关标志上边缘距版心上边缘 20mm，一般使用红色小标宋体字，字号大小无强制规定。

（3）联合发布的命令（令），按发文机关名称顺序分行编排，两端对齐，“命令”或“令”字以所有联署发文机关名称为参照，居于右侧并上下居中。

2. 发文字号

命令（令）中没有发文字号，取而代之的是令号，即命令（令）的编号。令号位于发文机关标志下方第三行，格式为“第×××号”，不编虚位。

3. 标题和正文

命令（令）一般没有标题，令号和正文间也没有红色分隔线，令号下空二行编排正文。图 2－30 和图 2－31 为单一机关行文和联合行文的命令（令）格式。

××××令

第××号

□□××××××××××××××，××××××××××××××，××××××××××××××。××××××××××××××××，×××××××××××××××。×××××××××，×××××××××。

部　长□□×××□□□□

××××年×月×日□□□□

图 2－30　单一机关行文的命令（令）格式

××××
××××令
××××

第××号

□□××××××××××××××，××××××××××××××，××××××××××××××。××××××××××××××××，×××××××××××××××。×××××××××，×××××××××。

××××××部　长□□×××□□□□
××××××××部　长□□×××□□□□
××××部　长□□×××□□□□

××××年×月×日□□□□

图 2－31　联合行文的命令（令）格式

（三）纪要格式

与标准的党政机关公文格式相比，纪要格式中各要素的编排规律如下。

1. 纪要标志

纪要标志使用“××××××纪要”格式，居中排布，上边缘至版心上边缘为35mm，推荐使用红色小标宋体字。

2. 编号

纪要编号作用等同于发文字号，居中排布，位于发文机关标志下空两行位置，可采用“第××号”的形式，不标虚位。

3. 出席人员名单

标注出席人员名单，一般用 3 号黑体字，在正文或附件说明下空一行左空二字编排“出席”二字，后标全角冒号，冒号后用 3 号仿宋体字标注出席人单位、姓名，回行时与冒号后的首字对齐。

4. 请假和列席人员名单

标注请假和列席人员名单，除依次另起一行并将“出席”二字改为“请假”或“列席”外，编排方法同出席人员名单。

5. 发文机关署名与加盖印章

纪要一般不标注发文机关署名，不加盖印章。

6. 纪要格式式样

因为不同单位、不同性质的会议多种多样，所以一种会议纪要格式很难满足全部的需要。《党政机关公文格式》10.3 规定，纪要格式可以根据实际制定。纪要格式公文的首、末页效果图如图 2－32 和图 2－33 所示，供大家参考使用。

000001
机　密
特　急

××××××纪要

（××××）

×××××××××　　　　××××年×月×日

××××××××××××××××

□□××××××××××××××，××××××××××××××，××××××××××××××。××××××××××××××××，×××××××××××××××。×××××××××，×××××××××。

□□××××××××，×××××××××，×××××××××。××××××××。×××××××××，×××××××××。××××××××。×××××××××，×××××××××。××××××××××××××××，××××××××××××，××××

—1—□

图 2－32　纪要格式公文的首页效果图

×××××，×××××××××。×××××××。×××××××××，×××××××××。××××××××××××××××，××××××××××××××，××××××××××，×××××××××，×××××××××。×××××××。×××××××××，×××××××××。×××××××。

□□出席：×××、×××、×××、×××、×××、×××、××、×××、×××、×××、×××、×××、×××、×××、×××、×××。

□□请假：×××、×××、×××。

□□列席：×××、×××、×××。

□分送：×××××××××，×××××××××，××××××××××。

×××××××××　　××××年×月×日印发

□—2—

图 2－33　纪要格式公文的末页效果图

专题三　党政公文的行文规则

行文规则，是指行文撰制过程中的操作标准。

一、行文确有必要原则

《条例》第十三条规定："行文应当确有必要，讲求实效，注重针对性和可操作性。"这就是说，不必要行文或可行文可不行文时，各机关不应当行文；确有必要行文时，应当讲求实效，注重针对性和可操作性，体现精简公文、注重实效的精神。

行文主体要具有行文资格。党政机关是党政公文的行文主体，只有具备资格才能行文，并在行文时明确发文权限；不具备行文资格的机关，不能超越职权范围滥发公文。

二、一般不得越级行文原则

《条例》第十四条规定："行文关系根据隶属关系和职权范围确定。一般不得越级行文，特殊情况需要越级行文的，应当同时抄送被越过的机关。"这里涉及的概念有隶属关系、职权范围、行文关系。

隶属关系是指党政机关之间在工作与业务方面形成的领导与被领导、管辖与被管辖的关系，即通常所说的上级机关与下级机关之间的关系，或上级业务主管部门与下级业务主管部门之间的关系。

职权范围是指党政机关在其组织系统中被赋予的职能与所具有的权力。在本级机关的职权范围内，应当行文却不予行文为失职；不在本级机关的职权范围内，不应当行文却予以行文为越权。

行文关系是指根据隶属关系和职权范围确定的发文、受文机关的关系。行文关系既包括具有隶属关系的行文关系，也包括不具有隶属关系的行文关系。

在各级机关以本机关名义制发公文，向受文机关运行的过程中，应遵循以下原则：

（1）向上级机关行文，一般应当按照直接的隶属关系而不应越级行文。各级机关均具有一定分工与管辖权限。属于上级机关管辖范围内的问题，应当直接报送上级机关处理；属于主管部门职权范围内的具体问题，应当直接报送主管部门处理。

（2）遇有特殊情况需要越级行文的，应当同时抄送被越过的机关。这里的被越过的机关，是指直属上级机关。抄送被越过的机关，有利于直属上级机关了解情况或协助办理。

（3）上级机关或业务主管机关向下级行文，一般也要按照直接隶属关系而不应当越级行文。

三、上行文行文规则

向上级机关行文，应当遵循以下规则：

（1）原则上主送一个上级机关，根据需要同时抄送相关上级机关和同级机关，不抄送下级机关。

（2）党委、政府的部门向上级主管部门请示、报告重大事项，应当经本级党委、政府同意或者授权；属于部门职权范围内的事项应当直接报送上级主管部门。

（3）下级机关的请示事项，如需以本机关名义向上级机关请示，应当提出倾向性意见后上报，不得原文转报上级机关。

（4）请示应当一文一事。不得在报告等非请示性公文中夹带请示事项。

（5）除上级机关负责人直接交办事项外，不得以本机关名义向上级机关负责人报送公文，不得以本机关负责人名义向上级机关报送公文。

（6）受双重领导的机关向一个上级机关行文，必要时抄送另一个上级机关。

四、下行文行文规则

向下级机关行文，应当遵循以下规则：

（1）主送受理机关，根据需要抄送相关机关。重要行文应当同时抄送发文机关的直属上级机关。

（2）党委、政府的办公厅（室）根据本级党委、政府授权，可以向下级党委、政府行文，其他部门和单位不得向下级党委、政府发布指令性公文或者在公文中向下级党委、政府提出指令性要求。需经政府审批的具体事项，经政府同意后可以由政府职能部门行文，文中须注明已经政府同意。

（3）党委、政府的部门在各自职权范围内可以向下级党委、政府的相关部门行文。

（4）涉及多个部门职权范围内的事务，部门之间未协商一致的，不得向下行文；擅自行文的，上级机关应当责令其纠正或者撤销。

（5）上级机关向受双重领导的下级机关行文，必要时抄送该下级机关的另一个上级机关。

五、联合行文规则

联合行文，应当遵循以下规则：

（1）同级党政机关、党政机关与其他同级机关必要时可以联合行文。属于党委、政府各自职权范围内的工作，不得联合行文。

（2）党委、政府的部门依据职权可以相互行文。

（3）部门内设机构除办公厅（室）外不得对外正式行文。

只有掌握上述行文规则，才能保证行文撰制过程的准确实施。

专题四　党政公文的处理

党政公文处理是一项重要工作，《党政机关公文处理工作条例》（以下简称《条例》）对党政公文的处理进行了修订，对公文处理的界定、原则、工作环节等作了明确阐述，对公文运转的全过程具有权威性的指导意义。

一、党政公文处理的概念

《条例》第四条指出："公文处理工作是指公文拟制、办理、管理等一系列相互关联、衔接有序的工作。"这个定义，明确规定了"公文处理"的范畴，对党政公文处理的这一多环节系统工作，提供了指导依据。

党政公文处理最基本的任务就是公文拟制、办理、管理工作，拟制是前提，办理是中心，管理是终结，几个部分相互联系，相互交叉，相互制约。

二、党政公文处理的原则

公文处理的原则，是从宏观、整体的角度来指导公文处理活动。《条例》第五条明确规定了公文处理的原则："公文处理工作应当坚持实事求是、准确规范、精简高效、安全保密的原则。"

"实事求是"：尊重客观实际，不夸大缩小，不弄虚作假，不掩饰矛盾。公文的出发点和落脚点都是为了解决实际问题，因此公文处理者应如实反映客观事物和工作情况。

"准确规范"：准确，是指公文涉及的事实以及引用的材料真实正确，公文处理工作符合规定，不出错漏；规范，是指符合党和国家的大政方针，符合具体工作的政策法规，公文处理程序的每个环节严密井然。

"精简高效"：精简，是指减少发文数量，缩小发文范围，减缩过多过滥的公文；高效，是指加快公文处理速度，提高办事效率，改进公文的运转程序。

“安全保密”：安全，是指确保公文的安全，使其不丢失、不被盗、不损坏、不受潮，不被虫咬鼠啃；保密，是指在对公文的传递、保管过程中，严守国家机密，不失密、不泄密。

三、党政公文的拟制

党政公文的拟制是公文处理工作的第一个环节。党政公文的拟制包括公文的起草、审核、签发等程序。

（一）公文的起草

起草，又称草拟，就是对公文草稿的拟写。在通常情况下，哪个部门主管的工作就由哪个部门起草，重要的文件应由领导人亲自起草或指导、主持起草。起草公文是一项政策性很强的工作，是关系公文质量高低的一道重要工序。起草公文应注意以下七点。

（1）符合国家法律法规和党的路线方针政策，完整准确体现发文机关意图，并同现行有关公文相衔接。

（2）一切从实际出发，分析问题实事求是，所提政策措施和办法切实可行。

（3）内容简洁，主题突出，观点鲜明，结构严谨，表述准确，文字精练。

（4）文种正确，格式规范。

（5）深入调查研究，充分进行论证，广泛听取意见。

（6）公文涉及其他地区或者部门职权范围内的事项，起草单位必须征求相关地区或者部门意见，力求达成一致。

（7）机关负责人应当主持、指导重要公文起草工作。

（二）公文的审核

审核，就是对公文文稿进行审查核定。这是对公文行文和撰制要求进行把关的环节。为了确保公文的质量，节省领导人在审阅文件上所花费的时间和精力，公文文稿签发前，应当由发文机关办公厅（室）进行审核。审核的重点如下：

（1）行文理由是否充分，行文依据是否准确。

（2）内容是否符合国家法律法规和党的路线方针政策；是否完整准确体现发文机关意图；是否同现行有关公文相衔接；所提政策措施和办法是否切实可行。

（3）涉及有关地区或者部门职权范围内的事项是否经过充分协商并达成一致意见。

（4）文种是否正确，格式是否规范；人名、地名、时间、数字、段落顺序、引文等是否准确；文字、数字、计量单位和标点符号等用法是否规范。

（5）其他内容是否符合公文起草的有关要求。

需要发文机关审议的重要公文文稿，审议前由发文机关办公厅（室）进行初核。经审核不宜发文的公文文稿，应当退回起草单位并说明理由；符合发文条件但内容需作进一步研究和修改的，由起草单位修改后重新报送。

（三）公文的签发

签发，就是机关领导人对已审核的文稿予以审定签字印发。这是决定文件能否形成、发出的关键环节。签发公文应当做到：

（1）公文应当经本机关负责人审批签发。重要公文和上行文由机关主要负责人签发。

（2）党委、政府的办公厅（室），根据党委、政府授权制发的公文，由受权机关主要负责人签发，或者按照有关规定签发。

（3）签发人签发公文，应当签署意见、姓名和完整日期；圈阅或者签名的，视为同意。

（4）联合发文由所有联署机关的负责人会签。

四、党政公文的办理

公文办理是公文处理工作的第二个环节。公文办理包括公文的收文办理、发文办理和整理归档。

（一）收文办理

收文办理是指对收到的公文的办理过程，包括签收、登记、初审、承办、传阅、催办、答复等程序。

1. 签收

签收是指送件人与收件人之间办理的交接手续，其目的是明确交接双方的责任，保证公文运行安全可靠。

收件人签收时要对收到的公文逐件清点，核对无误后签字或者盖章，并注明签收时间。

2. 登记

登记是指对公文的主要信息和办理情况进行详细记载，以备查考。

登记的项目一般是：收文日期、来文机关、发文字号、标题、秘密等级、紧急程度、份数等，可根据来文实际情况增减登记项目。

3. 初审

收件机关对收到的公文应当进行初审。

初审的重点是：是否应当由本机关办理，是否符合行文规则，文种、格式是否符合要求，涉及其他地区或者部门职权范围内的事项是否已经协商、会签，是否符合公文起草的其他要求。

经初审不符合规定的公文，应当及时退回来文单位并说明理由。

4. 承办

承办是指按机关负责人的批办意见和公文本身的要求进行具体的办理工作。

承办是公文办理的核心环节，公文只有得到承办，才能发挥实际效用。

阅知性公文应当根据公文内容、要求和工作需要确定范围后分送。批办性公文应当提出拟办意见报本机关负责人批示或者转有关部门办理；需要两个以上部门办理的，应当明确主办部门。紧急公文应当明确办理时限。承办部门对交办的公文应当及时办理，有明确办理时限要求的应当在规定时限内办理完毕。

5. 传阅

传阅是指根据机关负责人批示和工作需要，将公文及时送传阅对象阅知或者批示。办理公文传阅应当随时掌握公文去向，不得漏传、误传、延误。传阅方式主要有：轮辐式、专人传送式、接力式、集中传阅式。

6. 催办

催办是指对公文办理进行督促检查，询问催促。

相关工作人员要及时了解掌握公文的办理进展情况，督促承办部门按期办结。紧急公文或者重要公文应当由专人负责催办。

建立催办制度是为了防止办文单位不办，或推诿，或拖拉积压而延时误事等不良现象产生，以起到疏通中间梗塞、加快公文运作、提高办事效率、推动工作迅速开展的作用。总之，要做到紧急公文跟踪催办，重要公文重点催办，一般公文定期催办。

7. 答复

公文的办理结果应当及时答复来文单位，并根据需要告知相关单位。答复的原则是谁批办（交办）答复谁，谁来文答复谁。

（二）发文办理

发文办理是指以本机关名义制发公文的过程，包括复核、登记、印制、核发等程序。

1. 复核

复核是指再次对公文制发的工作环节进行审查核对。

已经发文机关负责人签批的公文，印发前应当对公文的审批手续、内容、文种、格式等进行复核。复核工作具体包括：复核签发手续是否完备，附件材料是否齐全，格式是否统一、规范等。需作实质性修改的，应当报原签批人复审。

复核是发文过程中进行最后一次把关的环节。经复核需要对文稿进行实质性修改的，要按程序进行复审。

2. 登记

登记是指发文登记，就是对即将发出的公文按照规定的记录项目进行文字记载。

复核后的公文，应当确定发文字号、分送范围和印制份数并详细记载。

可根据发文实际情况增减登记项目，其他如发文字号、成文日期、发文机关、文件标题、密级、紧急程度、附件、拟稿部门等内容，也属发文登记的内容。

3. 印制

印制是指印制公文正式文本。公文印制必须确保质量和时效。涉密公文应当在符合保密要求的场所印制。

印制时要做好以下工作：

（1）送印之前，确定印制份数，并检查此前工作程序是否已经进行，有无疏漏。

（2）印制时，注意字迹清晰，文面整洁；保护好原稿，防止污损、丢失。

（3）认真校对。从份号到印制份数，乃至页码，都要从头至尾一一细心核对。如发现原稿有错漏或疑问，则要通过草拟、审核、签发人查明修正，不能擅自改动。

（4）防止失密。密级较高、数量又少的文件应由专人打印；若大量印制，应在指定地点缮印。

4. 核发

核发是指将业已生效的公文，在核查后依据受文机关的不同分别装封发出。

公文印制完毕，应当对公文的文字、格式和印刷质量进行检查后分发。核发时要做好以下工作：

（1）清点份数，查看份数是否与印数相符、每份是否有漏页。

（2）检查应有的格式要素是否齐备，有无差错。

（3）核对公文标识的主送、抄送机关与封套上书写的收文机关是否相符。

（4）密件、急件要在封套上加盖密级、急件印戳，密件还要加贴密封条、加盖骑缝章。

以上的复核、登记、印制、核发是公文发文办理的通常程序。遇有涉密公文，应当通过机要交通、邮政机要通信、城市机要文件交换站或者收发件机关机要收发人员进行传递，通过密码电报或者符合国家保密规定的计算机信息系统进行传输。

（三）整理归档

公文办理还包括整理归档。并非所有的公文都可以归档，只有根据《中华人民共和国档案法》和其他有关规定，具有查考利用价值的公文，才属文书档案保存范围，才可称为归档文件。

需要归档的公文及有关材料，应当根据有关档案法律法规以及机关档案管理规定，及时收集齐全、整理归档。两个以上机关联合办理的公文，原件由主办机关归档，相关机关保存复制件。机关负责人兼任其他机关职务的，在履行所兼职务过程中形成的公文，由其兼职机关归档。归档范围内的公文应当按照有关保管期限规定，定期向档案部门移交。

五、党政公文的管理

党政公文的管理是公文处理工作的第三个环节。公文管理是指对公文及其办理全过程的控制活动。公文管理环节的有效运行，是提高机关管理效率的重要保证。

《条例》第七章阐述了公文管理的各种规定，其内容如下：

第二十八条　各级党政机关应当建立健全本机关公文管理制度，确保管理严格规范，充分发挥公文效用。

第二十九条　党政机关公文由文秘部门或者专人统一管理。设立党委（党组）的县级以上单位应当建立机要保密室和机要阅文室，并按照有关保密规定配备工作人员和必要的安全保密设施设备。

第三十条　公文确定密级前，应当按照拟定的密级先行采取保密措施。确定密级后，应当按照所定密级严格管理。绝密级公文应当由专人管理。

公文的密级需要变更或者解除的，由原确定密级的机关或者其上级机关决定。

第三十一条　公文的印发传达范围应当按照发文机关的要求执行；需要变更的，应当经发文机关批准。

涉密公文公开发布前应当履行解密程序。公开发布的时间、形式和渠道，由发文机关确定。

经批准公开发布的公文，同发文机关正式印发的公文具有同等效力。

第三十二条　复制、汇编机密级、秘密级公文，应当符合有关规定并经本机关负责人批准。绝密级公文一般不得复制、汇编，确有工作需要的，应当经发文机关或者其上级机关批准。复制、汇编的公文视同原件管理。

复制件应当加盖复制机关戳记。翻印件应当注明翻印的机关名称、日期。汇编本的密级按照编入公文的最高密级标注。

第三十三条　公文的撤销和废止，由发文机关、上级机关或者权力机关根据职权范围和有关法律法规决定。公文被撤销的，视为自始无效；公文被废止的，视为自废止之日起失效。

第三十四条　涉密公文应当按照发文机关的要求和有关规定进行清退或者销毁。

第三十五条　不具备归档和保存价值的公文，经批准后可以销毁。销毁涉密公文必须严格按照有关规定履行审批登记手续，确保不丢失、不漏销。个人不得私自销毁、留存涉密公文。

第三十六条　机关合并时，全部公文应当随之合并管理；机关撤销时，需要归档的公文经整理后按照有关规定移交档案管理部门。

工作人员离岗离职时，所在机关应当督促其将暂存、借用的公文按照有关规定移交、清退。

第三十七条　新设立的机关应当向本级党委、政府的办公厅（室）提出发文立户申请。经审查符合条件的，列为发文单位，机关合并或者撤销时，相应进行调整。

拓展阅读

电子公文的七大问题

单元小结

本单元介绍了党政公文的基本知识，包括党政公文概述、格式、行文规则、处理等。公文写作中最重要的问题有两个：一是正文写作，二是格式写作。正文写作，将在后面讲授；本单元所介绍的党政公文格式与格式要素标注方法，是我们现阶段应该掌握的重点内容。我们不仅要深刻理解其含义，而且应该应用于实践。

实践操作

一、判断题

判断下列情况应用哪种文种行文，并拟出标题。

1. ××港务局告知在××水域通过的船只，注意减速避让水文测验船只。

2. 全国人大告知××领导人职务的选举结果。

3. 国务院宣布采取新税制的有关事项。

4. ××市税务局告知征收 2025 年度税款事项。

5. 国务院严令禁止非法买卖人民币。

二、辨析题

找出下列公文中的错误并说明理由。

××市工业局关于印发“关于节减行政经费的几项规定”的通知

我局同意××市财政局“关于节减行政经费的几项规定”中提出的意见，认为切实可行，请结合本单位的情况参照执行。

附：××市财政局文件

2022.10.16

中国人民银行××市分行关于转发总行《储蓄工作座谈会纪要》的通知

×银发〔2002〕×号

现将总行的《储蓄工作座谈会纪要》转发给你们，请立即组织研究，展开讨论，并根据《纪要》精神，认真贯彻执行。当前，首先要抓好第一季度的工作，以便为全年工作打下基础。

中国人民银行××市分行

二〇二二年七月二十四日

××省人民政府办公厅通报

全体市民：

据反映得知，近日来本市部分地区有一种令人人心惶惶的传说，称原流行于某国的恶性传染病××热已传入本市，并已造成十几人死亡。经本市防疫部门证实，这是完全没有任何事实根据的，本市至今从未发生过一起××热的病例。经核查，这一消息源于本市《晨报》零六年4月1日的一则“愚人节特快报告”。《晨报》这种不顾国情照搬西方文化极不严肃的做法是非常错误的，已经给全市人民的稳定生活带来了极其恶劣的影响。目前有关部门已对本报作出停业整顿并令其主要负责人深刻检查等待纪律处分的处理。有关单位应汲取这一教训，采取措施以予杜绝。特此通报。

××市人民政府启

单元二

通知和通报

学习目标

知识目标

1. 了解通知的概念、类型，掌握通知的结构
2. 了解通报的概念、特点，掌握表扬性、批评性及情况通报的不同写法

能力目标

1. 能够写出事项明确、要求具体、格式规范的通知
2. 能够写出叙事简明、分析中肯、处理得当而且具有较强教育性、针对性的通报

素养目标

1. 提升政治素养，培养严肃谨慎的工作作风，提高语言表达的分寸感
2. 善于发现问题、分析问题、解决问题

单元导入

古代公文中没有与通知相对应的名称和与其类似的文体。直到民国初年，有一种对下级行文的文体“传知”与通知在文体上相类似。1949 年，华北人民政府在《公文处理暂行办法》中正式明确了通知的主要功能。1951 年，中央人民政府政务院在《公文处理暂行办法》中把通知列为正式公文并沿用至今。

专题一　通知

在 15 种法定公文中，通知是适用范围最广、使用频率最高的文种之一，属于典型的

下行公文。《党政机关公文处理工作条例》第八条规定：通知适用于发布、传达要求下级机关执行和有关单位周知或者执行的事项，批转、转发公文。

通知在下行文中的规格要低于决议、决定等文种。用通知发布的规章等文件，一般适用于基层或是局部；用通知布置的工作、传达的指示级别也不如决定、指示的郑重程度和级别。

例文 2-2

关于印发《出国留学经费管理办法》的通知

财教〔2022〕190 号

党中央有关部门，国务院有关部委、有关直属机构，各省、自治区、直辖市、计划单列市财政厅（局）、教育厅（教委、教育局），新疆生产建设兵团财政局、教育局，国家留学基金管理委员会，教育部留学服务中心：

为了规范出国留学经费管理，提高资金使用效益，推动出国留学事业发展，根据《中华人民共和国预算法》及其实施条例等有关规定，我们对《财政部 教育部关于印发〈出国留学经费管理办法〉的通知》（财教〔2013〕411 号）进行了修订。现将修订后的《出国留学经费管理办法》印发你们，请遵照执行。

附件：出国留学经费管理办法

财政部　教育部

2022 年 10 月 19 日

这是一则发布性通知。这个通知的作用在于向有关单位告知修订后的《出国留学经费管理办法》已经印发了，请相关单位"遵照执行"。语言简洁，表意清晰。

一、通知的类型

通知分为发布性通知、中转性通知和传达性通知。

（一）发布性通知

发布性通知，是用以发布、印发行政法规、办法、规章制度的通知。这种通知体现了通知的指导性质，分为以下两种：

1. 发布行政法规、办法、规章制度通知

大多发布行政法规、办法、规章制度的通知是复合体公文，即通知与要发布的行政法规、办法、规章制度合在一起，构成一则完整的发布性通知。但如果所要发布的内容比较简单，就可将发布内容写入通知正文内，由通知直接发布。

2. 印发行政法规、办法、规章制度通知

印发行政法规、办法、规章制度通知，是指将本机关或与其他机关联合制定的公文，添加必要的公文要素后印发给下级机关的通知。

这里的"公文"是广义的，主要是指党政公文、法规性文件和部分事务文书。党政公文主要有意见、会议纪要、报告、决定等，法规性文件主要有条例、规定、办法等，事务文书主要有计划、总结等。印发行政法规、办法、规章制度通知属复合体公文的重要部分，它的作用在于发布相关公文，印发对象将排列在印发通知之下。

（二）中转性通知

中转性通知是指通知还可用于批转下级机关的公文，转发上级机关和不相隶属机关的公文。从公文走向来看，中转性通知分为三种："上转下"是指上级机关将某一下级机关的公文批转给所属下级机关，在转发的同时具有批复性；"下转上"是指将上级机关的来文转发给所属下级机关；"平转平"是指将平级机关或不相隶属机关的来文转发给所属下级机关。从材料来源来看，中转性通知分为批转通知和转发通知。

1. 批转通知

批转通知是对下级机关报送的公文加批语后转发给其他下级机关的通知。

批转通知的特点在于上级机关对下级机关上报的公文，以"批（语）转（发）"形式通知其他下级机关，其作用在于"批"。"批"字有批示、批准的意思，只对下级机关使用。

2. 转发通知

转发通知，是将上级机关和不相隶属机关发来的公文加转发语后转发给其他机关的通知。转发通知和批转通知写法类似，但效力没有批转通知高。

批转的材料来源为下级，由上对下发布批语转发；转发则是将上级机关和不相隶属机关发来的公文，经本机关加转发语后，以通知形式向下转发，其作用在于转。

需要说明的是，批转通知、转发通知或上面所阐述的印发通知都是载体，这些通知之下均排列有公文，该公文就是被批转的下级机关公文，或被转发的上级机关和不相隶属机关公文，或被印发的本机关公文。这些公文居于公文格式中的附件位置，但却不是真正意义上的附件，它们是主体的一部分，甚至是复合体公文的主体部分，因此无须在正文下方、署名上方标注附件名称。

（三）传达性通知

传达性通知是指传达要求下级机关执行和有关单位周知或者执行事项的通知。

传达性通知的应用范围很广，凡告知事项、布置工作、安排活动、设置机构、任免人员等均可使用传达性通知。

这类通知体现了通知的晓谕性，分为以下三种：

1. 执行性通知

执行性通知是传达要求下级机关和有关单位执行某事项的通知。这里的传达事项，往往带有指示性、规定性，要求下级机关无条件遵照执行。

2. 周知性通知

周知性通知是传达下级机关和有关单位周知某事项的通知。这里的传达事项，只要求下级机关周知，并无强制其执行的意图与措施。

3. 会议通知

会议通知是向下级机关传达关于召开有关会议的通知。严格地说，会议通知也属周知性通知，只是因为它的用量较大，写法上已经自成一体，所以将其独立分类。

二、通知的结构

通知一般由标题、主送机关、正文、落款、附件等部分组成。但不同类型的通知有不同的写法，我们在实际的写作中要根据实际情况进行遣词造句。通知的结构如表 2－2 所示。

表 2－2　通知的结构

<table>
<tr><th colspan="2">要素</th><th>具体内容</th></tr>
<tr><td colspan="2">标题</td><td>××有限公司关于××××的通知</td></tr>
<tr><td colspan="2">主送机关</td><td>××××、××××××，××××××、××××：</td></tr>
<tr><td rowspan="3">正文</td><td>发文缘由</td><td>××××××××××，××××××××××××××××××。×××××××××××，××××××××××××××××××。××××××××××，××××××××××××××××××。现将有关事项通知如下。（发出通知的原因、依据、背景和目的）</td></tr>
<tr><td>通知事项</td><td>一、×××××××
××××××××××，××××××××××××××××××。×××××××××××，×××××××××××××××××××××××××××。
二、×××××××××
(一) ×××××××
××××××××××，××××××××××××××××××。×××××××××××，××××××××××××××××××。
1. ××××××
×××××××××××，××××××××××××××××××。××××××××××，××××××××××××××××××。
(1) ×××××××。×××××××××，×××××××××。
二、×××××××
(做什么、怎么做，具体需要通过通知告知大家的事情)</td></tr>
<tr><td>结尾</td><td>×××××××××，×××××××××。×××××××××，×××××××××。
特此通知。(通知惯用语)
(根据具体通知内容选择相应的结语)</td></tr>
<tr><td colspan="2">附件说明</td><td>附件：×××××××××</td></tr>
<tr><td colspan="2">发文机关署名</td><td>××有限公司（加盖公章）(右空 2 个字)</td></tr>
<tr><td colspan="2">成文日期</td><td>20××年××月××日（右空 2 个字)</td></tr>
<tr><td colspan="2">附注</td><td>(此件公开发布)</td></tr>
</table>

注：以上内容仅供参考。

（一）标题

标题一般写在第一行居中的位置，常用的通知标题形式有两种：

1. 发文机关＋事由＋文种

例如，《××市关于召开××行业座谈会的通知》就采用了“发文机关＋事由＋文种”的形式。

2. 事由＋文种

在具有版头的文件中，可以运用“事由＋文种”的标题形式。

正式发文的通知不能以“通知”作为标题，只以“通知”为标题的公文适用于内部张贴。正式公文的标题，应该使受文者在接到公文的那一刻，就明白是哪个机关的来文，说明了什么事情、运用了哪个文种，要素齐全的标题才能体现明确性。通知的标题示例如表 2－3 所示。

表 2－3　通知的标题示例

类型	标题写法	
发布性通知	发布机关/印发机关＋事由＋文种	
中转性通知	批转通知	批转机关＋原发文机关＋事由＋文种
	转发通知	转发机关＋原发文机关＋事由＋文种
传达性通知	发文机关＋事由＋文种	

（二）主送机关

通知的主送机关一般是下级机关，要写机关全称、规范化简称或者同类型机关统称。不写主送机关的做法是错误的，将通知发给“广大同学”“各位老师”等非机关受文者的做法也是错误的。

主送机关写在标题之下、正文之前，顶格书写，用全角冒号引领下文。主送机关单一或不超过 3 个时，可以直接书写或按照惯例排序。主送机关超过 3 个时，采用概称，并用顿号与逗号区别主送机关的类别。例如，“各区、县人民政府，市政府各委、办、局”，这里的称谓就运用了规范化简称，逗号区分出了区、县人民政府与市政府直属机关，而顿号则表明这两大系统内部的界限，起到文字不便明说的作用。

由于下行文的主送机关常常较多，因此我们应当按照国家标准《标点符号用法》的相关要求恰当使用标点符号。标点符号的准确使用，可以体现作者思维的精严、缜密以及对政策的把握程度。

（三）正文

一般而言，通知正文的结构是“发文缘由＋通知事项＋结尾”。通知正文结构示例如表 2－4 所示。

1. 发文缘由

发文缘由常写发布通知的意义、根据，有的通知还会写发文背景。在发文缘由的末尾，有些通知加写承启用语，如“现通知如下”“现将有关事项通知如下”“特通知如下”等。

2. 通知事项

通知事项简单的，可采用一段式；通知事项复杂的，可采用条款式。

3. 结尾

常用的通知结尾形式有四种：

（1）具体阐述执行要求或希望。

（2）采用尾语：“请遵照（贯彻、照此、研究、参照）执行”“特此通知，望认真执行”“本通知自下发之日起施行”等。

（3）其他说明。

（4）自然收尾，也就是说完相关事项后直接结束。

表 2-4　通知正文结构示例

类型	正文写法	
发布性通知	发文缘由（意义、根据、背景）＋印发语（＋执行要求） 如果是发布更新的文件，要说明新文件实施时间和旧文件废止时间	
中转性通知	批转通知	批语：表明同意某个文件＋转发语（＋意义＋执行要求）
	转发通知	转述批语＋转发语（＋意义＋执行要求）
传达性通知	发文缘由（意义、根据、背景）＋通知事项＋结尾	

（四）落款

在正文右下方写明发文机关的名称和成文日期，成文日期在发文机关名称下方，并加盖制发通知机关的印章。

（五）附件

一部分通知会有附件，如会议通知后的“回执”“交通路线图”等，这些附件与批转通知、转发通知以及印发通知所带有的文件不同，它们是真正意义上的附属文件。《党政机关公文格式》7.3.7 要求：“附件应当另面编排，并在版记之前，与公文正文一起装订。”

附件要素分为附件说明与附件。附件说明仅是附件的顺序号和名称。附件要素位于正文下空一行，左空二字，标注“附件”二字，其后标全角冒号和附件名称；两个以上的附件，要用阿拉伯数字标注附件顺序号（如“附件：1.×××××”）；附件名称后不加标点符号。如果附件名称较长需回行，应当与上一行附件名称的首字对齐。附件应当另面编排，即另起页，在附件页版心左上角第一行顶格标注“附件”二字；有附件顺序号的，要标注顺序号。版心第三行居中标注附件标题，其下方为附件正文。

三、通知的写作要求

（1）通知主旨要集中。一份通知一般要求说明一件事、布置一项工作，不能表达多种事情，以防落实中出现遗漏，要秉持“一事一文”的原则。

（2）语言要准确而通俗。布置工作或告知事项时，要做到使读者不折不扣地了解通知的目的意图、办法要求等。如果表述不确切、模棱两可，就会出现分歧或纰漏，从而影响实际工作。

（3）注重通知的时效性。通知的撰写、传递要及时、快捷，不可贻误时机，影响公务的执行和办理。

例文 2-3

国务院批转国家发展改革委关于 2017 年
深化经济体制改革重点工作意见的通知

国发〔2017〕27 号

各省、自治区、直辖市人民政府，国务院各部委、各直属机构：

国务院同意国家发展改革委《关于 2017 年深化经济体制改革重点工作的意见》，现转发给你们，请认真贯彻执行。

国务院

2017 年 4 月 13 日

（此件公开发布）

从标题中可以看出，这是一篇批转通知，批转通知的特点在于上级机关采用了下级机关的文件，以“批（语）转（发）”的形式通知其他机关，重点在于“批”，使原下级文件升级，具有更高的行政约束力。正文中首先说明被批转的文件名称，表明上级领导的态度，并提出执行要求，被批转的文件属于正文内容，不属于附件，整篇通知的内容集中明确，结构严谨完整。

例文 2-4

国务院办公厅转发财政部、国家林草局（国家公园局）
关于推进国家公园建设若干财政政策意见的通知

国办函〔2022〕93 号

各省、自治区、直辖市人民政府，国务院各部委、各直属机构：

财政部、国家林草局（国家公园局）《关于推进国家公园建设若干财政政策的意见》已经国务院同意，现转发给你们，请认真贯彻落实。

国务院办公厅

2022 年 9 月 9 日

（此件公开发布）

关于推进国家公园建设若干财政政策的意见

财政部　国家林草局（国家公园局）

建立以国家公园为主体的自然保护地体系，是贯彻落实习近平生态文明思想的重大举措，是党的十九大提出的重大改革任务。建立国家公园体制是生态文明和美丽中国建设的重大制度创新。为贯彻落实党中央、国务院决策部署，进一步发挥财政职能作用，支持国家公园建设，推动构建以国家公园为主体的自然保护地体系，现就推进国家公园建设的若干财政政策提出以下意见。

一、总体要求

（一）指导思想。以习近平新时代中国特色社会主义思想为指导，深入贯彻习近平生态文明思想，认真落实党中央、国务院决策部署，完整、准确、全面贯彻新发展理念，坚持山水林田湖草沙一体化保护和系统治理，加强顶层设计，创新财政资金运行机制，构建投入保障到位、资金统筹到位、引导带动到位、绩效管理到位的财政保障制度，为加快建立以国家公园为主体的自然保护地体系、维护国家生态安全、建设生态文明和美丽中国提供有力支撑。

（略）

这是一篇转发通知，重点在于“转”，转发的文件一般为上级或不相隶属机关的公文。此篇通知正文由两部分组成：通知本身和被转发的文件。通知先指出转发的文件，然后表明态度，以“请认真贯彻落实”提出要求，言简意赅。被转发的文件附在正文后。

例文 2-5

工业和信息化部关于印发《促进数字技术适老化高质量发展工作方案》的通知

工信部信管〔2023〕251 号

各省、自治区、直辖市工业和信息化主管部门、通信管理局，中国电信集团有限公司、中国移动通信集团有限公司、中国联合网络通信集团有限公司、中国广播电视网络集团有限公司，中国信息通信研究院、有关行业协会，其他相关企业：

现将《促进数字技术适老化高质量发展工作方案》印发给你们，请结合实际认真贯彻实施。

工业和信息化部

2023 年 12 月 19 日

这是一篇发布性通知，起到公布、通告的作用。标题由“发文机关＋被印发文件＋文种”构成，事由鲜明，格式规范。值得注意的是，凡属法规性文件，标题与行文一般称为颁布或颁发或发布，其他文件则称为印发。

例文 2-6

关于严禁会计师事务所以或有收费方式提供审计服务的通知

财会〔2023〕25 号

各省、自治区、直辖市、计划单列市财政厅（局），新疆生产建设兵团财政局，财政部各地监管局，有关会计师事务所：

为贯彻落实中央办公厅、国务院办公厅印发的《关于进一步加强财会监督工作的意见》，按照《会计师事务所执业许可和监督管理办法》（财政部令第 97 号）和注册会计师职业道德守则有关规定，切实增强会计师事务所独立性，禁止或有收费行为，避免因利益冲突对审计质量产生不利影响，现就有关事项通知如下：

一、会计师事务所应当按照职业道德守则和执业准则规定，根据审计工作中所承担的责任、工作量，以及所需的相关资源投入合理确定审计收费，并与客户签署合规的收费安排条款。

二、会计师事务所不得以或有收费方式提供审计服务，收费与否或者收费多少不得以审计工作结果或实现特定目的为条件。或有收费通常表现为上市奖励费，以及根据审计意见类型、是否能够实现上市、能否实现发债等收取部分或全部审计费用。

三、会计师事务所应当按照职业道德守则和执业准则规定，执行有关客户接受与保持程序，谨慎评估提出违规付费要求的客户风险。如果发现客户存在或有付费违规行为的，会计师事务所应当拒绝承接或者终止该项审计业务。

四、各省级财政部门、财政部各地监管局要高度重视会计师事务所或有收费问题，把或有收费作为对会计师事务所监督检查的重点事项。对于违反本通知相关要求，未保持形式上和实质上的独立性的会计师事务所，应当按照相关法律法规的规定处理处罚。

五、本通知自发布之日起实施。

财政部

2023 年 11 月 16 日

这是一篇执行性通知。这类通知往往带有指示性、规定性，具有极强的约束性，可以作为有关法律法规的补充，要求有关下级机关无条件遵照执行。本通知以严肃的语气明确表明严格禁止会计师事务所以或有收费方式提供审计服务，对于违反本通知相关要求的独立性的会计师事务所，要按照相关法律法规的规定处理处罚。通知的发文依据充分、要求事项具体，通过坚定的语气，明确规定了相关单位的执行标准，毋庸置疑。

例文 2－7

国家文物局 教育部关于做好教育领域第四次全国文物普查工作的通知

文物普查发〔2024〕47 号

各省、自治区、直辖市文物局（文化和旅游厅/局）、教育厅（教委），新疆生产建设兵团文物局、教育局，教育部直属各高等学校，各有关单位：

根据《国务院关于开展第四次全国文物普查的通知》（以下简称《通知》）和《第四次全国文物普查总体方案》（以下简称《方案》），为进一步加强协作，切实做好教育领域第四次全国文物普查工作，现将有关事项通知如下：

一、高度重视，强化政治引领

文物工作是党的文化工作的重要组成部分。文物普查是文物事业发展的重要基础性工作，各级文物、教育主管部门要深入学习贯彻习近平总书记关于文化遗产保护传承重要论述和关于文物工作重要指示批示精神，充分认识开展文物普查的重要性和必要性，认真贯彻落实党中央关于坚持保护第一、加强管理、挖掘价值、有效利用、让文物活起来的工作要求，以此次普查为契机，掌握教育领域不可移动文物资源状况，加强文物保护管理和价值研究，弘扬中华优秀传统文化。

二、明确任务，深化普查合作（略）

三、强化保护，严守安全底线（略）

四、挖掘价值，推动合理利用（略）

特此通知。

国家文物局　教育部

2024 年 7 月 31 日

这是一则周知性通知，属于传达性通知的一种，是工作中最常见的通知之一。全文按照发文依据、发文目的、具体事项、结语的顺序撰写，条理分明，格式合乎通知的相关要求。

例文 2－8

罗湖区科技创新局关于举办产业政策宣讲暨银企对接会的通知

罗湖区相关企业：

为贯彻落实《罗湖区经济高质量发展专项资金扶持做大做强实施细则》鼓励专利高质量发展相关文件精神，提升辖区企业专利创造水平，引导专利转化运用，拓宽企业融资渠道，降低企业融资成本，支撑经济转型升级，罗湖区科技创新局决定召开产业政策宣讲暨银企对接会，现将有关事宜通知如下：

一、参会人员

（一）罗湖区科技创新局新兴产业发展科相关负责同志。

（二）市知识产权保护中心相关负责同志。

（三）中国银行深圳分行相关负责同志。

（四）参会企业：罗湖区内有专利和融资需求的科技企业相关负责人；

（五）物资集团相关负责同志。

二、会议时间、地点

（一）会议时间：2021 年 3 月 31 日（星期三）下午 2:30。

（二）会议地点：罗湖区笋岗梨园路 6 号物资置地大厦 4 楼沙盘区。

三、会议议程

（一）城脉控股相关项目介绍。

（二）罗湖区鼓励专利高质量发展扶持政策、科技金融扶持政策宣讲。

（三）专利质押融资、专利许可办理的条件、流程等讲解。

（四）中国银行相关产品介绍。

（五）与会人员互动交流。

四、相关要求

请参加会议的单位或个人于 2021 年 3 月 31 日（星期三）上午 9:00 前微信扫描二维

码填报报名信息。

联系人：李女士，联系电话：2218××××。

特此通知。

罗湖区科技创新局

2021 年 3 月 30 日

这是一篇会议通知，属于传达性通知的一种，是日常工作中常见的通知，形式也比较灵活多样。有的日常事务通知可以不遵照任何公文格式，但对于大型的会议来说，它的撰写要合乎相关要求。这篇例文共有五项内容，均为会议通知中必须写明的事项，包括会议内容、会议时间、会议地点、参会人员、相关要求等，内容全面，条理分明，一目了然。

专题二　通报

通报，是表彰先进、批评错误、传达重要精神和告知重要情况的文种，是知照性公文，目的是交流经验、吸取教训、教育警示、推动工作。通报的适用范围比较宽泛，各单位、各系统、各行业都常常发布，但这种公文只限于本单位或本系统使用。

通报具有表彰先进、批评错误的功能，因而具有奖励与告诫的性质，这一点既不同于通知，也不同于公报、公告、通告。

通报虽与公报、公告、通告、通知共兼传达、告晓之能，但五个文种各司其职：公报用于公布重要决定或者重大事项，公告用于宣布重要事项或者法定事项，通告是公布应当遵守或者周知的事项，通知用于发布、传达要求下级机关执行和有关单位周知或者执行的事项，而通报则用于传达重要精神和告知重要情况。

通报的目的在于传达、告晓，一般无须人们办理或执行。

通报虽然具有公开“通”晓、广而“报”告之意，但发布范围却很明确，目的仅仅是推动本机关或本系统的工作。通报的这个性质，从根本上划清了其与公告、通告的界限。公告是宣布于国内外；通告是公布于国内一定范围内；通报往往是在一个机关或一个系统内部使用，这点与通知相一致。

例文 2-9

国务院办公厅关于对国务院第九次大督查发现的典型经验做法给予表扬的通报

国办发〔2022〕33 号

各省、自治区、直辖市人民政府，国务院各部委、各直属机构：

为进一步推动中央经济工作会议部署和《政府工作报告》确定的重点任务以及稳住经济一揽子政策措施和接续政策措施落地见效，国务院部署开展了第九次大督查。从督查情况看，各有关地区在以习近平同志为核心的党中央坚强领导下，以习近平新时代中国特色社会主义思想为指导，认真贯彻落实党中央、国务院重大决策部署，统筹推进新冠肺炎疫情防控和经济社会发展，扎实做好“六稳”工作、全面落实“六保”任务，有效应对各种困难挑战，保持经济社会发展大局总体稳定。在对19个省（自治区、直辖市）和新疆生产建设兵团开展实地督查时发现，有关地方围绕稳增长、稳市场主体、稳就业保民生、保产业链供应链稳定、深化“放管服”改革优化营商环境等方面，结合实际积极探索、主动作为，创造和形成了一批好的经验做法。

为表扬先进，宣传典型，进一步调动和激发各方面干事创业、改革创新的积极性、主动性和创造性，推动形成克难攻坚、奋勇争先的良好局面，经国务院同意，对山西省强化煤炭增产保供保障能源安全等60项典型经验做法予以通报表扬。希望受到表扬的地方珍惜荣誉，再接再厉，充分发挥模范示范和引领带动作用，不断取得新的更大成绩。

各地区各部门要全面贯彻党的十九大和十九届历次全会精神，坚持稳中求进工作总基调，完整、准确、全面贯彻新发展理念，加快构建新发展格局，着力推动高质量发展，全面落实“疫情要防住、经济要稳住、发展要安全”的要求，尽责担当、扎实工作。要学习借鉴典型经验做法，加大宣传推广力度，结合实际迎难而上、砥砺奋进，为保持经济平稳运行和社会大局稳定作出积极贡献，以实际行动迎接党的二十大胜利召开。

附件：国务院第九次大督查发现的典型经验做法（共60项）

国务院办公厅

2022年9月27日

（此件公开发布）

附件

国务院第九次大督查发现的典型经验做法

（共60项）

（略）

这是一篇表彰性通报。第一段说明发文缘由，“为进一步推动中央经济工作会议部署和《政府工作报告》确定的重点任务以及稳住经济一揽子政策措施和接续政策措施落地见效”；第二段通过客观分析和肯定各地区的工作成绩并陈述上级机关作出表扬决定的理由，然后明确提出表扬并对受表扬单位提出要求；最后一段向各地区、各部门发出号召、提出要求。全文有事实、有依据、有要求，内容全面具体，语言简洁有力度。

一、通报的特点

通知重在告知人们执行什么任务或怎样做，通报则是为了提高人们的认识和开阔人们的视野，以便把工作做得更好。通报的性质决定了它的特点。

（一）指导性

通报的事实具有普遍性、代表性、针对性，具有典型的教育和指导意义。通报对下级机关的指导作用在于昭示，它不靠强制性措施制约人们，而在知照各类典型后，指导人们学习先进、摒弃错误、警惕犯罪。

（二）交流性

通报涉及的材料经过慎重核实，完全真实，不虚夸、不浮夸。通过通报中的内容，人们获得信息和情报，以便上情下达、上下沟通，使全局步调协调、行为规范。

（三）时效性

通报是针对工作中出现的现象和情况而发，重在指导人们明确工作方向。通报要及时，以最快的速度发出，最大限度地发挥效用，一旦形势发生变化，具有指导意义的通报就不再产生指导效力了。因此，通报作用的发挥与抓住时机适时发布是分不开的。

二、通报的类型及写作

按内容性质分，通报可分为表彰性通报、批评性通报和情况通报三类。在写作的过程中，不同类型的通报内容有很大的差异，但写作结构和写法大致相同。三种通报的写作既有共性，又有不同。

通报的结构：标题＋主送机关＋正文（＋附件）＋发文机关＋成文日期。通报的结构示例如表 2－5 所示。

表 2－5　通报的结构示例

<table>
<tr><th colspan="2" rowspan="2">要素</th><th colspan="3">文种</th></tr>
<tr><th>表彰性通报</th><th>批评性通报</th><th>情况通报</th></tr>
<tr><td colspan="2">适用情况</td><td>予以表彰，树立榜样，宣传先进，号召学习</td><td>予以批评，分析原因，处分错误，吸取教训</td><td>告知情况，引起重视，提出措施，指导工作</td></tr>
<tr><td colspan="2">标题</td><td colspan="3">发文机关＋事由＋文种/事由＋文种</td></tr>
<tr><td colspan="2">主送机关</td><td colspan="3">一个/多个</td></tr>
<tr><td rowspan="5">正文</td><td>发文缘由</td><td colspan="3">意义/根据/背景/事项提要/发文机关对此事的态度</td></tr>
<tr><td>通报事项</td><td>表彰事迹
（时间、地点、当事人或单位、事情经过、结果）</td><td>错误事实/事故经过
（时间、地点、当事人或单位、事情经过、结果）</td><td>重要精神、情况
（指示精神、会议精神、重要情况内容）</td></tr>
<tr><td>分析</td><td colspan="3">态度鲜明，观点突出，分析中肯，评议实事求是、全面客观，结论公正、准确，用语把握分寸</td></tr>
<tr><td>决定</td><td>予以嘉奖/表扬</td><td>惩处（具体内容）</td><td>无</td></tr>
<tr><td>要求</td><td>学习先进，提出希望与要求</td><td>引以为戒，吸取经验教训</td><td>受众群体有所感知</td></tr>
<tr><td colspan="2">附件</td><td colspan="3">如有附件，格式与其他党政公文相同</td></tr>
<tr><td colspan="2">发文机关</td><td colspan="3">发文机关单位名称（机关全称、规范化简称或者同类型机关统称）</td></tr>
<tr><td colspan="2">成文日期</td><td colspan="3">　年　月　日（阿拉伯数字）</td></tr>
</table>

注：以上内容仅供参考。

三、通知与通报的区别

通知与通报虽同属知照性公文，但二者之间的差别也非常明显，具体区别如表 2-6 所示。

表 2-6　通知与通报的区别

维度	文种	
	通知	通报
内容	印发、转发和批转文件，安排部署工作	具体的正、反事例或客观实际情况的反映
要求	办理、执行	了解情况和领悟精神
时间	事前行文	事后行文

四、文种辨析

选择文种很重要。在 15 种党政公文中，具有表彰先进功能的文种有命令（令）、决定、通报；具有批评错误功能的文种有决定、通报。

（一）具有表彰先进功能的文种

命令（令）、决定、通报三个文种用于表彰时的区别如下：

命令（令）中的嘉奖令，用于嘉奖有关单位及人员，这是发令机关以命令形式公布嘉奖事项，被嘉奖的有关单位及人员应在全国或某一地区某一系统是具有普遍意义的典型。被嘉奖者一般被授予荣誉称号。比如，《中央军委主席习近平签署命令 授予陆军某旅一营二连荣誉称号》，如图 2-34 所示。

中央军委主席习近平签署命令

授予陆军某旅一营二连荣誉称号

新华社北京7月9日电 中央军委主席习近平日前签署命令，授予陆军某旅一营二连“模范火箭炮兵连”荣誉称号。

该连1937年组建，参加过塔山阻击战、金城战役、炮击金门等战役战斗。近年来，该连坚持用习近平强军思想建连育人，赓续优良传统，聚力备战打仗，锻造“四铁”过硬连队，圆满完成多项重大任务。

命令要求，全军部队要向他们学习，持续深化党的创新理论武装，坚定理想信念，筑牢政治忠诚，强固听党话、跟党走的思想根基；狠抓练兵备战，加强实战化针对性训练，加快提高打赢能力，锻造能打仗、打胜仗的精兵劲旅；锤炼过硬作风，发扬一不怕苦、二不怕死的战斗精神，培塑敢于斗争、敢于亮剑的意志品质，砥砺新时代革命军人的血性胆魄。

中央军委号召，全军部队和广大官兵要坚持以习近平新时代中国特色社会主义思想为指导，深入贯彻习近平强军思想，深入贯彻新时代军事战略方针，深刻领悟“两个确立”的决定性意义，增强“四个意识”、坚定“四个自信”、做到“两个维护”，贯彻军委主席负责制，坚持政治建军、改革强军、科技强军、人才强军、依法治军，提高捍卫国家主权、安全、发展利益战略能力，为如期实现建军一百年奋斗目标、加快把人民军队建成世界一流军队不懈奋斗。

图 2-34　嘉奖令

决定，用于奖励有关单位及人员，这里的有关单位及人员的先进事迹，应在全国或某一地区某一系统乃至某一部门具有较大影响。与嘉奖令不同的是，决定的典型性与授奖程度均不及嘉奖令，决定的发文机关不一定像命令那样必须由中共中央、国务院、国务院各部委或省、市人民政府等机关发布，可以由各级党政机关、企事业单位与人民团体等被表彰对象的非直接上级机关发布。被奖励者不一定被授予荣誉称号。

例文 2-10

中共中央 国务院 中央军委
关于给汤洪波颁发“二级航天功勋奖章”
授予唐胜杰、江新林“英雄航天员”荣誉称号
并颁发“三级航天功勋奖章”的决定

（2024 年 7 月 26 日）

2023 年 10 月 26 日，神舟十七号载人飞船成功发射，航天员汤洪波、唐胜杰、江新林驾乘飞船顺利进驻天和核心舱，在轨驻留 6 个月，先后进行 2 次出舱活动，实施 8 次载荷货物气闸舱进出舱任务，完成 50 余项空间站建设升级维护维修任务，开展近百项空间科学实验与应用载荷在轨实（试）验，于 2024 年 4 月 30 日安全返回。神舟十七号载人飞行任务，是我国载人航天工程进入空间站应用与发展阶段的第二次载人飞行任务，首次圆满完成在轨航天器舱外设施维修，成功取回首批舱外暴露实验材料样品，标志着中国航天事业高水平科技自立自强迈出新步伐，对提升我国综合国力和增强中华民族凝聚力，激励全党全军全国各族人民坚定信心、勇毅前行，具有重要意义。

神舟十七号载人飞行任务的圆满成功，凝聚着广大科技工作者、航天员、干部职工、解放军指战员的智慧和心血。汤洪波、唐胜杰、江新林同志是其中的杰出代表，他们铁心向党、忠诚使命，不畏艰险、奋力拼搏，向世界展示了强大的中国精神、中国力量。汤洪波同志时隔两年再上太空并担任指令长，成为首位重返空间站的航天员，创造中国航天员在轨飞行时长新纪录。唐胜杰同志锐意进取、刻苦训练，是目前我国进入太空最年轻的航天员，成为第三批航天员中首位开展出舱活动的航天驾驶员。江新林同志担任舱外维修作业主操作手，技术精湛、沉着冷静，首次飞天即圆满完成担负任务。为褒奖他们为我国载人航天事业建立的卓著功绩，中共中央、国务院、中央军委决定，给汤洪波同志颁发“二级航天功勋奖章”，授予唐胜杰、江新林同志“英雄航天员”荣誉称号并颁发“三级航天功勋奖章”。

汤洪波、唐胜杰、江新林同志是不忘初心、牢记使命、献身崇高事业的时代先锋，是探索宇宙、筑梦太空、建设航天强国的标兵模范。党中央号召，全党全军全国各族人民要以习近平新时代中国特色社会主义思想为指导，全面贯彻党的二十大和二十届二中、三中全会精神，以受到褒奖的航天员为榜样，深刻领悟“两个确立”的决定性意义，增强“四个意识”、坚定“四个自信”、做到“两个维护”，更加紧密团结在以习近平同志为核心的党中央周围，大力弘扬“两弹一星”精神和载人航天精神，自强不息、勇攀高峰，埋头苦干、砥砺前行，为以中国式现代化全面推进强国建设、民族复兴伟业而团结奋斗！

这是一则表彰性决定。神舟十七号载人飞船成功发射是广大科技工作者、航天员、干部职工、解放军指战员辛勤努力的结果，汤洪波、唐胜杰、江新林同志是其中的杰出代表。“为褒奖他们为我国载人航天事业建立的卓著功绩，中共中央、国务院、中央军委决定，给

汤洪波同志颁发‘二级航天功勋奖章’，授予唐胜杰、江新林同志‘英雄航天员’荣誉称号并颁发‘三级航天功勋奖章’”。决定按照事项、分析、决定、要求的顺序一一写来，阐明发文背景、意义，而后进行分析，表明决定，最后提出要求；通过对人物事迹的叙述，说明此项工作意义重大，以及汤洪波、唐胜杰、江新林同志在工作中表现突出、成绩卓著。

通报中的表彰性通报，是用以表彰先进集体或个人的通报，多侧重于介绍被嘉奖对象的先进事迹，进行恰切的评价并给予适当的表扬奖励，但其规格要低于嘉奖令和表彰性决定，多是通报表扬，一般不授予被表彰者荣誉称号。这里的集体和个人，仅为系统或部门内部的先进典型。与奖励决定的发文机关相一致，表彰性通报的发文机关可以是各级党政机关、企事业单位与人民团体。表扬性通报进行表扬奖励的及时性往往胜于嘉奖令和表彰性决定。

（二）具有批评错误功能的文种

决定，用于惩戒有关单位及人员，这里的有关单位及人员的错误或过失往往比较严重，只有发布惩戒错误的决定，才可教育相关单位或人员。

通报中的批评性通报，是指本系统或部门内部批评违法违纪或出现较大事故的集体或个人的通报。这里的错误或事故，固然具有影响，但毕竟有一定限度，倘若运用决定行文，可能会提升批评性质的严重程度。

总之，运用命令（令）、决定、通报表彰先进，运用决定、通报批评错误，必须把握好尺度。命令（令）与决定是权威性较强的文种，轻率采用就意味着将一般事项或行动升级为重要事项或行动，这于工作、于被表彰或批评的单位、个人都是不利的。因此，可以采用通报表扬或批评的事项，就不要采用决定，更要慎用命令（令）。

例文 2－11

关于表彰2022年度优秀工作者的通报

各处室、杂志社：

2022年，我们坚持以习近平新时代中国特色社会主义思想为指导，深入学习贯彻党的二十大精神，坚定不移做“两个确立”的忠诚拥护者、“两个维护”的示范引领者，认真贯彻落实上级各项决策部署，突出争先创优进位要求，强化实干实绩导向，全力推动研究能力提升和机关作风建设，各项工作均取得了显著成效，并涌现出一批先进个人。为表彰先进、树立标杆，激励全体机关工作人员担当作为、攻坚克难、争先创优，经考核工作领导小组办公室建议并报党组研究，决定对优秀工作者予以通报表彰。

2022年度优秀工作者：

卢××、吴××、汪××、罗×、徐×、傅××、史××、何×

希望以上受到表彰的先进个人珍惜荣誉、戒骄戒躁、再创佳绩。全体机关工作人员要深入学习习近平新时代中国特色社会主义思想，以受表彰的先进个人为榜样，增强争先进位的动力，弘扬真抓实干的作风，拉高标杆，开拓进取，奋发有为，为“打造一流城市、跻身第一方阵”作出新的更大贡献。

××市人民政府发展研究中心

2023年3月9日

这是一篇表彰性通报，依发文缘由、事项、分析、决定、要求的顺序一一写来，在发文缘由部分阐明发文背景、意义，而后进行分析，表明决定措施，最后提出要求，以叙事为主，没有大起大落的描写。

例文 2-12

关于江西省五十铃发动机有限公司调运带疫松木包装材料的警示通报

警示通报〔2018〕1号

2018年6月，辽宁省丹东市林业局主动开展检疫执法，查获了江西五十铃发动机有限公司无植物检疫证从江西省调运到丹东的发动机松木包装，并在松木包装材料中检测到松材线虫活体，辽宁省林业厅将相关情况通报给江西省林业厅。江西省林业厅及时采取了调查取证、疫木源头追溯、销毁该公司库存松木包装材料等紧急处置措施，对涉嫌违法的相关企业和个人移交公安机关刑事立案。同时，发函通告同批松木包装材料已运至目的地的8个省份，协同开展追溯销毁工作。

江西五十铃发动机有限公司无证调运带疫松木包装材料，疫木制品数量大，涉及省份多，是严重的违法违规行为，性质十分恶劣，必须依法依规追究相关单位和个人的责任。这起事件的发生充分说明，当前松材线虫病防治工作中还存在着对疫木及其制品监管不严、流失严重等突出问题。各地要高度重视，举一反三，采取更加严格管用的政策措施，进一步加强松材线虫病疫木监管，严防疫情扩散危害。

一、提高认识，强化疫木源头管理。各地要进一步提高认识，实行严格的疫木源头管理制度，严禁疫木运出疫区，对山场采伐疫木全面实行山场就地粉碎（削片）或烧毁措施。要切实吸取此次事件教训，全面排查本辖区内疫情防治中存在的隐患和漏洞，强化疫木监管，完善监管制度，落实监管责任，加大督导检查力度，严防疫木流失。

二、加强检疫执法，严厉打击违法行为。地方各级林业有害生物防治检疫机构要高度重视检疫执法的重要性，学习丹东市严格检疫执法的经验和做法，认真执行《植物检疫条例》等法规规定，切实履行检疫职责，加大检疫执法力度，强化对电缆盘、光缆盘、木质包装材料等松木及其制品的检疫检查，严防松材线虫病传播。对新发疫情要追踪溯源查明原因，倒查疫情传播责任。要完善涉木企业及个人登记备案制度，加强涉木企业及个人的检疫监管，严厉打击违法违规采伐、加工、经营和调运疫木行为。

三、开展检疫复查，及时消除传播隐患。涉及江西五十铃发动机有限公司松木包装流入的有关省份，要组织有关县市开展复检复查，发现该公司的松木包装材料要全部予以销毁。涉及县市要全面开展松材线虫病疫情的排查，一旦发现疫情，要立即启动应急预案，迅速开展疫情除治。

国家林业和草原局

2018年11月12日

这是一篇警示通报，属于批评性通报。本文表达了发文机关的严正立场，以直述式叙述，简要通报事件过程，在说明发文背景后，公布惩处决定，并提出具体要求，语言果断有力。

例文 2-13

2022年日用及纺织品产品质量国家监督抽查情况通报

2022年，市场监管总局组织开展了日用及纺织品产品质量国家监督抽查。现将抽查情况通报如下：

一、基本情况

（一）抽查概况。本次抽查615家企业生产的622批次日用及纺织品，涉及童车、童鞋、机动车儿童乘员用约束系统、旅行箱包、运动头盔等5种产品，发现89批次产品不合格（详见附件1），抽查不合格率为14.3％。对5种产品的123个项目进行检验，其中安全项目107个，占比87.0％。在抽查发现的89批次不合格产品中，有50批次产品安全项目不合格，占比为56.2％。

（二）跟踪抽查情况。本次跟踪抽查到上次抽查不合格企业35家，其中有13家企业的产品仍不合格（详见附件2），另22家企业的产品合格。

二、抽查结果分析

（一）童车抽查不合格率为3.6％。本次抽查12个省（市）215家企业生产的220批次产品，发现8批次产品不合格，抽查不合格率为3.6％，较上次抽查下降4.5个百分点。抽查覆盖儿童自行车、儿童三轮车、儿童推车、婴儿学步车、乘骑车辆玩具等5类童车产品，其中乘骑车辆玩具产品抽查90批次，发现4批次不合格，抽查不合格率为4.4％，高于平均值0.8个百分点。该产品近3年抽查不合格率分别为3.9％、8.1％、3.6％。

…………

三、有关要求

日用及纺织品产品质量关系人民群众日常生活健康安全，各级市场监管部门要高度重视，依法依职责抓好监管。针对本次产品质量国家监督抽查发现的问题，各有关省级市场监管部门要做好如下工作：

（一）强化抽查结果处理。按照《中华人民共和国产品质量法》、《产品质量监督抽查管理暂行办法》等规定，做好监督抽查结果处理工作。依法查封、扣押监督抽查发现的不合格产品，责令不合格产品销售企业停止销售同一产品，全面清理、依法处置库存不合格产品；责令不合格产品生产企业停止生产销售同一产品，并明确整改要求，严格督促落实整改措施，及时组织复查。对涉嫌犯罪的，及时移送司法机关。将严重违法失信企业，依法纳入严重违法失信企业名单管理。结果处理情况要及时录入e-CQS系统。总局将强化跟踪督办，视情通报各地处理结果情况。

（二）开展质量专项治理和跟踪监管。针对浙江省、福建省的童鞋、广东省的旅行箱包，各有关省份市场监管部门要组织开展质量安全专项整治，加大辖区内重点企业监督检查力度，综合运用多种手段，保持质量监管高压态势，严肃处理违法行为，提升质量安全水平。

（三）督促落实主体责任。将本次监督抽查不合格产品情况通报相关地方政府和部门，采取有力措施，督促不合格产品生产经营企业落实产品质量安全主体责任，严格按照标准依法组织生产销售，保障产品质量安全。

（四）加强质量技术帮扶。组织有关行业组织和技术机构，帮助企业深入查找原因，提出改进措施和解决方案，促进行业质量水平提高。

附件：1.2022 年日用及纺织品产品质量国家监督抽查不合格产品及企业名单

2.2022 年产品质量国家监督抽查连续两次抽查不合格企业名单

这是一则情况通报，属传达告知性通报。在传达告知性通报中，告知重要情况的通报居多，传达重要精神的通报比较少见。传达重要精神的通报，又称指导性通报，用以传达重要指示精神，从本文内容可见国家市场监督管理总局宏观性指导的力度。对篇幅较长的通报内容来说，条款式结构更利于条分缕析地表述，以实现传达、告晓之功效。本文在内容上分为基本情况、抽查结果分析、有关要求三个方面，依次递进，环环相扣，具有很强的逻辑性。

拓展阅读

从地方报纸的误用谈通告和通知的区别

单元小结

本单元所讲述的通知与通报均为知照性公文。这两种公文虽有较大的区别，在运用中却容易被混淆。《党政机关公文处理工作条例》中明确规定了这两种公文的用途：通知，适用于发布、传达要求下级机关执行和有关单位周知或者执行的事项，批转、转发公文；通报，适用于表彰先进、批评错误、传达重要精神和告知重要情况。这两种公文在结构与写法上也有较大差异，我们应当认真研读例文，增强文体感，以便学会正确使用知照性公文。

实践操作

一、改错题

（一）标题修改

1.××公司关于完全彻底地开展增收节支活动的通报

2.××市人民政府关于批转省政府关于做好财务检查工作的通知

3.××省财政厅关于严格控制会议费规定的通知

4. ××市人民政府转发省劳动厅、省人事厅、省财政厅关于转发劳动部、人事部、财政部《关于发给离退休人员生活补助费的通知》的通知

5. ××市教委关于印发××市高校学生学籍管理办法的通知

（二）文章修改

××公司关于进行职业道德教育的通知

各单位：

××××年一月以来，公司开展了一系列以职业道德为主题的活动各单位纷纷行动起来，采取各种各样的形式开展这一活动，在公司上下掀起了“爱我岗位，全心全意为客户服务”的热潮。通过学习，许多干部职员明确了职责，服务质量不断提高，受到了客户的普遍好评，收到良好的社会效益。但是，仍然存在不少问题，有的营业员对客户态度冷漠，对他们的询问不理不睬；有的不按服务用语答复客户，最近还发生了×××营业厅营业员与客户争吵的恶性事件，造成了极其恶劣的影响。这说明，在当前进一步深入开展职业道德教育十分必要。现将有关材料发给你们，望组织员工认真学习，不断提高干部员工的职业道德水平。

××公司

××××年×月×日

关于煤气厂发生煤气爆炸的通报

各街道、各工厂、企业单位：

××××年2月10日，煤气厂检修工擅离职守，在煤气管发生漏气的时刻，不在值班室，因此，未能及时处理漏气问题，以致引起爆炸，不幸造成4人受伤，直接经济损失500万元的特大事故。

这次严重事故，尽管主要责任在检修工，但与厂领导管理不严有关，为严肃纪律，教育本人，决定给予厂长撤销职务处分，给予厂党委书记撤销书记职务处分。

××市××区人民政府

××××年×月×日

××市工业总公司文件

公司发〔200×〕×号

关于加强自检，坚决杀住企业吃喝风的通知

各厂矿、工厂：

总公司财经纪律检查组本次年底大检查，发现各单位年底宴请频繁，名目繁多的请客

送礼，导致很大浪费，广大工人同志对企业干部这种腐败现象极为不满，广大党员对此极为不满。各单位要为了加强廉政建设，维护企业利益，所以总公司办公会议研究决定，各单位必须成立纪检小组。通过加强自检，并在一个月内，将自检报告上报给公司。

特此通知。

××市工业总公司
二〇二×年×月×日

二、写作题

1.××电力公司欲将《国务院关于特大安全事故行政责任追究的规定》转发给下属单位，请拟写一份通知，要求 200 字以上。

2. 某单位员工王××，男，25 岁，入职两年来，不认真学习技术，不遵守劳动纪律，经常旷工，曾多次伙同“兄弟”盗卖单位里的材料，分得 3 000 元。单位多次批评、教育他，他仍然不思悔改。主管部门××局根据《职工奖惩条例》的规定，决定开除王××。现在需要把处分结果在单位公布，请将此事写成通报。

单元三

请示和批复

学习目标

知识目标

1. 掌握请示与批复的概念、结构和适用范围
2. 了解请示和批复的关系

能力目标

1. 了解请示在工作中的意义，能够根据工作情景撰写规范的请示
2. 能够针对请示写出格式规范的批复
3. 能够把握上行文的一般写法以及语言运用上的特殊要求

素养目标

1. 增强政策观念、组织纪律性，培养通过公文进行工作沟通的能力
2. 提高语言表达能力，培养与人沟通的礼仪素养

单元导入

从公文使用程序的角度出发，请示与批复是对应的文种。

在古代，没有“请示”这一公文名称，在功能上与请示相类似的是奏、呈、上书等。其中：奏是臣子呈送君主的文书，呈是古代下级向上级报告的文件，上书是臣子向君主进呈的书面意见（如著名的“公车上书”），这些都兼具请示和报告的双重成分。很长时间内，请示和报告在分类上分分合合，直到20世纪才正式分为两个不同的文种。

批复源于古代的“批”。所谓“批”，就是“示”，即裁决是非而示之的意思。古代君主对臣子的奏、疏表示意见，用批或批答来回复，相当于现在的批复。国民政府中一直都有“批”这种公文形式。1949年，在华北人民政府颁发的《华北人民政府公文处理暂行办法》中正式出现“批复”二字，后作为正式公文沿用至今。

专题一　请示

《党政机关公文处理工作条例》第八条中规定，请示“适用于向上级机关请求指示、批准”。这里的“上级机关”，指的是具有直接隶属关系的党政领导机关与业务主管机关。

使用请示应当慎重，属于本机关职权范围内可以解决的问题，或者上级机关以往的政策中已经明确阐述的问题，不应在请示之列。

例文 2-14

××市应急管理局关于建立××市自然灾害防治工作联席会议制度的请示

××市人民政府：

为贯彻落实习近平总书记2018年10月10日在中央财经委员会第三次会议上关于提高自然灾害防治能力的重要讲话精神，推进实施9项重点工程和防灾减灾救灾体制机制改革，市应急局根据《国务院办公厅关于同意建立自然灾害防治工作部际联席会议制度的函》（国办函〔2019〕30号）和《××省人民政府办公厅关于同意建立自然灾害防治工作联席会议制度的函》有关要求，结合我市实际，在充分征求各成员单位意见的基础上，经局党组集体研究确定，代拟了《××市自然灾害防治工作联席会议制度》附件1，联席会议的成员单位名单附后，已经市委组织部审核通过，经咨询无须经市编委办审核，现报市政府，拟以市政府办公厅名义印发，请予以批复。

附件：1.××市自然灾害防治工作联席会议制度

　　　2.××市自然灾害防治工作联席会议制度成员名单

××市应急管理局

2020年2月20日

（联系人：×××　　联系电话：×××××××××××）

附件1

××市自然灾害防治工作联席会议制度

（代拟稿）

（略）

附件2

××市自然灾害防治工作联席会议制度成员名单

（略）

这是一篇求示性请示，是请求上级机关对请示事项——“建立……制度”给予批准、认可而不是“指示”。发文目的、依据明确，共同构成指示事项的基础。

请求事项具体，语言表达准确。

一、请示的适用范围

（一）遇有新问题，无执行依据

工作中遇到重大问题，或者遇到原无先例导致难以处理的问题，原则上不可擅自处理，应当向上级机关请求指示。请示可写明遇到的问题，并将本机关提出的实施意见或建议，报请上级机关批准。

（二）遇有困难，无力解决

请示的内容多涉及“人、物、财”等。遇有困难，需要上级机关给予人力、财力或物力上的援助；或由于本单位、本地区有特殊情况，出现难以处理的问题需要上级机关予以指导帮助。请示可写明遇到的具体困难，以及拟解决问题的方案或措施，报请上级机关批准。

（三）超越职权范围

在工作进行过程中，遇到不属于本单位权限范围内，或超越本机关职权范围内的事项时，须请求上级机关指示批准。请示可说明遇到的具体事项，以及拟采取的处理办法，以求上级机关尽快指示。

（四）意见分歧，难以工作

对方针、政策、指示中存在理解不明确、不了解的问题，或工作中出现了意见分歧，难以统一，无法继续执行原计划时，应当向上级机关请求指示。请示可说明具体分歧，以及拟解决建议，以待上级机关裁决指示。

二、请示的特点

（一）一文一事

为了便于领导批复，请示的内容必须“一文一事”或者“一事一请”，即一份请示只能向上级机关请示批复一个问题，这样便于上级机关对所请示的事项做出及时、专一的处理和批复。

此外，请示的主送机关也只能有一个，不能多头请示，以免需要批复的事项过多牵涉多个机关分别辗转办理而延时误事。

这点与报告不同，综合报告可以是一文多事。

（二）请批对应

没有请示就没有批复，没有批复，下级机关也就无法正常开展工作。请批对应，即一请示一批复，请示中向上级机关请求批准的事项一般是下级机关自己无法解决或自己要解决但没有把握的事项，只有请求上级机关决断、指示、批准、支持才能解决，因此请示的请求和求批是对应存在的。

等待批准，正是请示与报告的最大区别，报告是没有对应文种的。

（三）事前行文

请示必须是事前行文，即应在问题发生或处理前行文，不可先斩后奏或边斩边奏。这一点，请示与报告截然不同。报告的时限原则是，可以在事前、事后或工作进行中行文，但在实际执行中，报告较少出具事前行文汇报方案，也就是说，大多数报告均在事中或事后行文。

三、请示的类型

根据《党政机关公文处理工作条例》对请示的适用规定，请示可以分为求示性请示与求批性请示两种。

（一）求示性请示

求示性请示，是请求上级机关对请示问题给予政策、认识上的指示的请示。求示性请示的适用情况分为以下四种：（1）请求上级机关对有关方针、政策、规定中的难以理解或不明之处予以回复；（2）请求上级机关对在执行过程中需作变通处理的问题或涉及其他机构职权范围的问题予以回复；（3）下级机关对上级机关文件中规定的某些政策把握不准，又无权解释或不能擅自决定；（4）下级机关在工作中遇到新情况、新问题，请求上级机关指明具体办法，对请示问题给予政策、认识上的指示的请示。

（二）求批性请示

求批性请示，是请求上级机关对请示事项给予批准、认可的请示。求批性请示的适用情况分为以下两种：（1）针对某些具体事宜向上级机关请求批准；（2）需要上级机关给予“人、钱、物”上的援助。

四、请示的结构和写法

请示的结构：标题＋主送机关＋正文（＋附件说明）＋发文机关＋成文日期＋附注，如表 2－7 所示。

需要说明的是，在正式文件中，请示应使用上行文格式，其版头部分的发文字号不应居中排布，应居左空一字；同行右侧留出签发人位置，签发人居右空一字。

表 2－7　请示的结构

要素	文种	
	求示性请示	求批性请示
标题	发文机关＋事由＋文种/事由＋文种（重在写好事由，要简明扼要地表述出请示的中心意向）	
主送机关	一个（不得直接呈送机关负责人个人，不得抄送同级、下级机关）	

续表

要素		文种	
		求示性请示	求批性请示
正文	发文缘由	写明请示的原因、目的或依据（理由要充分，言之有据，写法上叙事和说理相结合）	
	请示事项	对所请示的问题提出初步意见与方案，供机关负责人参考（既要从请示机关的实际问题和需要出发，又要考虑上级机关的批准权限和解决能力）	
	结尾	当否，请批示 妥否，请批复 以上意见，请予批示	以上要求，请予审批 如无不当，请批准
附件说明		如果有附件，需要按公文附件说明的格式书写	
发文机关		制发机关单位名称（机关全称、规范化简称或者同类型机关统称）	
成文日期		年　月　日（阿拉伯数字）	
附注		（联系人：×××　　联系电话：12345678999）（居左空二字，加圆括号）	

注：以上内容仅供参考。

五、请示的写作要求

（一）一个主送机关

请示只有一个主送机关，不可多头主送，既是为了防止上级机关、主管机关之间互相推诿、贻误工作，也是为了防止多头批示的口径不一致。

《党政机关公文处理工作条例》第十五条规定：“原则上主送一个上级机关，根据需要同时抄送相关上级机关和同级机关，不抄送下级机关。”因此，那种同时主送党政领导机关与业务主管机关的做法是错误的，如还须呈送相关机关，应当采用抄送形式。如某单位属双重上级领导，也要根据请示内容的性质，主送一个上级机关，必要时抄送另一个上级机关。

（二）逐级请示

请示一般按隶属关系逐级请示，不得越级行文。如果遇事情紧急、情况重大，不越级就将贻误工作，或已报上级机关但未得到批复、事情急于处理，可作特殊情况处理。越级行文时必须同时抄送被越过的上级机关。

（三）用语贴切

请示语气宜温和谦恭，请示用词应当采用“请”“拟”“建议”等，切忌生硬武断。特别是结尾用语，应根据请示的不同类型、不同目的来选择。比如，求示性请示不是请求“批准”的内容，不适合用“请批准”“请予审批”的结尾用语。

六、请示与报告的区别

书写请示时不要与报告混淆，切忌用报告代请示行文。请示与报告虽同属上行文，但两者之间却有区别，如表 2－8 所示。

表 2－8　请示与报告的区别

要素	文种	
	请示	报告
批复要求	必须批复	无须批复
行文时间	事前行文	事中或事后行文
性质内容	呈请性，篇幅较短，一文一事	陈述性，篇幅较长，可一文多事

例文 2－15

关于内地西藏班（校）扩大规模有关问题的请示

国务院：

为贯彻落实《中共中央、国务院关于加快西藏发展、维护社会稳定的意见》（中发〔1994〕8 号）关于“继续办好内地西藏中学和西藏班，长期坚持，不断完善，适当扩大规模”的精神，内地西藏初中班（校）从现有招生规模基础上，逐步扩大，1998 年达到 2 000 人的规模。经商国家计委同意并与有关省市协商，确定在北京、天津、河北、辽宁、上海、江苏、浙江、福建、山东、河南、湖南、湖北、广东、四川、陕西、重庆等 16 个省（市）扩大内地西藏初中班（校）规模（其中 1995 年广东省、福建省共落实了 165 名扩招任务）。为把扩大招生规模的任务落到实处，现提出如下意见：

一、逐年扩招，分步实施

（一）扩大内地西藏初中班（校）招生规模，以 1995 年实招人数 1 445 名为基数，从 1996 年开始逐年扩招，分 3 年落实，至 1998 年达到 2 000 名的招生规模（见附表）。其中可适当招收部分进藏干部职工子女入学，具体比例由西藏自治区人民政府研究确定。

（二）内地西藏初中班（校）学生毕业后，根据西藏自治区人民政府对人才的需求意见，仍要继续分流到各有关省（市）和部委所属的普通中专、中师和高中学校学习。各有关省（市）和部委要继续承办内地西藏班（校）的任务，做好安排。

二、保证必要的办学投资和办学条件

（一）扩大内地西藏初中班（校）所需的正常经费、基建投资、开办费等，依照《国务院办公厅转发国家教委等部门关于进一步加强教育援藏工作请示的通知》（国办发〔1993〕71 号）所确定的经费开支渠道原则解决。

（二）国家将对承担内地西藏初中班（校）扩招任务的省（市）给予适当基建补助经费，支持地方人民政府扩招任务的实施。

（三）西藏自治区人民政府要按照国办发〔1993〕71 号文件的规定，负责提供学生的各项学习和生活费用并及时拨给办班学校。不足部分可由承担任务的省（市）人民政府予以补贴。补贴经费要在省（市）财政预算中单独列支，专款专用。

（四）扩大内地西藏初中班（校）招生规模，涉及多方面，并且任务重，时间紧，各有关省（市）人民政府应高度重视，对必要的基本建设、资金投入、干部教师配备等给予优先考虑，保证按期完成扩招任务，办好内地西藏初中班（校）。

三、加强领导，明确职责

内地西藏中学和西藏班办学工作，政治性强，涉及面广并且难度大。承办内地西藏中学和西藏班的有关省（市）人民政府，要根据中发〔1994〕8号文件关于“中央关心西藏，全国支援西藏”的方针和“继续办好内地西藏中学和西藏班，长期坚持，不断完善，适当扩大规模”的精神，把援藏办学工作作为长期的政治任务，毫不动摇地长期坚持下去。同时要不断探索和完善办好内地西藏班（校）的经验和方法，为援藏工作做出新贡献。

（一）加强政府的责任。各有关省（市）人民政府应把援藏办学列入政府的重要议事日程，明确专人负责，及时协调解决援藏办学中的问题，充分发挥统筹决策的作用，切实保证人、财、物的投入。

（二）加强援藏办学工作的领导。建立制度，理顺关系，形成指挥畅通，职责明确，步调一致，共同负责的管理机制。做到遇到难题有人管，工作落实有人抓。

（三）各有关省（市）教育主管部门要明确一位负责同志分管内地西藏班（校）工作。

以上意见如无不妥，请批转各有关省（市）人民政府执行。

附：内地西藏初中班（校）扩大招生计划表

国家教委

一九九六年五月十三日

这是一篇求批性请示，它的目的是请求上级机关批准，而不是指示。例文的结构顺序是先写发文缘由，后写请示事项，再写结尾，表述有条不紊、清晰明确。发文机关很重视对发文缘由的叙述，由发文背景与意义构成的发文缘由成为请示事项的基础，是说服上级批准的理由，也为上级进行批复提供了参考依据。

例文 2-16

关于举办各种国际活动所需场馆建设投资问题的请示

国务院：

近几年，在改革开放方针的指引下，我国经济发展很快，各地陆续兴建了一些宾馆、公寓、国际会议中心和运动场馆等，大大改善了在我国举办各种国际活动（包括展览会、国际会议、运动会等）的条件。近来，又有些地区和部门要求国家安排或补助专项投资，建设国际活动（如国际会议、运动会、博览会等）场馆。我们研究认为，目前国家财力紧张，必须把有限的资金集中用于国家重点建设，没有力量支持地方和部门兴建举办各种国际活动所需的场馆。因此，各地区和各部门举办各种国际活动，包括全国性的各种运动会，都应充分利用现有设施，量力而行，在有条件的地方举办。如举办时还需要新建一些填平补齐的项目，所需投资均由地方、部门自行解决；国家不再安排或补助专项建设资金。

以上意见如无不妥，请批转各地区、各部门执行。

国家计委

一九九三年四月一日

这是一篇求示性请示。从例文的发文背景可以得知随着发展出现了现有设施不能满足现实工作需求的情况，发文机关就“举办各种国际活动所需场馆建设投资问题”提出了具体意见，就具体办法向上级机关进行请示。例文中的发文缘由饱满地陈述了发文背景和建设意义，发挥了本单位的职能，没有把问题上交，所以用请求指示的求示性请示，而不是请求批准的求批性请示。

专题二　批复

《党政机关公文处理工作条例》第八条规定，批复“适用于答复下级机关请示事项”。批复是回复性公文，是与请示唯一相互对应的文种。批复写作的前提是下级机关发来请示，因此，是典型的下行文，属于被动行文，即没有请示，就没有批复对象；请示了什么问题，就批复什么问题。

一、请示与批复的关系

请示与批复的关系是一来一往的组合，也就是说，有一份请示就应有一份批复。

按照公文规则，上级机关不管对请示的事项是否同意，都应明文作出批复。所以，无论请示还是批复，都必须坚持“一文一事”的原则。

二、批复的特点

（一）针对性

批复只能针对请示事项而发，是针对性最强的公文之一。这种针对性主要反映在两个方面：一是批复必须针对请示机关发文，而对非请示机关不产生直接影响，如涉及其他单位则使用抄送形式，且范围有一定限制，这点与普发性公文不同；二是批复的内容受请示的制约，必须针对请示事项，请示了什么，就批复什么，不涉及请示事项以外的内容。

（二）单一性

这是由请示的性质决定的，下级机关请示什么事项，上级机关就批复什么事项。请示要求一文一事，与之对应的批复自然也是一请示一批复。

（三）批复性

请示必须予以批复，批复的写作以下级机关的请示为条件，下级机关请示什么事项，上级机关就批复什么事项。上级机关对请求事项无论同意与否，都必须明确回答，不能含糊其词、模棱两可，批复的意见要具体可行，以免使下级机关无所遵循。上级机关批复问题应持慎重态度，要加强调查研究与磋商，如果不了解情况，不宜轻率定夺。

（四）权威性

批复属于指挥性公文，它具有答复下级机关请求的事项、提出处理意见和办法、代表上级机关对问题提出决策意见，体现上级机关的意图特别是对一些重大事项的批复，体现了党和国家的有关方针、政策，具有权威性。请示一经批复，下级机关必须严格遵照执行。

三、批复的类型

请示分为求示性请示、求批性请示，因此，批复也相应地分为指示性批复与审批性批复。

（一）指示性批复

指示性批复是针对下级机关要求给予政策、认识上的指示的批复。这类批复是针对请示事项提出具体意见、执行方式与要求所表明的态度，因此，批复内容只是指示性意见，而没有批准性意见。

指示性批复的适用情况：（1）下级机关在工作中遇到新情况、新问题，无章可循，报请上级机关给予明确指示。（2）下级机关遇到无法解决的具体困难，报请上级机关给予指导帮助。（3）下级机关对现行方针政策、行政法规等有疑问，报请上级机关予以解答说明。（4）下级机关因重大问题有意见分歧，报请上级机关裁决。

（二）审批性批复

审批性批复，是针对下级机关要求给予批准、认可的事项的批复。这类批复是针对下级机关请求批准的事项进行审批，具有表态性。批复内容可分为同意、原则同意或不同意下级机关意见。

审批性批复的适用情况：（1）下级机关的工作涉及方针、政策等方面的重大问题，报请上级机关审核批准。（2）下级机关请示针对公务事宜（人、财、物），报请上级机关审核批准。（3）上级机关授权政府职能部门发布或修改行政法规和规章。

四、批复的结构和写法

批复的结构：标题＋发文字号＋主送机关＋正文＋发文机关＋成文日期，如表 2－9 所示。

表 2－9　批复的结构

要素	文种	
	指示性批复	审批性批复
标题	发文机关＋表态用语＋请示机关＋事由＋文种/发文机关＋表态用语＋事由＋文种/发文机关＋请示机关＋事由＋文种/发文机关＋事由＋文种	
发文字号	机关代字＋年份＋发文顺序号（仿宋体六角括号）	

续表

<table>
<tr><td colspan="2" rowspan="2">要素</td><td colspan="2">文种</td></tr>
<tr><td>指示性批复</td><td>审批性批复</td></tr>
<tr><td colspan="2">主送机关</td><td colspan="2">一个报送请示的下级机关（机关全称或规范化简称）</td></tr>
<tr><td rowspan="3">正文</td><td>发文缘由</td><td colspan="2">你单位＋请示标题＋发文字号＋收悉
（在发文缘由（引语）后，常常由承启用语“现批复如下”转入批复事项）</td></tr>
<tr><td>批复事项</td><td>上级机关无须批准任何事项，只需针对请示内容给予政策、认识上的解答</td><td>上级机关应明确“准”与“不准”：
1. 明确给予肯定性答复：同意、批准
2. 明确给予肯定性答复，并进一步提出需要修正或给出补充处理办法：基本同意、原则上同意＋办法
3. 明确给予否定性答复，并给出理由和依据：不同意、不批准＋理由</td></tr>
<tr><td>结尾</td><td colspan="2">1. 具体阐述执行要求或希望
2. “此复”“特此回复”“特此批复”
3. 无结尾，正文结束后自然结束</td></tr>
<tr><td colspan="2">发文机关</td><td colspan="2">发文机关单位名称（机关全称、规范化简称或者同类型机关统称）</td></tr>
<tr><td colspan="2">成文日期</td><td colspan="2">年　月　日（阿拉伯数字）</td></tr>
</table>

注：以上内容仅供参考。

五、批复的写作要求

（一）一文一批复

批复依赖请示而存在，从理论上说，有一则请示就应有一则批复。请示为“一文一事”，批复也应“一文一批复”，切忌“一文多批复”或“一文无批复”。

（二）态度鲜明

批复是上级机关针对下级机关的请示表态，同意或不同意，或部分同意，必须态度明朗，不能含糊。对上级机关来说，这是决定；对下级机关来说，这是指示。上级机关态度鲜明，才便于下级机关理解或执行，如果上级机关有要求，要在批复内容中分条列项地表达清楚。

（三）文字简练、语气坚决

批复的“指挥性公文”的基本性质，决定了它的语言表述必须简短明确，语气坚决肯定，不需要长篇叙述和议论，这样才可使下级机关准确理解上级机关意图，不致产生歧义。

例文 2－17

国家知识产权局关于同意江苏省连云港市开展国家级知识产权保护中心建设的批复

国知发保函字〔2023〕125 号

江苏省知识产权局：

关于连云港市申请建设国家级知识产权保护中心的请示（苏知发〔2021〕84 号）收

悉。经研究，同意江苏省连云港市面向医药和智能制造产业开展国家级知识产权保护中心建设。待按照相关要求完成建设任务并验收合格后，认定为国家级知识产权保护中心，纳入全国知识产权快速协同保护工作机制，开展知识产权快速协同保护工作。

请根据《国家知识产权局关于开展知识产权快速协同保护工作的通知》（国知发管字〔2016〕92号）要求，加快启动知识产权保护中心筹建工作，加强基础条件建设，确保人员、专项经费、办公场地、办公设备到位，并开展针对性业务培训；结合连云港市医药和智能制造产业发展实际，建立健全知识产权快速协同保护各项工作制度，规范工作流程和程序。

请在8个月内完成上述工作。

特此批复。

国家知识产权局

2023年7月20日

这是一篇审批性批复。国家知识产权局针对江苏省知识产权局关于连云港市申请建设国家级知识产权保护中心的请示进行了明确的答复，并有理有据地提出了相关要求，态度明确，要求具体。这类批复是针对下级机关请求批准的事项进行审批，具有表态性和导向性，要把握请示与批复的往来程序与回应，特别是理解批复“针对性”这个特点，先请示后批复，一请示一批复。批复内容可以是同意、原则同意或不同意，在应用中要注意体会同意与原则同意的区别，原则同意是指对所提事项、建议、办法的基本观点、大体框架与主要方面表示同意，但在具体做法上仍有需要补充修改的地方，需要进行补充说明。

例文2-18

浙江省人民政府文件

浙政函〔2022〕59号

浙江省人民政府关于全国重点文物保护单位沙埠窑遗址保护规划的批复

台州市人民政府：

你市《关于恳请公布沙埠窑遗址文物保护规划的请示》（台政〔2021〕65号）收悉。经研究，现批复如下：

一、原则同意全国重点文物保护单位沙埠窑遗址保护规划（以下简称规划）。

二、规划是实施沙埠窑遗址保护和管理工作的依据，应纳入当地国民经济和社会发展规划及国土空间规划，并与相关专项规划相衔接。

三、规划中涉及的文物保护与展示利用、环境整治、相关基础设施建设等项目，实施前应编制具体方案并按程序另行报批。

四、你市要严格按照规划的要求，坚持保护为主、抢救第一、合理利用、加强管理的文物工作方针，强化沙埠窑遗址的保护和管理，认真落实各项保护措施，有效维护周边环境风貌，确保历史文化遗产安全完整。

浙江省人民政府

2022 年 4 月 21 日

（此件公开发布）

这是一篇指示性批复。针对台州市人民政府来文请示，浙江省人民政府作为上级机关，给予了认识上的指导意见。浙江省人民政府和台州市人民政府是隶属关系，所以例文采用了正式行文“浙政函〔2022〕59 号”进行批复。在批复中，发文缘由以引语形式出现，以表示收到发文机关的请示。正文有理有据地要求台州市人民政府根据相关要求进行建设，条理清晰地指导台州市人民政府在今后的工作中解决问题。

拓展阅读

请示写作中应避开的禁忌点

单元小结

请示、批复是党政公文中比较常见的文种，请示与批复相伴出现，在党政机关工作中发挥着极其重要的作用。日常工作中，将请示、报告混为一谈或以此代彼的现象极为普遍。

本单元分别从概念、特点、类型以及写作等方面对两种文体进行了阐释，辅以例文分析，目的在于引导大家经过不断的学习和实践，真正掌握这两个文种的写作规范，做到准确选择文种、正确表达思想、规范使用公文、高效发挥作用。

实践操作

一、改错题

1. ××分行关于请求购买汽车的请示报告

2. ××市人民政府就企业改革问题的答复

3. ××省交通厅关于国家安全部、交通运输部两部贯彻国家安全法有关规定文件中有

关问题的请示

4. ××市教育委员会向上级请求增加教育经费的报告

5. ××县卫生局关于向县财政局请求拨付卫生经费的请示

二、写作题

1. 根据现有材料，重新撰写规范的请示、批复。

购置办公家具的请示

总行：

我支行所用办公家具是2010年购置的，已使用十余年，现已陈旧不堪，部分家具已破损无法修理，既影响办公又有损我行形象，为此，特申请更换部分办公家具，费用约62 980元。

妥否，请批复

附件：购置家具明细

二〇二四年八月三十日

关于20××年招生计划的申报

市教育委员会：

教委（×发〔20××〕×号）文件《关于申报20××招生专业计划的通知》已收到，我们对文件的精神进行了认真学习，大家一致表示要落实教委的意见，积极发展高等职业教育，办好社会所需要的各种新型专业。经我校各院系研究，决定20××年申报25个专业，招收本专科学生共3 000名。特申报给你们。

附：招生计划表。

×××大学

二〇××年×月×日

关于请求下拨重建我校九年级教学楼建设资金的请示报告

××县教育局、××县人民政府：

我校原九年级教学楼2层、8个教室、4个教师办公室、总面积907m^2，被××县建设、质检等单位核定为D级危房，并按教育局等相关部门要求已于8月23日安全拆除清理完毕。经学校行政会议研究决定，采取缩班、腾用功能室与实验室的措施，以缓解目前教学用房紧缺的现状，尽一切办法把对师生身心健康造成的影响减至最低，以保教育教学工作正常开展，但此终非长久之计。根据我校实际，恳请下拨建设资金，重建我校九年级新教学楼（约 1 350m^2），以解我校燃眉之急。

以上请示妥否？请尽快予以批复！

××中学

××××年××月××日

关于免征产品税的批复

××厂：

××县税务局转来你厂有关请示已经收悉。根据你厂由于受今年 3 号强台风袭击，部分车间倒塌，使一些设备不能继续使用，影响了厂的企业生产，造成不能上缴有关税款，申请减免销售产品税 5 万元，以抢修厂房恢复生产。经研究，同意××税务所的意见。

希望××税务所帮助该厂积极采取有效措施，抢修厂房，修复增置设备，迅速恢复生产，尽快恢复征税，待正常生产后不能再申请减免照顾。

特此回复

××税务局

2024 年 6 月 25 日

2. 根据材料撰写一份批复。

××区最近就违章建筑没收问题，请示××市自然环境和规划局，××市自然环境和规划局作出答复。对下列三种情况的违章建筑予以没收：(1) 以土地使用者或业主名义报建，进行非法交易或变相买卖的；(2) 擅自缩小建筑间距或加层增加建筑面积的；(3) 未经市自然环境和规划局批准，擅自改变建筑物使用性质的。请代该市自然资源和规划局起草一份批复。批复的时间、对象自拟。

单元四

意见和报告

学习目标

知识目标

掌握意见、报告的概念、类型、结构、写法和写作要求

能力目标

1. 能够根据工作需要拟写条理清晰、切实可行的意见、报告

2. 能够准确地把握上行文的语言分寸

素养目标

1. 树立创新意识、责任意识，大胆探索，勇于担当，在实践中善于发现问题、提出问题；提高思辨能力，能够提出解决问题的思路、建议，敢于建言献策

2. 提高语言表达能力，语言表述简明、扼要，逻辑性强，有分寸，懂礼仪；提高运用公文进行工作沟通的能力

单元导入

意见是对重要问题提出见解和处理办法时使用的文种，是行政机关使用频率较高的党政公文。意见的适用范围很广，任何行政机关、职能部门或个人都可以使用，适用于对重要问题提出见解和处理办法。

报告是在向上级机关汇报工作、反映情况、提出意见或建议、答复上级机关询问时使用的公文。按照上级部署或工作计划，每完成一项任务，一般都要向上级写报告，反映工作中的基本情况、工作中取得的经验教训、存在的问题及今后的工作设想等，以取得上级领导部门的指导。

专题一　意见

《党政机关公文处理工作条例》第八条规定，意见“适用于对重要问题提出见解和处理办法”。重要问题是指当前工作中遇到的涉及全局性、方针政策性的重大事项和主要问题，特别是新问题；提出见解就是要对问题做出全面中肯的分析，提出自己的看法和观点以及解决问题的办法。意见的行文方向多样，上行文时可提出工作见解、建议和参考意见；下行文时可表明主张，作出计划，阐明工作原则、方法和要求；平行文时可就某一专门工作向平行的或者不相隶属的有关方面作评估、鉴定或咨询。撰写意见要明确行文方向，不同行文方向需要使用不同的处理方式和语言措辞，需要把握好分寸。

例文 2-19

关于推进旅游公共服务高质量发展的指导意见

旅游公共服务是推动现代旅游业发展的重要内容，关系到广大游客切身利益。为贯彻落实《中华人民共和国旅游法》和国务院印发的《“十四五”旅游业发展规划》，持续推进旅游公共服务高质量发展，提出如下意见。

一、总体要求

以习近平新时代中国特色社会主义思想为指导，全面贯彻落实党的二十大精神，深入学习贯彻习近平文化思想，以习近平总书记关于旅游发展的重要论述和重要指示精神为根本遵循，践行以人民为中心的发展理念，围绕国家重大发展战略，以重大项目为抓手，聚焦重点地区、重点环节、重点时段，集中力量解决旅游公共服务领域的短板和弱项，稳步提升保障能力，完善供给体系，持续提高旅游公共服务水平，为旅游业高质量发展提供有力支撑，不断满足人民日益增长的美好生活需要。

利用3到5年时间，基本建成结构完备、标准健全、运行顺畅、优质高效，与旅游业高质量发展相匹配的旅游公共服务体系，旅游公共服务有效供给明显扩大，服务效能明显提升，对薄弱领域、高峰时段和特殊人群的服务保障能力明显增强，人民群众对旅游公共服务的满意度明显提高。

二、主要任务

（一）优化旅游公共信息服务

1. 优化线下旅游服务中心布局。推动实施旅游咨询服务拓展工程。制定旅游服务中心相关标准，进一步明确旅游服务中心定位，完善信息咨询、宣传展示、投诉、便民等服务功能。以提升和改造既有设施为主，打造一批互动性强、体验感好、主客共享的新型旅游服务中心。积极推动旅游服务中心和旅游集散中心一体化建设，重点推动旅游信息服务进机场、车站、码头、高速公路服务区。鼓励有条件的地区在酒店大堂、便利店、租车点等设置旅游信息咨询点。

（略）

（二）完善旅游公共交通服务

（略）

（三）强化旅游应急救援服务

（略）

（四）加强旅游惠民便民服务

（略）

（五）促进公共文化服务和旅游公共服务融合发展

（略）

三、组织保障

用好旅游发展基金等既有专项资金，引导社会力量加大投入，加强资金保障。推动将旅游公共服务设施用地纳入国土空间规划统筹考虑，在年度土地供应中合理安排旅游服务中心、集散中心、旅游停车场、公共营地等旅游公共服务设施新增建设用地，支持农村集体建设用地依法依规用于旅游公共服务设施建设。实施城乡旅游公共服务标准化建设工程。制定实施城市旅游公共服务、乡村旅游公共服务标准，引导全国重点旅游城市、全国乡村旅游重点村镇贯彻落实标准要求，充分发挥其引领和带动作用，为推进旅游公共服务高质量发展提供实践示范和制度建设经验。

这是一则多部门联合下发的指导性意见。标题省略了文化和旅游部等九个部门，可以避免标题过长。开头部分首先简要阐述推进旅游公共服务高质量发展的重要性，然后陈述发文目的，用“提出如下意见”转入主体部分。主体部分分别对总体要求、主要任务、组织保障进行说明，采用章断条连式的结构。其中，主要任务的内容较多，分为5个方面、15个小点，分条列项式进行说明。值得一提的是，指导性意见和实施性意见因机关级别的不同而有不同的要求。不同级别的机关使用指导性意见和实施性意见时，内容的侧重点一般不同。机关的级别越高，其发布的意见原则性就越强；机关的级别越低，其发布的意见就越具体，操作性就越强。该意见的组织保障部分，结合联合行文的机关职责发出了号召。

一、意见的特点和类型

（一）意见的特点

1. 指导性

下行文的意见中既可以对工作提出要求、作出指导，又可以对工作提出建议。意见虽然在文种的字面含义上没有指示、批复那样具有明显的指导色彩，似乎只是对某方面工作提出一些意见以供参考，但它也是指导性很强的文种。

2. 针对性

意见有着较强的针对性。它总是根据现实的需要，针对某一重要的问题提出处理意见，这些意见对于解决当前存在的问题起着积极的作用。

3. 灵活性

意见行文方向灵活，既可以上行，也可以下行或平行。上行文的意见，用于下级机关向上级机关上报建设性意见，由上级机关做出处理和给予答复。下行文的意见，用于上级机关向下级机关下发指导性意见，文中对贯彻执行有明确要求的，下级机关应当遵守执行；无明确要求的，下级机关参照执行。平行文的意见，提出意见供对方参考。下行文的意见通常不是具体的工作安排，而是从宏观上提出意见，下级机关结合具体情况，参照文件中提出的要求来办理。比起执行指示，下级机关在落实意见精神时有更强的灵活性。

此外，意见既可用于行政机关联合行文，又可用于政府机关单独行文。

（二）意见的类型

根据性质和用途的不同，意见可分为三种：

1. 指导性意见

这类意见用于上级机关向下级机关布置工作。在这类意见中，上级机关对有关问题或有关工作提出政策性、倾向性观点，对下级机关有一定的规范作用和行政约束力，主要阐明工作的原则和方法，具有突出的指导性，为下级机关开展工作留有余地；下级机关在落实时，也具有变通性。有些工作部署不宜以决定、命令、通知等文种行文时，便多以指导性意见行文。

2. 实施性意见

这类意见用于指导下级机关工作，与实施计划的效用相似，因此又称计划性意见。这类意见是上级机关对某一时期某方面工作提出目标、任务、规定，并进一步提出措施、方法、步骤和实施要求，属于下行文。

例文 2-20

商务部等9部门关于拓展跨境电商出口推进海外仓建设的意见

商贸发〔2024〕125号

各省、自治区、直辖市人民政府：

跨境电商是以科技创新为驱动，积极运用新技术、适应新趋势、培育新动能的外贸新业态新模式，与海外仓等新型外贸基础设施协同联动，能够减少中间环节、直达消费者，有利于促进外贸结构优化、规模稳定，有利于打造国际经济合作新优势，已经成为我国外贸发展的有生力量，也是国际贸易发展的重要趋势。为拓展跨境电商出口，优化海外仓布局，加快培育外贸新动能，经国务院同意，现提出以下意见。

一、积极培育跨境电商经营主体

（一）大力支持跨境电商赋能产业发展。（略）

（二）提升服务跨境电商企业能力。（略）

（三）支持跨境电商企业“借展出海”。（略）

（四）加强跨境电商行业组织建设与人才培养。（略）

二、加大金融支持力度

（五）畅通跨境电商企业融资渠道。（略）

（六）优化跨境资金结算服务。（略）

（七）推动跨境电商供应链降本增效。（略）

三、加强相关基础设施和物流体系建设

（八）推动跨境电商海外仓高质量发展。（略）

（九）增强跨境电商物流保障能力。（略）

（十）助力跨境电商相关企业“走出去”。（略）

四、优化监管与服务

（十一）优化跨境电商出口监管。（略）

（十二）提升跨境数据管理和服务水平。（略）

五、积极开展标准规则建设与国际合作

（十三）加快跨境电商领域标准建设。（略）

（十四）提升企业合规经营水平。（略）

（十五）持续深化国际交流合作。（略）

各地区、各有关部门和单位要坚决贯彻落实党中央、国务院决策部署，按照本意见提出的各项措施和要求，根据职责分工细化工作举措，形成工作合力。商务部要会同有关部门和单位，加强统筹协调，强化央地协同，推动各项任务落实落细，不断总结推广好经验好做法，以适当方式宣介跨境电商出口和海外仓建设成效，促进外贸新业态新模式健康持续发展。

商务部
国家发展改革委
财政部
交通运输部
中国人民银行
海关总署
税务总局
金融监管总局
国家网信办
2024年6月8日

（本文有删减）

这是一则实施性意见。意见开篇交代了提出意见的意义、背景和依据；然后从5个方面、15个小点阐述了做什么、做到什么程度和怎么做，并针对发现的问题给出了具体可行的整改意见。本文目标明确，措施可行，对相关单位具有极强的约束性。

3. 建议性意见

这类意见是下级机关向上级机关提出工作建议、设想的上行文，上级机关对此类意见可以不用行文反馈。它分为呈报类建议性意见和呈转类建议性意见。呈报类建议性意见用于下级机关向上级机关提出某方面工作的建议、意见，即下级机关向上级机关献计献策以供上级机关决策时参考。正文主体主要是下级机关将具体工作中反映出来的各种问题向上级机关汇报并提出合理性建议。呈转类建议性意见用于职能部门就开展和推动某方面工作提出初步设想和打算，呈送上级机关审定后，由上级机关批转有关方面去执行。有时，建议性意见也可用建议性报告来行文。

例文 2-21

国务院办公厅转发中国证监会等部门《关于进一步做好资本市场财务造假综合惩防工作的意见》的通知

国办发〔2024〕34号

各省、自治区、直辖市人民政府，国务院各部委、各直属机构：

中国证监会、公安部、财政部、中国人民银行、金融监管总局、国务院国资委《关于进一步做好资本市场财务造假综合惩防工作的意见》已经国务院同意，现转发给你们，请认真贯彻执行。

国务院办公厅

2024年6月29日

（此件公开发布）

关于进一步做好资本市场财务造假综合惩防工作的意见

中国证监会　公安部　财政部

中国人民银行　金融监管总局　国务院国资委

资本市场在金融运行中具有牵一发而动全身的重要作用，财务造假严重扰乱资本市场秩序、动摇投资者信心。近年来，各有关方面认真贯彻落实党中央、国务院决策部署，持续加大监管执法力度，一批财务造假案件得到及时查处，市场生态有效净化。但是，财务造假花样翻新，案件查处难度大，有效打击系统性、隐蔽性、复杂性财务造假的任务十分艰巨，必须坚持综合施策，强化标本兼治，持续保持高压态势，切实增强工作合力。为从严打击资本市场财务造假，维护良好市场生态，现就进一步做好财务造假综合惩防工作提出如下意见。

一、总体要求

（略）

二、坚决打击和遏制重点领域财务造假

（一）严肃惩治欺诈发行股票债券行为。（略）

（二）严厉打击系统性造假和配合造假。（略）

（三）加强对滥用会计政策实施造假的监管。（略）

（四）强化对特定领域财务造假的打击。（略）

三、优化证券监管执法体制机制

（五）健全线索发现机制。（略）

（六）提升行政执法效能。（略）

（七）深化行刑衔接协作。（略）

四、加大全方位立体化追责力度

（八）强化行政追责威慑力。（略）

（九）推动加大刑事追责力度。（略）

（十）推动完善民事追责支持机制。（略）

五、加强部际协调和央地协同

（十一）国有资产出资人加强监督管理。（略）

（十二）金融监管部门提升协同打击力度。（略）

（十三）压实地方政府责任。（略）

六、常态化长效化防治财务造假

（十四）增强公司治理内生约束。（略）

（十五）压实中介机构“看门人”责任。（略）

（十六）完善财务信息相关制度。（略）

（十七）加强联合惩戒与社会监督。（略）

七、落实保障

（十八）加强组织实施。（略）

（十九）加强舆论引导。（略）

（二十）加强风险防控。（略）

这是一则多部门联合发布的建议性意见。意见标题省略了中国证监会等 6 个部门。作为非单独行文，本文没写主送机关。开头部分首先陈述提出意见的意义、发文目的，用“提出如下意见”转入主体部分。主体部分从 7 个方面、20 个小点对即将开展的工作进行了指导，既有工作措施又有工作成效，“落实保障”方面提出了 3 点工作要求。

4. 评估性意见

这类意见是业务职能部门或专业机构就某项专门工作、业务工作在经过调查研究或鉴定评议后得出，并送交有关方面的鉴定性、结论性意见。它有时候作上行文，有时候作下行文，但主要还是作不相隶属机关之间的平行文。

例文 2-22

××第二巡察组关于巡察××党支部的反馈意见

根据党委巡察工作统一部署，2023 年 4 月 10 日至 5 月 31 日，党委第二巡察组对××党支部开展了巡察。

巡察期间，巡察组听取了××党支部工作汇报，通过开展个别谈话、受理信访反映、调阅资料、问卷调查、下沉调研等多种方式开展工作，对发现的问题进行深入了解，在××党支部和广大干部群众支持下顺利完成了巡察任务。

2023 年 10 月 8 日，党委巡察工作领导小组审议了巡察报告，党委书记××作了讲话，对抓好巡察整改落实和成果运用提出了明确要求。根据党委要求，现将巡察情况反馈如下。

一、总体评价

巡察组认为，××党支部在思想上行动上始终同党中央保持高度一致，对标对表“四个落实”，聚焦主责主业，认真组织开展党史学习教育和学习贯彻习近平新时代中国特色社会主义思想主题教育，认真落实立德树人根本任务，加强师德师风建设，党员干部模范作用总体不错。但该党支部对党的重大理论创新，特别是习近平总书记关于东北全面振兴的重要论述，学深悟透、理论指导实践不够；在全面从严治党、党风廉政建设和党建工作规范化建设上还有差距，在上一轮巡察整改落实方面也存在不到位等情况。

二、巡察发现的主要问题

（一）贯彻落实党的理论和路线方针政策、党中央重大决策部署方面存在的问题（略）

（二）贯彻落实全面从严治党战略部署方面存在的问题（略）

（三）贯彻落实新时代党的组织路线方面存在的问题（略）

（四）对巡视巡察、审计等监督发现问题和主题教育、党史学习教育等整改落实方面存在的问题（略）

三、督促立行立改和发现问题线索情况

（一）督促立行立改情况（略）

（二）发现问题线索情况（略）

四、意见建议

（一）加强基层党组织规范化建设（略）

（二）创新开展党建活动（略）

（三）认真推动任务整改落实（略）

附件：××党支部对巡察反馈意见整改情况清单

××第二巡察组

2023 年 11 月 8 日

这是一则评估性意见，也是反馈性意见。本意见属于平行文，是本单位专业机构就某项专门工作、业务工作在经过调查研究和评议后得出的鉴定性、结论性意见。意见开篇交代了提出意见的背景和依据，然后从四个方面对被巡查单位的工作进行了评估，肯定成绩，指出问题，并针对发现的问题给出了具体可行的整改意见。

二、意见与其他文种的辨析

（一）报告与意见（上行文）的区别

报告侧重于汇报工作、反映情况，是对工作情况的综合与归纳。多数情况下，报告既不涉及今后具体的工作意见，也不需要上级做出批示或批转，只有所反映的情况涉及工作中一些带有普遍性的问题时，才会顺势针对问题提出今后的解决办法，需要上级加以批转，这就是通常所说的呈转性报告。

虽然意见（上行文）也要陈述情况，但意见陈述情况的目的在于给提出的见解和处理办法作铺垫，请求上级针对意见给予批示，或者上级加以批转。

（二）请示与意见（上行文）的区别

请示：指示和批准的一般是本机关、本单位的具体问题，内容较多涉及人、财、物、机构、编制以及工作中遇到的需要上级机关做出指示、决定或需要上级机关加以审批的具体事项和问题，即通常所说的“硬件”，不批复工作就无法进展。

意见（上行文）往往是主管机关或业务部门对较大范围的重要问题提出的事关全局的见解和处理办法；内容多是对工作中一些重大问题提出见解和处理办法，以及对所遇到的困难请求上级给予指示或支持，即通常所说的“软件”。

三、意见的结构和写法

从格式上看，意见是非常标准的一种公文。意见的结构如表 2-10 所示。

表 2-10　意见的结构

要素		具体内容
标题		××××公司关于××××的意见
主送机关		××××、××××××、××：(可省略)
正文	发文缘由	××××××××××，××××××××××××××××××。××× ×××××××，××××××××××××××××××××××××××× ×。现就有关问题提出如下意见。
	具体意见	一、××××××× ××××××××××，××××××××××××××××××。××× ×××××××，××××××××××××××××××××××××××× ××。 二、××××××××× (一) ××××××× ××××××××××，××××××××××××××××××。××× ×××××××，××××××××××××××××××。 1. ×××××× ×××××××××××，××××××××××××××××××。×× ××××××××，××××××××××××××××××。 (1) ×××××××。×××××××××，×××××××××。 二、×××××××
	结尾	以上意见，请结合实际情况贯彻执行。
附件说明		附件：×××××××××（字体字号同正文，文尾无标点）
发文机关		××有限公司（加盖公章）（右空 4 个字）
成文日期		20××年××月××日（右空 4 个字）
附注		（此件公开发布）

注：以上内容仅供参考。

（一）标题

意见的标题由发文机关名称、事由、文种等要素组成，一般有以下两种组成形式。

（1）发文机关＋事由＋文种，如《国家发展改革委等部门关于大力实施可再生能源替代行动的指导意见》。

（2）事由＋文种，如《关于开展特种设备行政许可鉴定评审机构监督检查的通知》。

（二）主送机关

一般应写明意见的主送机关，可以是上级机关、不相隶属机关或下级机关；如果受众的涉及面较广或者作为非独立公文，则可以省略。

上行文意见一般只有一个主送机关，下行文意见则可以有多个主送机关。

（三）正文

1. 发文缘由

正文开头要写清发文缘由，用概括的语言简要阐明发文的依据、背景、目的，即为什么提出意见。如《国家发展改革委等部门关于加快发展节水产业的指导意见》第一段："随着节水型社会建设的深入推进，以节水产品装备制造、节水管理服务咨询等为主要内容的节水产业规模不断扩大，已成为新质生产力和绿色经济的重要组成部分。加快发展节水产业，对于形成节水型生产生活方式，提高水资源节约集约利用水平，促进经济社会发展全面绿色转型具有重要意义。为全面贯彻党的二十大精神，深入践行'节水优先、空间均衡、系统治理、两手发力'治水思路，以节水产业发展推动水资源利用效率提升，提出以下意见。"意见开门见山地介绍了发文的背景、目的和意义。

开头与主体之间常用"提出如下意见""特制订本处理和实施意见"等作为承启用语。

2. 具体意见

具体意见是意见的核心部分，也是主体部分，主要是对有关问题或某项工作提出见解、建议或规范的解决办法。具体意见一般采用分条列项式的写法，如《关于推动工艺美术行业传承创新发展的指导意见》，就分别提出了多项措施和办法。主体部分一般写清楚意见提出者的要求、希望，如"各地工业和信息化、人力资源社会保障、文化和旅游主管部门可根据本指导意见要求，结合实际制定适合本地区工艺美术行业发展的具体实施方案或配套政策措施。实施定期评估与动态评估，加强评估结果反馈运用，及时总结推广政策经验。发挥行业组织作用，为企业交流合作、人才培养、展览展销、数据分析等提供服务。"

主体部分要具体而明确地提出解决问题的重要意义、指导思想、基本原则、总体目标、方法步骤、保障措施等，既要讲明政策和道理，又要具有可操作性。指导性意见的正文往往采用分条列项式写法，逐层逐条介绍具体的内容，下级机关执行工作时便以此意见为参照来处理相关事宜。实施性意见与指导性意见的结构大体相似，但需要注意的是，实施性意见的正文一般需要具体化，便于下级机关按此意见来实施。实施性意见以解决当前工作问题为首要目的。

3. 结尾

结尾一般提出要求或号召，也可省略不写。上行文意见，结尾可提出请求上级机关批转，如"以上意见如无不妥，请批转各地（单位）执行"；下行文意见，一般要求下级机关结合实际情况贯彻执行，有的还要求及时上报在贯彻执行中遇到的困难和问题，或要求结合本单位实际情况制定具体实施方案。

（四）落款

意见的发文机关署名和成文日期的格式与标准党政公文的格式相同，同时应该加盖印章以使意见具有法律效力。有些意见还将发文机关和成文日期置于标题之下。

四、意见的写作要求

（一）客观准确

掌握一手材料，既是做到客观准确的必要条件，也是写好意见的基础。我们要想在工作中“提出问题→分析问题→解决问题”，就必须掌握大量的、有针对性的一手材料，从中了解问题的本质和有关事宜的规律性。特别是上行文意见一经上级转发，就同时代表了上级机关的意见，各有关单位必须照此执行，这关系全局工作的有效开展。所以无论哪一类意见，都必须客观准确。

（二）谨慎选择文种

为了有效开展工作，我们必须准确使用意见，要把握意见的本质，将其与近似的请示、指示性通知及函等文种严格区别开来。

（1）向上行文，凡属要钱、要物、要人、要机构等问题时要用请示而不能用意见。意见与请示的本质差别在于它向上级要的不是人、财、物等“硬件”，而是政策、办法等“软件”。

（2）向下行文，凡属阐明工作活动的指导原则，而不是较多、较细地讲道理、教办法且对下级规定性较强、要求很具体的，应用指示性通知而不用意见。

（3）不相隶属机关之间相互行文，对涉及某一重要问题所提的见解和处理办法，如属供对方参考而不需要回复，就用意见；反之，则要用函。

（三）用语要恰当

意见的行文方向不同，其用语也截然不同。上行文的意见，要使用下级机关对上级机关汇报见解、陈述办法的语气，如“我们考虑”“我们认为”“我们建议”“我们要求”“我们的意见”，以及“请、敬、望”等。下行文的意见，则多使用一些带有祈使语气以示肯定或带有禁止语气以示否定的指令性词语。平行文的意见，则多使用平等协商的语气，多使用商量、谦恭的语句，以征得不相隶属机关的理解与支持。

（四）科学合理安排结构

请示、情况报告、周知性通知与函在结构上并不需要按照“提出问题→分析问题→解决问题”的顺序行文，因此意见与之不同。有的请示和通知，仅是“提出问题＋解决问题”的单一内在结构形式；一些情况报告的内容往往是提出与分析问题，不存在解决问题的内容。但意见不同，特别是下行文的意见，不仅要提出问题，而且要对问题作出深刻的分析，并在分析的基础上有针对性地提出解决问题的完整想法。也就是说，意见的内在结构必须包含“提出问题→分析问题→解决问题”三个环节，缺少其中任何一个环节都不符合意见写作的要求。因此，意见写作要层层深入、环环相扣、脉络清晰、表达清楚。

（五）注重时效性

多数意见是根据实际情况为解决现实工作中亟待解决的问题而提出来的，因此，行文的及时性对意见的价值具有重要的影响。错过了时机，再好、再恰如其分的意见也会失去其应有的作用和意义。意见要具体，就是要结合实际，切实可行；提出意见要从实际出发，实事求是。

专题二　报告

定期与不定期向上级机关或上级主管部门汇报工作、反映情况、提出建议，是下级机关的职责。《党政机关公文处理工作条例》第八条规定，报告是“向上级机关汇报工作、反映情况，回复上级机关的询问”的陈述性公文。它是下级机关向上反映情况、沟通联系、传达信息的主要文种，由一级机关的业务部门和下级机关单位使用。为了方便上级领导人阅读、办理，报告要尽量做到简明扼要，不宜展开过多的政策理论分析，或者说，不必在报告中给上级机关讲大道理、做思想工作且篇幅不宜过长。

例文 2-23

国务院关于文化产业发展工作情况的报告

文化和旅游部部长　雒树刚

全国人民代表大会常务委员会：

我受国务院委托，向全国人大常委会报告我国文化产业发展工作情况，请予审议。

党的十八大以来，以习近平同志为核心的党中央高度重视文化产业发展工作，把加快发展文化产业作为一项重要的战略任务，作出了一系列重大决策部署，出台了一系列政策措施。习近平总书记就发展文化产业作出一系列重要论述，强调要推动文化产业高质量发展，健全现代文化产业体系和市场体系，推动各类文化市场主体发展壮大，培育新型文化业态和文化消费模式，以高质量文化供给增强人们的文化获得感、幸福感。习近平总书记重要论述明确了文化产业的发展方向、目标任务和主要着力点，为我们的工作提供了根本遵循。李克强总理也多次主持国务院常务会议研究文化产业发展相关议题，作出指示批示。下面，我从三个方面进行汇报。

一、推动文化产业发展的举措和成效

文化产业同公益性文化事业相对应，是指以文化为核心内容而进行的创作、生产、传播、展示文化产品和提供文化服务的经营性活动，涵盖文化艺术、新闻出版、广播影视、网络文化等领域，涉及中央宣传部（国家新闻出版署、国家电影局）、中央网信办、文化和旅游部、广电总局等职能部门。文化产业和旅游产业在内容上有交叉，在工作上有融合，但不完全重叠，目前在统计上也是分开的。

（略）

一是把握正确方向。（略）

二是加强规划引导。（略）

三是释放政策红利。（略）

四是增强企业活力。（略）

五是推动融合发展。(略)

六是强化市场监管。(略)

七是扩大中华文化影响力。(略)

八是规范文化产业统计。(略)

二、文化产业发展存在的突出问题(略)

三、下一步推动工作的主要打算(略)

委员长，各位副委员长、秘书长，各位委员，长期以来，全国人大及其常委会高度重视文化建设，不断推动文化立法、完善文化法治保障。此次全国人大常委会专门听取文化产业发展工作汇报，充分体现了对文化产业发展的关心和支持。恳请继续关注支持文化产业发展，多开展相关调研，多组织督促检查，多提出宝贵意见，指导国务院和各有关部门、地方各级人民政府共同做好文化产业发展工作。我们将全面落实审议意见，进一步改进工作，努力推动我国文化产业发展迈上新台阶，为建设社会主义文化强国、助力实现中华民族伟大复兴中国梦作出新的更大贡献。

以上报告，请予审议。

这是一份专项工作报告。工作报告篇幅一般较长，我们在写作时应恰当安排其层次结构。这类报告重点介绍的是基本情况、主要成绩、经验体会、存在问题、基本教训、今后意见等六部分内容。本报告在前两段简要交代了时间、背景和工作条件。第一部分“推动文化产业发展的举措和成效”把工作的过程、措施、结果和成绩叙述清楚；在经验体会中交代对工作实践的理性认识，从实际工作中概括出规律性内容，为今后的工作提供指导。第二部分“文化产业发展存在的突出问题”实事求是地写出了工作中存在的问题与不足。第三部分“下一步推动工作的主要打算”提出了今后开展工作的建议。最后表明今后的工作态度，以“以上报告，请予审议”报告惯用结尾用语结束对工作的陈述。

一、报告的特点与类型

(一) 报告的特点

1. 内容的汇报性

汇报性是报告的一大特点。下级机关按照上级部署或工作计划，每完成一项任务，一般都要向上级写报告，反映工作中的基本情况、工作中取得的经验教训、工作中存在的问题以及今后的工作设想等，以取得上级领导部门的指导。

2. 行文的单向性

报告是下级机关向上级机关汇报的公文，作用是为上级机关进行宏观领导提供依据，一般都不需要受文机关的批复，属于单向行文。

3. 表述的概括性

报告要求以摆事实为主，介绍情况、说明过程，是以叙述和说明为主要表达方式的文种，但它的叙述和说明是概括性的，具有汇报的特性——下级机关向上级机关讲述做了什么工作或工作是怎样做的，有什么情况、经验、体会，存在什么问题，今后有什么打算，对领导有什么意见、建议。报告中少用议论说理，既不要求详述过程，也不要求对细节大量铺陈。报告语言要委婉、谦和，不宜用指令性、强调性语言，不宜指手画脚。

4. 内容的真实性

报告选材的自由度很大，写什么、不写什么均由发文机关决定。但是报告内容必须具备实践性才能发挥其应有的作用。这一特点集中表现在工作报告上，只有做过的工作才能写进报告，没有做过的、只停留在计划和口头上的“豪言壮语”不能作为报告的材料。当然，报告更不能弄虚作假。

（二）报告的类型

调查报告、建议报告、工作报告、总结报告、审计报告、实验报告、科技成果报告、诊断报告、立案报告、可行性报告等，都属于汇报性、陈述性公文。这里的报告特指“向上级机关汇报工作、反映情况，回复上级机关的询问”时使用的党政公文中的报告。另外，报送文件、物件时也用报告。按内容和作用的不同，报告大致可以分为工作报告、情况报告、建议报告、答复报告和报送报告 5 种类型。

1. 工作报告

工作报告是指下级机关向上级机关报告工作，汇报工作进展、成绩、经验、存在问题及今后打算的报告。根据内容和运用情况的不同，工作报告可以分为综合工作报告和专项工作报告。

（1）综合工作报告。综合工作报告综合汇报某阶段的工作，对一阶段内各方面的工作作一个总的回顾，总结经验教训，提出今后的设想等。这类报告大多在下级机关向上级机关或主管部门汇报工作，让上级机关或主管部门掌握情况时使用。有时候，综合工作报告由对内、对下行文的总结改写而成。

例文 2-24

政府工作报告

——2024 年 3 月 5 日在第十四届全国人民代表大会第二次会议上

国务院总理　李强

各位代表：

现在，我代表国务院，向大会报告政府工作，请予审议，并请全国政协委员提出意见。

一、2023 年工作回顾

过去一年，是全面贯彻党的二十大精神的开局之年，是本届政府依法履职的第一年。面对异常复杂的国际环境和艰巨繁重的改革发展稳定任务，以习近平同志为核心的党中央团结带领全国各族人民，顶住外部压力、克服内部困难，付出艰辛努力，新冠疫情防控实现平稳转段、取得重大决定性胜利，全年经济社会发展主要目标任务圆满完成，高质量发展扎实推进，社会大局保持稳定，全面建设社会主义现代化国家迈出坚实步伐。

（略）

二、2024 年经济社会发展总体要求和政策取向

今年是中华人民共和国成立 75 周年，是实现“十四五”规划目标任务的关键一年。

做好政府工作，要在以习近平同志为核心的党中央坚强领导下，以习近平新时代中国特色社会主义思想为指导，全面贯彻落实党的二十大和二十届二中全会精神，按照中央经济工作会议部署，坚持稳中求进工作总基调，完整、准确、全面贯彻新发展理念，加快构建新发展格局，着力推动高质量发展，全面深化改革开放，推动高水平科技自立自强，加大宏观调控力度，统筹扩大内需和深化供给侧结构性改革，统筹新型城镇化和乡村全面振兴，统筹高质量发展和高水平安全，切实增强经济活力、防范化解风险、改善社会预期，巩固和增强经济回升向好态势，持续推动经济实现质的有效提升和量的合理增长，增进民生福祉，保持社会稳定，以中国式现代化全面推进强国建设、民族复兴伟业。

（略）

三、2024 年政府工作任务

党中央对今年工作作出了全面部署，我们要深入贯彻落实，紧紧抓住主要矛盾，着力突破瓶颈制约，扎实做好各项工作。

（一）大力推进现代化产业体系建设，加快发展新质生产力。充分发挥创新主导作用，以科技创新推动产业创新，加快推进新型工业化，提高全要素生产率，不断塑造发展新动能新优势，促进社会生产力实现新的跃升。（略）

（二）深入实施科教兴国战略，强化高质量发展的基础支撑。坚持教育强国、科技强国、人才强国建设一体统筹推进，创新链产业链资金链人才链一体部署实施，深化教育科技人才综合改革，为现代化建设提供强大动力。（略）

（三）着力扩大国内需求，推动经济实现良性循环。把实施扩大内需战略同深化供给侧结构性改革有机结合起来，更好统筹消费和投资，增强对经济增长的拉动作用。（略）

（四）坚定不移深化改革，增强发展内生动力。推进重点领域和关键环节改革攻坚，充分发挥市场在资源配置中的决定性作用，更好发挥政府作用，营造市场化、法治化、国际化一流营商环境，推动构建高水平社会主义市场经济体制。（略）

（五）扩大高水平对外开放，促进互利共赢。主动对接高标准国际经贸规则，稳步扩大制度型开放，增强国内国际两个市场两种资源联动效应，巩固外贸外资基本盘，培育国际经济合作和竞争新优势。（略）

（六）更好统筹发展和安全，有效防范化解重点领域风险。坚持以高质量发展促进高水平安全，以高水平安全保障高质量发展，标本兼治化解房地产、地方债务、中小金融机构等风险，维护经济金融大局稳定。（略）

（七）坚持不懈抓好“三农”工作，扎实推进乡村全面振兴。锚定建设农业强国目标，学习运用“千村示范、万村整治”工程经验，因地制宜、分类施策，循序渐进、久久为功，推动乡村全面振兴不断取得实质性进展、阶段性成果。（略）

（八）推动城乡融合和区域协调发展，大力优化经济布局。深入实施区域协调发展战略、区域重大战略、主体功能区战略，把推进新型城镇化和乡村全面振兴有机结合起来，加快构建优势互补、高质量发展的区域经济格局。（略）

（九）加强生态文明建设，推进绿色低碳发展。深入践行绿水青山就是金山银山的理念，协同推进降碳、减污、扩绿、增长，建设人与自然和谐共生的美丽中国。（略）

（十）切实保障和改善民生，加强和创新社会治理。坚持以人民为中心的发展思想，履行好保基本、兜底线职责，采取更多惠民生、暖民心举措，扎实推进共同富裕，促进社会和谐稳定，不断增强人民群众的获得感、幸福感、安全感。（略）

各位代表！

使命重在担当，奋斗创造未来。我们要更加紧密地团结在以习近平同志为核心的党中央周围，高举中国特色社会主义伟大旗帜，以习近平新时代中国特色社会主义思想为指导，坚定信心、开拓进取，努力完成全年经济社会发展目标任务，为以中国式现代化全面推进强国建设、民族复兴伟业不懈奋斗！

这是一份典型的综合工作报告。报告开门见山地回顾了2023年的工作措施和结果；然后提出2024年的工作方向和工作任务；最后发出号召，提出要求。全文内容丰富、全面，结构安排合理清晰，语言简洁、凝练，点到为止。

（2）专项工作报告。专项工作报告是下级机关在做完某项工作后向上级机关或主管部门汇报工作情况时使用的报告。上级机关布置一项工作时，可以要求下级机关做完该项工作时向其汇报，如形成工作的过程、具体措施、成效、认识等的报告。

如果下级机关在工作中出现重大失误，造成人员伤亡、财产和工作等方面的损失，需要向上级机关汇报对工作失误的认识，将基本事实、造成失误的直接和间接原因、失误后所采取的补救措施及今后的打算等进行汇报，这也属于专项工作报告，也称事故报告或检讨报告。

例文 2－25

关于××地区××市“10·09”火灾事故调查的报告

××市人民政府：

2023年×月×日，××地区××市发生一起平房住宅建筑火灾事故，造成1人死亡。×月×日，××市人民政府办公室印发了《关于成立××市“10·09”火灾事故调查组的通知》，成立了由市人民政府副市长××担任组长，市公安局、市消防救援大队等部门有关人员组成的火灾事故调查组，对该起事故开展事故调查。事故调查组根据有关规定分组开展火灾事故调查，现将调查情况报告如下：

一、火灾基本情况

2023年×月×日02时08分，××市××镇红柳村××号民房发生火灾，该起火灾烧损××市××镇红柳村××号房间内的装修、家具等物品，火灾造成1人死亡，过火面积约84平方米。经统计，直接财产损失为96 387元（大写：玖万陆仟叁佰捌拾柒元）。

二、起火场所情况

（一）地理位置情况

起火建筑位于××市××镇红柳村××号，距离××市××路消防救援站约77千米。

（二）起火建筑情况

××市××镇红柳村××号，总建筑面积为84平方米，砖混结构，地上一层，于2006年建成农村自建住宅。

（三）建筑消防合法性手续及消防设施情况

××市××镇红柳村××号为农村居民自建住宅。

（四）物业管理情况

××市××镇红柳村××号无物业管理。

（五）人员入住情况

××市××镇红柳村××号日常只有单××一人居住，偶尔其妻子李××、儿子及女儿入住，火灾发生时，起火房屋内只有单××一人居住。该建筑属于××市××镇人民政府红柳村居委会管辖区域。

（六）消防设施器材配备情况

该起火建筑位于××市××镇红柳村，地上一层，建筑面积约84平方米，砖混结构，根据相关规范要求该建筑无须设置配备消防设施器材。

（七）人员伤亡具体情况

死者单××，男，汉族，身体健康无基础疾病。

（八）死者社会关系基本情况

（略）

三、火灾原因及成因分析

（一）调查组织情况

10月9日4时07分接警后，××市消防救援大队火灾调查值班员随警出动，待救援结束后开展现场火调勘验工作，××地区消防救援支队启动火灾事故调查预案，抽取支队2名火灾调查业务骨干成立了火灾事故调查应急小分队，开展火灾事故原因调查。现场调查设有现场保护小组、勘验小组、调查询问小组、损失核定小组。

（略）

（二）原因调查情况

1. 起火时间的认定。（略）

2. 起火部位的认定。（略）

3. 起火点的认定。（略）

4. 起火原因的认定。（略）

四、灾害成因分析

（一）装修材料耐火等级较低，火灾荷载较大

（略）

（二）火灾发现不及时，报警晚，导致火灾蔓延扩大

（略）

（三）消防基础设施薄弱，消防安全意识差

（略）

五、火灾事故责任追究建议

（略）

六、下一步工作建议

（一）强化机制，组织到位

（略）

（二）工作细化，措施有力

（略）

（三）行动落实，追查问责

（略）

（四）火灾防控、宣传先行

（略）

（五）加强和改进农村消防安全工作

（略）

××市“10·09”火灾事故调查组

2024年1月4日

这是一份事故报告。这份报告是向上级机关反映火灾事故情况的报告。报告把事故的具体经过和损失情况、造成事故的原因，以及事故处理结果等，向上级机关作了详细的汇报，以便上级机关能够全面客观地了解情况。

2. 情况报告

情况报告是按照工作管理制度要求，按时向上级机关反映本单位情况的报告。汇报本地区、本单位发生的重大事件，出现的问题、倾向、苗头，会议情况等的报告均属于情况报告。它的内容不局限于具体工作过程，而是以陈述情况为主汇报事件在一定范围内造成的影响。大多数情况报告是为上级机关决策提供依据，或将有关情况及时汇报以引起上级机关注意的。其结构写法和工作报告大致相同，报告内容、报告重点及陈述方式略有不同。

例文2-26

2022年2月教育信息化和网络安全工作月报

【摘要】中央网信办、教育部等四部门联合印发《2022年提升全民数字素养与技能工作要点》。《教育部2022年工作要点》提出实施教育数字化战略行动。教育部举行党组理论学习中心组集体学习暨教育信息化首场辅导报告会，公布2021年度基础教育信息技术与教育教学深度融合示范案例名单。浙江副省长召开专题会议研究教育数字化改革工作。湖北省政府数字社会建设工作协调领导小组赴省教育厅调研“智慧教育”建设情况。甘肃推进教育系统数字政府建设工作。北京、江苏出台教育信息化“十四五”规划。

★国家教育数字化战略行动

集体学习　2月17日，教育部举行党组理论学习中心组集体学习暨教育信息化首场辅导报告会，中国科学院院士、南京大学校长吕建作题为《数字经济健康发展的若干思考与认识》的报告，教育部党组书记、部长怀进鹏主持并作总结讲话。

重要会议　2月18日，教育部召开“十四五”国家基础教育重大项目计划实施部署工作会议。教育部党组书记、部长怀进鹏提出，实施基础教育数字化战略行动，打造中国优质教育资源网络学习空间，促进优质教育资源开放共享。

开学典礼　2月28日，国家教育行政学院举行2022年春季开学典礼。教育部党组书记、部长怀进鹏指出，要聚焦数字中国，大力实施教育数字化战略行动，按照“需求牵引、应用为王、服务至上”的原则，抢占未来发展先机，切实以教育信息化推动教育高质量发展。

工作要点 2月8日，《教育部2022年工作要点》发布，提出实施教育数字化战略行动。2月9日，《教育部基础教育司2022年工作要点》发布，提出深化信息技术应用改革，实施基础教育数字化战略行动。2月23日，《教育部高等教育司2022年工作要点》发布，提出全面推进高等教育教学数字化，加快完善高等教育教学数字化体系，提升数字化应用能力、治理能力和国际影响力。2月24日，《教育部教师工作司2022年工作要点》发布，提出探索教师智能研修模式，推进人工智能助推教师队伍建设、教师资源数字化建设和教师队伍数字化治理。

新闻发布会 2月15日，教育部召开第一场2022年“教育新春”系列发布会，将“在提高信息化应用水平上突破”作为2022年基础教育工作重点实现的“四个突破”之一。2月23日，教育部召开第三场2022年“教育新春”系列发布会，将“推动职业教育数字化升级”作为2022年职业教育突破的“五大重点”之一。

★教育信息化重点工作进展

数字资源服务普及行动 国家数字教育资源公共服务体系接入各级平台237个，体系空间月活用户2 968万人；国家教育资源公共服务平台新开通教师空间2万个、学生空间2万个，新汇聚1家应用服务商的1个应用。国家中小学网络云平台累计访客11.46亿人、页面浏览次数69.55亿次。“爱课程”网站新增注册用户3.37万人、新增客户端用户7.48万人次，“爱课程”网中国大学MOOC移动终端累计下载安装9 042.52万人次，平台在授开放课程数量为6.39万门次，新增选课243.04万人次。

教育治理能力优化行动 按照教育App备案与“双减”工作衔接的有关要求，截至2月底已有1 004家企业的2 155个教育App完成备案，共计31.72万所学校（不含学前）完成使用者备案，累计受理教育App相关投诉举报1 341起。

智慧教育创新发展行动 2月23日，教育部公布2021年度基础教育信息技术与教育教学深度融合示范案例名单，44个学校和66个区域的推荐案例入选。

教育信息化宣传 中国教育报编发1期信息化专刊，共发布《中小学人工智能教育教什么怎么教》等4篇文章。中国教育新闻网开展全国“智慧课堂”典型创新案例征集活动，发布信息化相关报道15篇。中国教育电视台播发教育信息化相关的消息、专题和简讯等主要报道共10篇。

★网络安全重点工作进展（略）

★相关工作资讯（略）

★各地工作动态（略）

这是一份典型的情况报告。摘要便于读者对报告有个总体了解，正文部分分条列项地对摘要的内容进行了详细的介绍。

3. 建议报告

这类报告多数是下级机关向上级机关提出工作建议，或是提出解决问题的措施，或是处理某些事项的方案、意见，经上级机关批准后转发下级机关执行。

下级机关虽然熟悉自己的业务范围，但是受到职权范围和隶属关系的限制，无法直接向不相隶属机关行文，便提出建议由上级机关批转。下行文时，切勿混淆报告和请示，甚至错用请示报告。

如果建议报告需要上级机关认可，即为呈报性建议报告；如果建议报告需要上级机关批转给下级机关执行，即为呈转性建议报告。其中，呈转性建议报告的政策性很强，一经上级机关批转，就变成了上级机关的意志，体现了上级机关的意图，能领导和指导下级机关的工作。

例文 2－27

关于加强我市特种设备安全监管建议的报告

××市委、市政府：

现将我局《关于加强我市特种设备安全监管建议的报告》，呈送你们。

特种设备，是涉及生命安全，危险性较大的设备和设施的总称，包括锅炉、压力容器（含气瓶）、压力管道、电梯、起重机械、客运索道、厂内机动车辆、大型游乐设施等。特种设备在生产和生活过程中广泛使用，具有潜在危险，特别是有的特种设备在高温高压下工作，有的在高空高速下运行，有的盛装易燃易爆和有毒介质，极易发生爆炸或泄漏有毒物质的事故，一旦发生事故，很可能导致人员伤亡，造成财产损失，并在社会上产生不良影响。为了保障人民群众的生命财产安全，构建和谐社会，本着“安全第一，预防为主”的原则，我局对全市特种设备安全状况进行了普查，现将普查情况报告如下。

一、我市特种设备的基本情况

我市现有各类锅炉 101 台（其中工业锅炉 31 台，生活锅炉 80 台）……我市特种设备主要有以下特点：

（一）分布较广，但不集中。全市各乡镇均有特种设备，不集中，较分散，经济较好的乡镇特种设备相对较多。

（二）人员密集的地方特种设备较多。越是经济条件好、人员密集的地方，特种设备越多，如商场、学校、宾馆、企业等人员密集场所特种设备较多。主城区以各机关单位、学校使用的生活锅炉等为主，各气站以气瓶为主，各建筑工地以起重机械为主，厂矿企业、制药企业以压力容器、压力管道和起重机械为主。

（三）以使用单位为主。我市目前没有特种设备生产制造单位，主要是压力容器、电梯、锅炉、起重机械、客运索道等特种设备使用单位或液化石油气、工业气瓶充装单位。

二、我市特种设备安全存在的主要问题

我市经济尚处在发展阶段，特种设备数量虽不算多，但监督管理工作还处在起步阶段，部分单位的特种设备也存在不同程度的安全隐患问题，不容忽视。我市特种设备安全存在以下几个主要问题：

（一）特种设备质量难以保证

特种设备质量难以保证，主要表现为：

1. 部分单位购进的特种设备不是正规企业生产制造的。

2. 部分特种设备产品没有任何出厂质量合格证明资料。

（二）特种设备安装不正规（略）

（三）特种设备使用和管理隐患多

特种设备使用和管理隐患多，主要表现为：

1. 有的单位购进设备后不进行安全质量检测就投入使用。

2. 有的设备维修后或有效期届满不申请检验仍继续使用，甚至带病运行。

3. 有的操作人员未经任何岗前培训，基本常识都不具备就上岗操作。

4. 有的特种设备使用单位无专职管理机构和管理制度，自我约束机制不健全。

5. 有的无事故应急方案，如遇问题则惊慌失措。

三、抓好我市特种设备安全监管的几点建议

鉴于特种设备的技术要求和潜在危险性等特点，现对特种设备安全监管提出如下建议。

（一）强化安全无小事观念（略）

（二）加大投入（略）

（三）加强日常检查，防止事故发生（略）

（四）加强学习培训工作，提高监管能力和操作使用水平（略）

（五）制定预案，有备无患（略）

（六）严处违法违规行为（略）

（七）加强特种设备安全监管信息建设（略）

特此报告！

×××市质量技术监督局

××××年×月×日

这是一篇典型的建议报告。全文以提出建议为主，为了支撑这些建议还对现状和存在的问题作了全面说明，使得提出的建议更具针对性。另外，为了让上级更清楚所提建议涉及的对象，全文开篇还专门对该设备作了介绍。如有必要，写作这类报告时，还可在此基础上对该设备的优劣点等作补充说明，上级充分了解后，才能更清楚建议的可靠性和可行性。

4. 答复报告

这类报告属于被动报告，即下级机关答复上级机关交办或查询事项的报告，如上级机关询问后对问题解决方案的答复报告等。答复报告要有针对性，切忌答非所问。

例文 2-28

关于我校工会干部有关待遇的报告

市总工会：

××××年××月××日来函收悉。现将我校工会干部有关待遇报告如下：

一、我校基层工会主席由教师兼任，每年减免工作量 60 学时。

二、部门工会主席任职期间享受本单位行政副职待遇，若为教师，可每年减免工作量 50 学时。

三、校工会委员任职期间减免工作量 40 学时；部门工会委员每年减免工作量 25 学时。

专此报告。

××大学工会

2023 年 6 月 5 日

这份报告是接到上级工会来函后所作的答复。报告如实呈报有关情况，不旁及其他问题。开头引叙函悉，然后根据要求报告有关内容，最后用“专此报告”作为结尾用语。

5. 报送报告

这类报告一般是下级机关向上级机关或主管部门报送文件、物件相关事宜时随文随物写的报告。应使上级机关周知的非法定公文，如计划、统计表、调查报告等不能单独对上级机关行文的，下级机关发文时应附报告，如图 2－35 所示。因为是下级机关对上级机关行文，所以习惯上用报告而不用函。报送报告的写法较为简单，写清楚报送材料（文件、物件）的名称、数量，结尾用“请审阅”“请收阅”即可；主体部分不必另注材料名称，将材料直接附上就可以了。

国务院关于今年以来预算执行情况的报告

发布日期：2024年09月14日

2024年9月14日　来源：中国人大网

——2024年9月10日在第十四届全国人民代表大会常务委员会第十一次会议上

财政部部长　蓝佛安

委员长、各位副委员长、秘书长、各位委员：

我受国务院委托，向全国人大常委会报告今年以来预算执行情况，请予审议。

一、预算执行基本情况

今年以来，面对复杂多变的国内外形势，在以习近平同志为核心的党中央坚强领导下，各地区各部门坚持以习近平新时代中国特色社会主义思想为指导，全面贯彻党的二十大和二十届二中、三中全会精神，按照中央经济工作会议部署，落实十四届全国人大二次会议关于2023年中央和地方预算执行情况与2024年中央和地方预算的决议，坚持稳中求进、以进促稳、先立后破，深化改革开放，加强宏观调控，有效应对风险挑战，在转方式、调结构、提质量、增效益上积极进取，经济延续回升向好态势，高质量发展扎实推进。财政运行总体平稳，国家重大战略任务和基本民生等重点领域支出得到较好保障。

图 2－35　报送文件报告截图

例文 2－29

关于报送 2024 年工作要点的报告

××市民政局：

现将《××县民政局 2024 年工作要点》随文上报，请审阅。

附件：2024 年工作要点

××县民政局

2024 年 12 月 30 日

这份报送报告，简单明了，使受众一目了然。

二、报告与其他文种的辨析

写作过程中混淆通报、请示、报告是一种常见的错误。

（一）通报与报告

通报是上级机关把有关的人和事告知下级机关的下行文。通报的运用范围很广，各级党政机关和单位都可以使用。它的作用是表扬好人好事，批评错误和歪风邪气，通报应引以为戒的恶性事故，传达重要情况以及需要各单位知道的事项。其目的是交流经验，吸取教训，教育干部、职工群众，推动工作进一步开展。

报告是呈阅性的上行文，主要作用是下级机关向上级机关汇报工作、反映情况、提出建议，属于陈述性公文。

（二）请示与报告

1. 内容侧重不同

请示要求一文一事，侧重于提出问题和请求指示、批准；报告既可一文一事，也可一文数事，侧重于汇报工作、陈述意见或者建议。

2. 行文目的不同

请示的目的是请求上级机关批准某项工作或者解决某个问题；报告的目的是让上级机关了解下情，掌握情况，便于及时指导。因此，请示不能随意使用，要分清楚所请示的事情是否超出自己的职权范围。

3. 行文时间不同

请示必须事前行文；报告可以在事后或者事情发展过程中行文，因为报告的事项是已经发生的或即将完成的工作。建议报告有一些特殊，但也是根据已经出现的情况提出建议意见。

4. 报送要求不同

请示一般只写一个主送机关，但受双重领导的单位报其上级机关的请示，应根据请示的内容注明主送机关和抄送机关，由主送机关负责答复请示事项；报告可以报送一个或多个上级机关。

5. 处理结果不同

请示属于“办件”，上级机关应及时予以批复；报告属于“阅件”，上级机关一般以批转的形式予以答复，但没有必要件件答复。

6. 写法不同

请示和报告在写法上也有明显的不同，标题、正文的撰写均不同。

我们在书写请示和报告的过程中，一定要加以区分，千万不能错用或混用。

三、报告的结构和写法

报告的结构与一般公文的结构相同，如表 2 - 11 所示。

表 2－11　报告的结构

要素		具体内容
标题		××有限公司关于××××的报告
主送机关		××××××：
正文	开头	××××××××××××××××××××××××××××。现将有关事项情况报告如下。
	主体	一、××××××× ××××××××××，××××××××××××××××××。××××××××××，××××××××××××××××××××××××××××。 二、××××××××× （一）××××××× ××××××××××，××××××××××××××××××。××××××××××，××××××××××××××××××。 1. ×××××× ×××××××××××，××××××××××××××××××。××××××××××，××××××××××××××××××。 （1）×××××××。×××××××××，×××××××××。 二、×××××××
	结尾	特此报告。
附件说明		附件：×××××××××（字体字号同正文，文尾无标点）
发文机关		××有限公司（加盖公章）（右空 4 个字）
成文日期		20××年××月××日（右空 4 个字）
附注		（此件公开发布）

注：以上内容仅供参考。

（一）标题

报告标题的结构：发文机关＋事由＋报告。可根据需要省略发文机关，但事由和文种不能省略。文种前一般写有"情况"二字，如"关于×××××××情况的报告"。报告的标题应该简要、概括地揭示出这一特点；也可写成"关于×××××意见的报告"。

我们在拟制标题时，要特别注意对事由的概括和提炼。

（二）主送机关

报告的主送机关即发文机关的直属上级机关。

（三）正文

报告正文由开头、主体和结尾组成。报告开头通常报告缘由，说明报告的目的和基本主体。报告主体具体陈述有关情况：主要工作情况、成绩和收获，存在问题和不足，今后的任务和打算，其中主要工作情况、今后的任务和打算是报告的重点。报告结尾可进行展望、预测，亦可省略。报告开头大多使用导语式、提问式语句阐明总概念或引起注意。主体可加二级标题或分条加序码。

报告通常会采用三段式，具体内容由报告的内涵决定。从内容上看，情况报告应有情况、说明、结论3个部分，其中情况不能省略；建议报告应有依据、说明、设想3个部分，其中设想不能省略。三段式不是一成不变的模式，它必然根据不同的内容表现为多种状态。掌握报告三段式的基本写法，对于优化报告内容结构、提高撰文效率，具有十分重要的意义。

1. 工作报告的写作要点

工作报告是报告中应用得最为广泛的一种，常用于提交大会进行讨论并作出决定，如各级政府向同级人民代表大会所作的《政府工作报告》。工作报告一般以时间界定选材范围，分为月报、季报、年报，是一种例行报告，内容是向上级机关汇报工作情况。综合工作报告主体内容安排如表2-12所示，完成上级交办任务后的反馈性工作报告主体内容安排如表2-13所示，主动开展工作后工作报告主体内容安排如表2-14所示。

表2-12　综合工作报告主体内容安排

开头	交代这段时间的工作基本情况、主要成绩和存在问题
主体	横向分成若干层次，分述各个方面工作的进展情况
结尾	根据实际情况，对某些问题、事件作总体说明和预测

表2-13　反馈性工作报告主体内容安排

开头	交代上级何时布置的工作，本单位接到任务后采取了哪些措施、有什么结果
主体	1. 办理的具体措施、过程和实际效果 2. 有何经验或尚未解决的问题
结尾	以惯用语“以上报告妥否，请指示”征询上级意见

表2-14　主动开展工作后工作报告主体内容安排

开头	交代开展这项工作的原因、背景和取得的成果
主体	1. 开展工作的具体做法及一些突出的事例，以展示工作成果 2. 说明如何巩固和扩大成果，在这方面有何问题、打算
结尾	以惯用语“以上报告妥否，请指示”征询上级意见

由于内容较为丰富，篇幅相对较长，工作报告在格式上一般采用分条列项式的写法。写作过程中，我们可以根据工作实际，或侧重于工作成绩，或详写失误和问题并对产生问题的原因做出分析；叙述情况时尽量使用数据和概括性的材料，做到言简意赅。

结语通常是文种惯用语“特此报告”等，有的工作报告也可以无结语。工作报告的结语中，不能带有明显的期复性词语，如“以上报告，请批复”“以上报告，请审批”等，因为报告中是不能夹带请示事项的。

2. 情况报告的写作要点

情况报告正文一般由报告缘由、报告事项、报告结语组成。报告缘由部分通常交代起因或基本情况，常以“现将有关情况报告如下”等承启用语承启下文。情况报告一般用于下级机关向上级机关报告正常工作运转中出现的一些新情况、新问题，特别是突发事件、特殊情况、意外事故、个别问题的处理情况。报告缘由部分要对情况进行简明扼要的概述，以使读者大致了解该份报告的主要内容和行文目的。

例文 2-30

国务院关于金融工作情况的报告
——2023年10月21日在第十四届全国人民代表大会常务委员会第六次会议上

中国人民银行行长　潘功胜

全国人民代表大会常务委员会：

根据全国人大常委会《关于加强经济工作监督的决定》，2022年10月，国务院首次向全国人大报告了金融工作情况。受国务院委托，现就2022年第四季度以来金融工作情况报告如下，请审议。

金融系统以习近平新时代中国特色社会主义思想为指导，深入贯彻落实党的二十大和二十届一中、二中全会精神，坚持和加强党对金融工作的全面领导，认真执行十四届全国人大一次会议审查通过的年度计划及相关决议，坚持稳中求进工作总基调，完整、准确、全面贯彻新发展理念，持续深化金融供给侧结构性改革，加快构建完善中国特色社会主义现代金融体系，稳步推进金融改革发展稳定各项工作，有力促进了我国经济持续恢复、总体回升向好，为服务中国式现代化建设提供了有力支撑。

一、金融工作主要进展及成效

金融系统坚决贯彻落实党中央、国务院决策部署，精准有力实施稳健的货币政策，进一步加大对实体经济的支持力度，加强和完善现代金融监管，有效防控金融风险，稳步推进金融改革，持续深化对外开放，切实改进金融服务，金融行业整体稳健，金融市场平稳运行，金融风险总体可控，金融工作取得新进展。

（一）货币政策执行情况（略）

（二）金融业运行和监管工作情况（略）

（三）金融支持实体经济情况（略）

（四）金融改革和对外开放情况（略）

（五）防范化解金融风险隐患情况（略）

（六）加强党对金融工作的全面领导（略）

二、下一步工作考虑

金融系统将以习近平新时代中国特色社会主义思想为指导，坚持稳字当头、稳中求进，针对经济形势的变化，精准有力实施宏观调控，切实加强金融监管，着力扩大内需、提振信心、防范风险，推动经济运行持续回升向好。

（一）继续实施稳健的货币政策（略）

（二）全面加强和完善金融监管（略）

（三）持续提高金融服务实体经济的能力（略）

（四）不断深化金融改革和对外开放（略）

（五）积极稳妥防范化解金融风险（略）

（六）着力维护金融市场稳健运行（略）

我们将更加紧密团结在以习近平同志为核心的党中央周围，深入学习贯彻党的二十大精神，深刻领悟“两个确立”的决定性意义，进一步增强“四个意识”、坚定“四个自信”、做到“两个维护”，不断提高政治判断力、政治领悟力、政治执行力，坚持党中央对金融工作的集中统一领导，坚决贯彻党中央、国务院决策部署，认真落实全国人大常委会审议意见，坚持以人民为中心的金融价值取向，坚持金融服务实体经济的根本要求，坚持把防控风险作为金融工作永恒主题，坚持市场化、法治化的改革开放方向，全面推进金融业高质量发展，更好服务经济社会高质量发展，为全面建成社会主义现代化强国、实现第二个百年奋斗目标、以中国式现代化全面推进中华民族伟大复兴贡献力量！

这是一篇情况报告。报告开头说明缘起，主体部分报告金融工作主要进展及成效、下一步工作考虑。全文语言简练，内容清晰。

报告事项部分是情况报告的核心部分，一般包括情、因、策：出现了什么情况（情），为什么会出现这种情况（因），怎样应对这种情况（策），也就是陈述情况→分析原因→提出对策（措施或建议）。报告事项的开头部分要将事件发生的时间、地点、直接或间接后果、处理过程、处理意见等内容交代清楚，使上级机关比较清楚地了解事件的全貌。下级机关要实事求是、客观准确地报告有关情况，不夸大事实、不隐瞒真相，有喜报喜、有忧报忧，分析有据，言之有理，详略得当，这是写好情况报告的关键。在情况报告中往往有一些需要上级机关帮助解决、批准同意的事项，原则上应专题行文请示，但特殊情况、紧急情况除外。

结语通常写“特此报告”“专此报告”等。如果因为特殊情况、紧急情况，报告中有一些需要上级机关帮助解决、批准同意的事项，可以写“以上报告，请审阅”“以上报告，请指正”等结语。

3. 建议报告的写作要点

建议报告的目的很明确，是向上级机关建言献策，为上级机关更好地作出决策、指导工作服务。其他报告只报上级知道，建议报告不仅请上级知道，还希望上级给予审核、批示和转发。

建议报告的正文由基本情况、问题、建议组成。开头部分概述基本情况，做出形势判断，简要说明存在的问题；或者采用在一段中同时概述情况和提出问题的写法。建议报告通常以“现提出以下意见”“现提出如下实施方案”转入建议部分。建议部分是核心内容，一般情况下分条列项地提出本单位的方案、建议、意见以及依据等。建议的内容要既有广泛性又有代表性，要对推动当前工作或解决某个问题起到重要作用。这些意见一经上级转发，就同时代表了上级机关的意见，具有更高的权威性，各有关单位必须照此执行。

建议报告的结语通常写“以上报告如无不妥，请批转有关单位执行（贯彻、办理、贯彻执行）”等。

4. 答复报告的写作要点

较之其他种类的报告，答复报告的内容更为集中、单一，篇幅更短。

首先，答复内容要有针对性，下级机关要紧紧围绕上级机关询问的问题，有针对性地逐一给予恰如其分的回答，切忌在报告中顾左右而言他，或在关系不大的问题上详陈细述、在实质问题上却避实就虚。其次，答复内容要有时效性。上级机关或领导之所以会来函询问某事项，大多是在处理事务或决策过程中遇到了不清不明之事，需要准确掌握或全面了解相关问题，以待在充分掌握情况的前提下排除存疑，作出决定，因此作为给上级机关提供答案的报告，答复报告应在规定的时限内尽快完成并上报。

5. 报送报告的写作要点

报送报告按正式公文的格式撰写，正文通常很简略，如“现送上我区《2022年经济工作计划》，请审阅”。

《法规规章备案审查条例》自2024年11月1日起施行。其第四条规定：“法规、规章公布后，应当自公布之日起30日内，依照下列规定报送备案：（一）地方性法规、自治州和自治县的自治条例和单行条例由省、自治区、直辖市的人民代表大会常务委员会报国务院备案；（二）部门规章由国务院部门报国务院备案，两个或者两个以上部门联合制定的规章，由主办的部门报国务院备案；（三）省、自治区、直辖市人民政府规章由省、自治区、直辖市人民政府报国务院备案；（四）设区的市、自治州的人民政府规章由设区的市、自治州的人民政府报国务院备案，同时报省、自治区人民政府备案；（五）经济特区法规由经济特区所在地的省、市的人民代表大会常务委员会报国务院备案，浦东新区法规由上海市人民代表大会常务委员会报国务院备案，海南自由贸易港法规由海南省人民代表大会常务委员会报国务院备案。”第八条规定：“依照本条例报送国务院备案的法规、规章，径送国务院备案审查工作机构。报送法规备案，按照全国人民代表大会常务委员会关于法规备案的有关规定执行。报送规章备案，应当提交备案报告、规章文本和说明，并按照规定的格式装订成册，一式三份。报送法规、规章备案，应当同时报送法规、规章的电子文本。”

这一结构模式从版头、文号、标题、主送机关到正文写法等各个方面，都有详细、具体的安排标准，各地方、各单位内部的法规性文件备案报告也可以按照这个模式执行。

报送报告用“特此报告”“专此报告”“请审阅”，或用“以上报告如有不妥，请指示（呈转性报告）”等结语，不能省略。

四、报告的写作要求

（一）主题明确，观点鲜明

一般情况下，报告应沿着为什么要写报告、写什么内容的思路书写。作者要在充分准备材料以后，根据主题需要、观点与材料相统一的原则，精心构思，编排布局，然后组织撰写。下级机关向上级机关报告工作、反映情况，要在研究的基础上，提出鲜明的观点，汇报实事求是、有说服力的材料。

（二）重点突出，文字简练

报告全篇要突出重点，每一部分都要围绕中心主旨突出重点。全篇的重点就是向上级机关报告的主要内容。突出重点时也要兼顾一般，既要有点，又要有面。文字表述上要力求简练，不讲空话、套话。报告一般不超过3 000字，超过3 000字需要附内容摘要。我们在书写时还要注意上行文的语言分寸感。

（三）不要夹带请示事项

在公文处理中，报告属于“阅件”，受文机关对报告没有答复的责任，如果把请示事项夹杂在报告里，容易耽误工作。所以，需要答复的请示事项不能夹带在报告中，应另用请示行文。

（四）注重时效，情况真实

注重时效是指向上级机关汇报工作、反映情况、提出建议时必须及时、迅速，不能拖沓。报告承担着向上级机关反映信息及反馈决策的作用。上级机关通过报告及时掌握各方面的动态及变化，掌握决策运行情况。因此，从某种程度上说，报告是做出决策的基础条件之一。汇报工作、反映情况、提出建议如果不注重时效性，就有可能影响决策的及时性和科学性。要使报告充分起到决策与执行之间的桥梁作用，除了注重时效，还必须原原本本地反映实际情况。真实是报告之本。

拓展阅读

谏逐客书

单元小结

本单元所讲述的意见、报告是党政公文中常用的文种。学习意见、报告的概念、特点和类型以及文种的区别可以帮助我们更好地理解意见、报告的本质，以防在今后的实际工作中用错文种，耽误工作。要想写好意见和报告，我们还需要提高发现问题、分析问题、解决问题的能力，需要打开思路，不断创新、探索。这两个文种也是申论考试中常见的写作文种。

实践操作

写作题

1. 给出的材料解释了造成问题的原因，请根据原因提出建议。要求：问题全面明确，对策具体可行。

公园内的广场舞噪声扰民，原因不外乎两个：其一，公园的规划设计先天不足，未能形成良好的隔音效果；其二，公园管理不到位，致使公园广场舞音乐变成了噪声扰民。不管是何种原因，公园管理方都应该恪守职责边界，规避噪声扰民。

2. 针对给定的资料所反映的“大学学风浮躁”问题，请你以某高校学术主管部门负责人的身份，就如何治理该问题提出对策建议，供学校学术委员会讨论研究。要求：问题全面明确，对策具体可行。

有专家学者认为，近年来出现学位论文抄袭事件，是因为平时导师对学生的指导很少，在审阅学生的论文时，导师放宽要求，甚至有的导师根本就没认真审阅。某大学副校长朱教授在接受采访时也指出，导师不仅要在知识传授和方法训练上指导学生，承担传道、授业、解惑的责任，而且应加强对学生的道德引导，帮助学生提高诚信素质和学术品德。

3. 根据下述内容，拟写给××县人民政府一份情况报告。要求：格式规范，逻辑清晰，语言规范。

××镇发生了一起森林火灾，烧光了 20 余亩松树林，那些树木都已成材，至少值 10 万元。2019 年 8 月 11 日，护林员王××在值班时睡懒觉，火都燃起来了才慌忙喊人，但他救火积极，所以单位只给了他警告处分，并扣半年奖金。据调查，此次失火事件是村民李××祭祀烧纸引起的，他救火也很积极，还受了伤。刘乡长收到护林队的及时报告后，马上组织干部和群众到现场拼命救火。乡政府决定让李××赔款 5 000 元，另在 5 年中栽 3 000 棵树。后来该乡还开了护林工作会，加强护林防火措施。

4. 请根据下述材料，以江西省政府的名义，就做好有序引导农民工群体就近就地就业创业工作拟一份指导意见。要求：格式正确，内容完整，措施有效，语言规范。

近年来，江西陆续出台政策措施促进农民工就近就地就业，2023 年出台了《关于优化调整稳就业政策全力促发展惠民生的若干措施》，提出 16 条政策措施，深入实施就业优先战略，建立常态化援企稳岗帮扶机制，多措并举稳定和扩大就业岗位，全力促发展惠民生。《人力资源社会保障部等 9 部门关于开展县域农民工市民化质量提升行动的通知》《江西省关于实施重点群体创业推进行动的工作方案》《江西省人力资源和社会保障厅 江西省乡村振兴局关于做好 2023 年脱贫人口就业帮扶工作的通知》等政策文件陆续出台，进一步完善农民工就业创业政策体系，细化工作举措，加强农民工服务，在政策上大力支持农民工就业创业。

江西各地人社部门通过开展“春风行动”等各类公共就业服务活动，促进农民工等重点群体就地就近就业。

2024 年，江西省春风行动以努力实现人找岗位便捷、岗位找人精准为目标，结合“5＋2 就业之家”线上平台和线下网点精准送岗服务，营造“春风行动就在身边，就业之家服务万家”的火热氛围。线上充分利用“5＋2 就业之家”公共招聘平台，动员有招聘需求的用人单位参与“直播带岗”“云招聘”“云上探厂”；有求职需求的群体通过平台直观查询全省各地的招聘岗位和家门口附近的岗位。线下充分发挥“5+2 就业之家”的网点功能布局优势，因地制宜开展招聘活动、用工送岗服务。

其中，县、街道（乡镇）、社区（村）就业之家侧重提供“家门口”就业服务，灵活运用送岗上门、送工入企等方式开展“点对点”用工服务，实现周周有招聘、送岗到身边。

单元五

函

学习目标

知识目标

1. 掌握函的概念、结构、适用范围和写作要求
2. 理解不相隶属机关与有关主管部门的概念，了解请批函和请示的区别

能力目标

1. 能够根据工作需要拟写规范的函
2. 能够准确把握平行文的语言使用技巧

素养目标

1. 提高语言表达能力，语言表述简明、扼要，逻辑性强，有分寸，懂礼仪
2. 强化组织纪律性，培养团队协作精神，提高运用公文进行工作沟通的能力

单元导入

早先，函是封套的意思，古人把一封信或一套书都叫作一函，是因为古时候信和书都要装进盒子里。按照《党政机关公文处理工作条例》的规定，作为法定公文的函具有特定的含义。

专题一　函的概念及特点

虽然函是人们熟悉的公文，但是人们对函的认识却可能不够准确。日常管理工作中可能会出现这样的问题：忽视作为行政公文的公函；分不清楚行政公文的公函和日常生活的私函；不能掌握请批函和请示的区别。这就需要我们认真学习函的相关知识。

一、函的概念

《党政机关公文处理工作条例》第八条规定，函“适用于不相隶属机关之间商洽工作、询问和答复问题、请求批准和答复审批事项”。

由此概念可知，在公务活动中，不相隶属机关之间商洽工作、询问和答复问题用函；向有关主管部门请求批准事项，以及有关主管部门答复审批事项，也用函。这里着重陈述两个概念：

第一，不相隶属机关。不相隶属机关是指在行政组织系统上没有领导与被领导关系、在业务系统上没有管辖与被管辖关系的机关，公文级别对等，不存在逐级或越级行文。例如，沈阳市教育局的上级机关是沈阳市人民政府，业务主管机关是辽宁省教育厅，沈阳市教育局与沈阳市人民政府、辽宁省教育厅都具有隶属关系，而沈阳市教育局与除这两个机关外的其他机关，如沈阳市统计局、沈阳市民政局等，均为不相隶属机关。

第二，有关主管部门。有关主管部门是指处理有关事项的职能部门，如负责主管统计、规划、财政、卫生、税务、劳动、人事、外事、进出口贸易等各方面工作的部门。不论主管部门级别高低，其审批意见都具有法律效力。特别需要指出的是，这里的有关主管部门，不是上面所说的业务主管机关。

在实际工作中，有机关误将请示呈送有关主管部门，其实，按照《党政机关公文处理工作条例》中对公文用途的界定，向有关主管部门（不相隶属机关）请批事项时只能用函，向上级机关、业务主管机关请批事项时才能用请示；而有关主管部门答复请批事项只能用函，不可用批复，上级机关、业务主管机关答复请批事项才能用批复。例如，某市文化广电和旅游局向市财政局申请拨款，只能用函，而不能用请示；市财政局答复市文化广电和旅游局也只能用函，而不能用批复。这里的市文化广电和旅游局与市财政局是不相隶属机关，不是上下级机关，它们共同的上级机关是该市人民政府。

由此可知，在行政、业务上具有管辖意义的领导机关，才是本机关的上级机关。因此，本机关有事项需要请批时，首先应该搞清楚发文机关和主送机关的关系，然后确认所采用的文种。这说明，函是以不相隶属机关为主送单位的平行公文，也是15种法定公文中唯一的平行文种。没有与函相对应的文种。

二、函的特点

（一）使用的广泛性

在公务活动中，各机关广泛地使用函来沟通信息、商洽事项、联络公务。函是不相隶属机关间沟通的媒介。

（二）性质的多属性

函的行文关系灵活，基本不受行文方向的限制。有的函具有请示性质，可以请批事项；有的函具有批复性质，可以答复事项；有的函具有通知、通报性质，可以告知事项、传达情况等。这说明，函是具有多属性的公文。

（三）写法的灵活性

（1）篇幅短小，内容单一。函的内容一般只适用于写一件事项，除了国家高级机关的公函必须按照公文的格式、写作要求行文，其他一般的函，既可以按照公文的格式及写作要求行文，也可以灵活写作。

（2）口气多变，用语多样。一般情况下，请批函谦恭，批答函庄重，商洽函亲切等。

专题二　函的写作

一、函的类型和结构

（一）函的类型

函分为商洽函，问答函，请批、批答函。其中，商洽函适用于不相隶属机关之间商洽工作。问答函可分为询问函、答复函。本机关为询问事项的主动发函称为询问函；答复受文机关问题的被动发函称为答复函。

（二）函的结构

函的结构如表 2－15 所示。

表 2－15　函的结构

要素		文种				
		商洽函	问答函		请批、批答函	
			询问函	答复函	请批函	批答函
标题		发文机关＋表态用语＋事由＋文种/发文机关＋事由＋文种/事由＋文种				
主送机关		一个不相隶属机关				
正文	发文缘由	发函意义、背景、根据	发函意义、背景、根据	你单位＋来函标题＋发文字号＋收悉	发函意义、背景、根据	你单位＋来函标题＋发文字号＋收悉
	承启用语	现将有关事项说明（函复/答复）如下：				
	事项	商洽的事项	询问的事项	针对询问的答复	请求的事项	针对请求的答复
	结尾	恳请协助 望协助办理 请函告 盼复 特此函商	请速回复 盼复 请予复函 即请函复	此复 特此专复 特此函复 专此函告	请审查批准 当否，请审批	此复 特此专复 特此函复 专此函告
发文机关		制发机关单位名称（机关全称、规范化简称或者同类型机关统称）				
成文日期		年　月　日（阿拉伯数字）				

注：以上内容仅供参考。

二、函的写作要求

就主要作用来说，函属商洽性公文，这个特殊功能决定了函在写作上的定位。

（一）用语平和，措辞得体

函是平行文，很讲究用语，要既庄重又礼貌。写作者既不必谦卑恭顺，又不能盛气凌人。用语平和，可使人感到被平等对待；措辞得体，可使人感到作者的诚恳。

（二）直陈事项，言简意赅

公函不同于便函，作为正式公文来说，一函一事，函最忌拉杂烦冗、客套铺排。最好的写作办法就是开门见山，有什么事说什么事，以便突出主旨，便于对方快速办理与答复。

（三）准确选择文种

在公文使用中，请批函和请示都可用于请批，批答函和批复都可用于批答请求，因此常见以请示代替请批函或以批复代替批答函的情况。

造成问题的原因在于作者判断行文关系不准确：函与请示都有向有关单位请批有关事项的功能。但请示是下级向上级行文，属于上行文；函则是用于不相隶属机关之间，属于平行文。请示的受文单位和制发单位之间的关系是领导与被领导的关系，函的受文单位与制发单位是不相隶属的关系。

请示是有隶属关系的下级机关向上级机关行文，请批函是向没有隶属关系的主管部门行文；批复是有隶属关系的上级机关对下级机关行文，批答函是主管部门向没有隶属关系的机关行文。

例文 2-31

××研究所关于建立全面协作关系的函

××大学：

近年来，我所与你校在一些科学研究项目上互相支持，取得了一定的成绩，建立了良好的协作基础。为了巩固成果，使我们双方今后能进一步在学术思想、科学研究、人员培训、仪器设备等方面建立全面的交流协作关系，特提出如下意见：

一、定期举行所、校之间学术讨论与学术交流。（略）

二、根据所、校各自的科研发展方向和特点，在双方共同感兴趣的课题上进行协作。（略）

三、根据所、校各自人员配备情况，校方在可能的条件下对所方研究生、科研人员的培训予以帮助。（略）

四、双方科研教学所需要的高、精、尖仪器设备，在可能的条件下，相互提供利用。（略）

五、加强图书资料和情报的交流。（略）

以上各项，如蒙同意，建议互派科研主管人员就有关内容进行进一步磋商，达成协议，以利工作。

特此函达，恳请函复为盼。

××研究所
20××年××月××日

这是一篇商洽函。文中××研究所和××大学是不相隶属的关系，故选用函来协商双方建立全面协作关系的有关事宜。全文思路清晰，环环相扣，逻辑性强，“恳请函复为盼”是具有谦敬意味的词句，体现了商洽函的特征。

例文 2－32

关于对云和县人民检察院检察建议书的复函

云和县人民检察院：

贵院云检行公建〔2022〕3 号检察建议书我局已收悉。首先感谢贵院对我局工作的关心与支持，对于贵院提出的检察建议，我局十分重视，立即组织人员开展学校周边流动摊贩专项整治，查处室外公共场所无照经营等违法行为，现复函如下：

一、扎实开展校园周边流动摊贩专项整治

一是落实整改。着重对云和县盼盼幼儿园总园、城西园区和第三中学学校周边流动摊贩进行整治，整治期间依法查处室外公共场所无照经营行为 10 起，劝导教育流动摊贩 40 余起。针对反馈的问题逐一落实整改，依法查处学校门口“寿司”“手工冰粉”“包子”“糖葫芦”等流动摊贩；规范“土家酱香饼”“炸香肠”“臭豆腐”等流动摊贩经营，引导至便民疏导点。二是举一反三。第一时间全域排查整治其他学校周边流动摊贩，进一步净化校园周边食品安全环境。此次行动，在云和县满天星幼儿园、启明星幼儿园等校园周边依法查处室外公共场所无照经营行为 6 起，劝导教育流动摊贩 20 余起。

二、长效管理校园周边食品流动摊贩

一是实行网格化管理。根据摸排调查，实行“定人、定岗、定责”制度，通过划片，确保校园周边食品流动摊贩管理责任到人，增派上下学时段管控人员，避免出现管理真空地带，筑牢校园周边 100 米防线。二是坚持常态化管理。下一步，我局将继续明确专人长期参与整治，坚持在重点区域、重点时段加强执法力度，形成常态化管理，全力抓好学校周边流动摊贩食品安全工作。

三、创新机制确保校园周边食品安全

一是加强部门联合监管。协助市场监管部门对辖区内所有学校及周边小卖部进行地毯式排查，强化信息共享、联动执法模式，全面肃清“无证无照”、“三无”食品等安全隐患，提升校园食品安全监管水平，为净化校园周边食品消费环境提供强有力保障。二是注重宣传教育。下一步，协同教育、市场监管等部门联合宣传，提升学生对不安全食品的鉴别能力，增强自我保护意识，自觉不购买学校周边流动摊贩食品，倒逼食品流动摊贩主动退出校园周边经营，切实保障中小学生食品安全。

在此，感谢贵院在建议书中提出的良好建议。今后，我局将强化举措，加强查处校园周边食品流动摊贩，及时发现和消除食品安全隐患，守护广大师生“舌尖上的安全”。

云和县综合行政执法局

2022年5月12日

这是一份复函。复函是用来答复来文提出的问题的。例文开头引用对方来文发文字号，继而用“现复函如下”一语过渡到主体部分，说明本单位对于来文中提到的问题进行了解答。最后对来文方表达了感谢和本单位的态度。例文行文规范，针对性强，表述严谨，用语符合平行文的要求。

拓展阅读

“函”的溯源

单元小结

本单元所讲的函，是15种党政机关公文中使用频率较高的公文之一，是唯一的平行文种。函在当代公务活动中起着越来越重要的商洽、交流作用，具有简短便捷的特点。我们要掌握好函的概念、特点、写作要求及结构，以便今后可以从事文秘工作或企事业团体的行政助理工作，为不同单位之间顺畅沟通与交流贡献力量。

实践操作

写作题

1. ××县××局有三个科室的办公室用房属于危房，亟待维修，但原预算中没有这项开支，现向县财政局请求专项拨款。请代拟一份请求专项拨款的文稿。

2. 简析此函并进行修改，使之符合规范。另代该校拟写一份答复。

××大学：

首先让我们以全区人民的名义，对贵校表示万分的感谢。过去几年贵校为我区代培了大批干部，为提高我区干部素质，作出了巨大的贡献。

我们是新建区，干部不仅素质方面离党的要求很远，数量上也严重不足。要把我区的改革开放各项工作搞上去，使人民尽快脱贫致富，建设好干部队伍是一个关键。为此，我们决定再请贵校在近两年内为我区代培金融干部20名、人事组织干部10名、文旅业干部15名、林业技术干部10名，共55名。不知贵校能否答应我们的要求？如果没有太大的困难，就答应我们的请求吧；如果有困难请不要客气，尽管提出来，由我区来解决。我区人民会永远铭记贵校为我区的发展作出了如此巨大的，谢谢。

致以崇高的敬礼

××区人民政府

2024.8

3. 请替××银行人力资源部给××职业技术学院管理系发一封函，就代培3名计算机维护人员有关事宜进行协商。

4. ××超市总公司为了扩大连锁超市的经营规模，满足顾客的购买需求，准备租借××商厦目前闲置的地下两层商场楼面，开设××超市××商厦太原街店。请你以××超市总公司的名义给××商厦发一份格式规范的公文。

5. ××大学物理系为了使三年级学生了解现代物理发展现状，特去信与所在省的物理研究所联系，希望安排学生前去参观，并请该所著名研究员×××介绍情况。该省物理研究所见信后，经研究同意××大学物理系的请求，特邀请××大学物理系来人面商参观事宜。请选择恰当的文种撰写相关内容。

模块三　认识大学生通用文书

单元一

求职信和简历

学习目标

知识目标

1. 了解求职信的概念、特点、结构和写作要求
2. 掌握简历的概念、构成要素、写作要求

能力目标

1. 能够根据自己的情况撰写一份格式规范、态度诚恳、语言得体的求职信
2. 能够根据自己的情况撰写一份语言简练、表述清晰的简历

素养目标

1. 培养诚实守信的良好品德，客观认识自己，实事求是地准备求职材料
2. 树立远大理想，培养终身学习的意识，不断探索新事物

单元导入

求职类文书是毕业生求职以及在职人员转换工作时所使用的一类应用文，包括求职信、简历和推荐信等书面求职材料，是求职者用真实、准确的事实向招聘者说明自己的求职意向、经历、相关技能以及成果等内容的文书。

求职信是求职者向用人单位介绍自己的实际才能、表达自己就业愿望的一种书信。多数用人单位通过求职材料对众多求职者进行大致了解后，再通知面试或面谈人选。因此，求职信的好坏将直接关系求职者能否进入下一轮的角逐。

简历是求职过程中最常用也是最重要的材料之一。简历是求职者将自己与所申请职位密切相关的个人信息，经过分析整理，清晰简要地体现出来的文件；是招聘者在阅读求职者的求职申请后，对其产生兴趣，进一步决定是否给予面试机会的极为重要的依据。

我们了解求职类文书的相关内容，可以查找不足，提高自己各方面的能力，让自己的求职信、简历有内容可写，督促自己为今后的求职做好全面的准备。

专题一　求职信

求职信又称自荐书，是求职者向有关用人单位或有关领导介绍自己的主观愿望与实际才能，表明自己具有何种专长、能胜任哪项工作，以便使对方接受自己的公关文书。一份出色的求职信往往能帮你得到面试的机会。

求职信一般不单独使用，需要附上简历、毕业证书、职业资格证书等相关佐证材料。求职信一般以纸质版或电子邮件的形式发送给用人单位，是求职的“敲门砖”。

例文 3-1

求职信

尊敬的××公司人力资源部部长：

您好！

我是××学院20××届财务管理专业毕业生张××，我应聘的是贵公司的××岗位。下面我从三个方面阐述自己的条件：

(1) 专业能力：我毕业于财经类院校的财务管理专业，80%的课程和会计学专业相似。在校期间，我通过中国注册会计师考试，取得了×××证书和×××资格证。

(2) 实习经历：2023年10月—2024年5月，我先后在××北京分所财务部，××证券研究部、创新部实习，这三段不同性质的实习既分别锻炼了我的财务实务能力、文字撰写能力和人际沟通交往能力，也培养了我无论在什么样性质的单位、什么样团队做什么样的工作，都能够很好地与同事相处、快速学习并尽快适应角色和承担责任。

(3) 兴趣爱好：我的兴趣爱好是运动。实习过程中压力非常大，我每周都会去健身房健身3个小时。坚持参加马拉松比赛，是我觉得对自己的意志品质最好的考验！这两个爱好对我应对会计工作的压力和提高身体素质都有着非常大的帮助。

我非常希望加入贵公司，成为贵公司的一员。希望贵公司给予我面试机会！

此致

敬礼

求职人：张××

20××年6月8日

附件：毕业证、×××证书和×××资格证等复印件各一份

联系地址：××省××市朝阳区朝阳路8号××学院（邮编：××××××）

联系方式：××××××××　　邮箱：××××@××.××

这是一个大学应届毕业生的求职信。求职信开头直接介绍毕业院校和专业、应聘的岗位；然后从专业能力、实习经历、兴趣爱好三个方面进行介绍。介绍自己喜爱健身、坚持

参加马拉松比赛，可以间接地说明自己有坚韧不拔的意志品质，好的身体也是胜任工作的条件。最后用恳切的语言表达希望获取面试机会。附件为求职信提供了佐证。格式规范，思路清晰，态度谦恭得体。

一、求职信概述

（一）求职信的概念

求职信是求职者根据自身条件和求职意向，向用人单位推荐自己担任某项工作或胜任某个岗位，请求对方聘请的一种专用信函。针对用人单位发布的招聘信息写的求职信，也叫应聘书。求职信篇幅短小、用途专一。

（二）求职信的特点

1. 自荐性

求职信具有自荐性，它是求职者向用人单位表达求职意愿，展示自己的能力，让用人单位了解自己能否胜任岗位工作任务，或是否具有培养的潜能、是否符合本单位的理念，以期引起用人单位的注意，以便顺利安排面试求得相应的职位的专用书信。

2. 针对性

求职信是求职者介绍自己与应聘职位的高度匹配性，或具备单位所需的条件、潜质，以引起用人单位的注意，获得面试机会的媒介。在求职信的写作过程中，求职者要针对具体岗位或用人单位实际，充分认识、展示自身条件。

3. 真实性

求职信必须真实，不能弄虚作假。求职者客观、准确展示自己的工作能力、综合素养即可。所有信息要真实可考，个人履历清晰可查，业绩成果真实可信，相关资料不能无中生有、夸张。

（三）求职信与推荐信的区别

求职信由个人完成，以第一人称书写，具有明显的自荐性。

推荐信是第三方向用人单位推荐相关人员的专用书信，以第三人称书写。推荐信中包含第三方的推荐意见，具有推荐和证明求职者身份的双重作用。应届毕业生的推荐信一般由所在学校相关部门统一印制，表格形式居多，毕业生如实填写个人信息、自我鉴定后由所在学校相关部门加盖印章。

二、求职信的结构及写作

求职信属于专用书信，一般由标题、称谓、正文、落款和附件等部分组成。

（一）标题

求职信需要写标题。标题在第一行居中位置，粗体、黑体、字号略大。标题有两种写法，一种是直接写上“求职信”三个字；另一种是“姓名＋应聘岗位（职位）＋文种”，如“王××应聘主任助理的求职信”。以电子邮件形式发送的邮件，要在主题中注明标题。对于一次招聘好几个职位的用人单位，求职者在标题中要写好应聘的职位，这有助于用人单位分门别类管理求职信，增加自己的胜出概率。

（二）称谓

称谓顶格书写，后面加冒号。具体内容根据具体情况灵活处理，一般写用人单位或负责招聘部门的全称，如“××公司：”“××公司人力资源部：”。如果用人单位在招聘简章上写明了联系人，就用敬语＋指定联系人的姓名和职务的方式写，如“尊敬的人力资源部部长”。

（三）正文

正文是求职信的核心内容，包括开头、主体和结尾三个部分。主体部分要写明获取求职信息的渠道，个人信息和条件、求职意愿等。

1. 开头

求职信开头由问候语和写作意图组成，篇幅不要太长。求职信的问候语可用“您好”一带而过，然后向对方表示感谢，接着开门见山地说明自己获得招聘信息的渠道，简要介绍清楚个人基本信息，如年龄、教育背景及职业技能等，给用人单位留下初步的印象。

2. 主体

主体部分是求职信的核心部分。首先，求职者要针对用人单位情况或招聘信息明确写出所应聘的具体岗位或职位，围绕求职目标写明求职原因和自身条件。求职者在求职原因部分要把自己的求职动机说清楚，尽可能表现出对目标岗位的熟悉程度和钟爱程度，表明自己渴望为用人单位效力的意愿和决心。求职者在自身条件部分要围绕具体岗位有针对性地推销自己，清晰说明自己与所求工作（岗位）相符合的专业知识和技能、特长和性格，突出自己的主要成绩和优势，表现出自己胜任该工作的信心。具体包括：一是专业背景。为增强求职的针对性，求职者需要着重介绍自己的专业背景、知识结构、学习成绩等。二是专业技能。这部分要突出介绍自己所具备的业务技能。对于大学生而言，主要是突出自己参与社会实践等方面的经历和成绩。三是综合能力。除了专业素养，大学生既可以介绍自己在校期间参与了哪些课外活动、取得了哪些成绩，用获奖情况作为支撑，旨在说明自己的执行力和协调能力；也可以介绍自己的兴趣爱好，简洁地介绍自己的品质素养。其次，求职者可以简明地谈谈自己对用人单位的了解、认识和评价，给对方以恰如其分的赞扬，或者表明自己的工作态度、就职以后的打算等。

3. 结尾

结尾由结语和祝颂语组成。

（1）结语。求职者往往在结语中表达用人单位能够给予面试的机会或接纳自己的希望。求职者在结语部分要把自己希望得到工作的迫切心情，以及被录用后的态度和决心表达出来，并请用人单位尽快答复是否给予面试的机会。

求职者书写结语时要注意措辞和语气。求职是双向选择，态度要不卑不亢。例如，

“若贵公司对我的求职应征能予以考虑，本人可作出保证，将尽力为贵公司效劳，敬请信任”“恭候您的回信”等都是非常好的结语。

（2）祝颂语。祝颂语是书面求职材料的一个重要组成部分。求职信中既可以使用“此致敬礼”“敬祝安康”之类的通用祝颂语，也可以用其他祝颂语来代替，如“祝贵公司财源广进”“祝贵单位事业蒸蒸日上”“祝贵公司兴旺发达”等。

（四）落款

落款一般包含求职者的姓名和求职信书写日期，是信件的重要组成部分，不可缺少。书面求职材料的落款，最好亲笔签名。求职者要在落款后面注明自己的详细通信地址、联系方式，以便用人单位以后联系。

（五）附件

求职信一般都有附件材料，是求职信中关于个人信息部分的佐证材料，比如简历、学习成绩单、获奖证书、技能证书的扫描件等。如果有附件，求职者应该在求职信的结尾说明附件中材料的性质以及数量，以便对方查阅或下载。例如：“随信附上简历和其他材料一份，如需更深了解，期盼您的回复!”“随信附有我的简历、有关证明材料及联系电话，盼望在您便利的时候得到与您面谈的机会。”

如果是纸质版求职材料，附件需要装订在求职信之后。如果是电子版求职材料，求职者要注意附件的命名方式，以便对方查阅，同时按照招聘信息中的要求发送邮件；如果招聘信息中没有要求，建议不要把所有材料放在一个文件夹里面以压缩文件的方式发给对方，最好把所有附件材料合并成一个文件发送，因为如果附件需要逐个下载，对方就可能放弃阅读。

三、求职信的写作要求

（一）态度诚恳

我们在写求职信时态度一定要诚恳，恭敬有礼，表明自己可以胜任的信心，既不能妄自尊大，也不能畏首畏尾。

（二）针对性强

求职信一定要有针对性。求职者可以通过了解行业的发展情况和前景、企业的架构和企业文化，了解从业人员必备技能和素养，紧紧围绕岗位需要的职业技能和岗位职责陈述自己的优势，切忌同时应聘多个岗位。

（三）语言简洁

求职信不必写得太长，突出优势即可。求职信的语言要准确、简洁，注重礼节，行文格式规范、美观。

例文 3-2

求职信

尊敬的××公司人力资源部经理：

您好！

我从《××报》获悉贵公司正在招聘秘书岗位的人才，贵公司在业界享有良好的知名度和美誉，这给我提供了一个极好的施展才华的机会。现将我的简要情况介绍如下：

我今年 21 岁，广州人，现在××职业技术学院文法系公关文秘专业学习，今年 7 月份即将毕业。在校期间，我的各门学科成绩均在 85 分以上，毕业论文被评为优秀，在《××××》等杂志上发表文学作品多篇（具体目录请参见附件）；担任系学生会文艺部秘书长，这锻炼了我的组织和社交活动能力。我在××局办公室实习期间颇得前辈好评，深受经理器重（附××局办公室主任推荐信一封）。

作为应届毕业生，虽然我积累了一定的公关文秘工作的实际经验，但坦率地说，我觉得还远远不够。不过，我热爱这项工作，深知这项工作的重要意义，三年的学习也为我打下了扎实的专业基础，我有信心胜任贵公司的公关文秘工作。

良禽择木而栖，士为知己而搏。如能被录用，我将竭尽全力做好工作。愿我有与您面谈的机会！

此致

敬礼

求职者：张×

20××年 5 月 8 日

附件：学历证、获奖证书、推荐信、在杂志上发表的文学作品目录等复印件各一份

联系地址：××省××市××区××路 88 号××经济职业技术学院（邮编：××0022）

联系方式：×××××××××　　邮箱：××××@××.××

这是一个大学生根据用人单位发布的招聘启事，有针对性地撰写的一封求职信。例文第一段交代了招聘信息的获取渠道和对招聘单位的评价；第二段介绍了自己的学习、实践经历以及第三方对自己的评价；第三段客观评价自己，表达自己对工作的态度；第四段用恳切的语言表达希望获取面试机会。附件为求职信提供了佐证。格式要素齐全规范，内容思路清晰，态度谦恭得体。

专题二　简历

简历是招聘者在阅读求职者求职信后对其产生兴趣，进一步决定是否给予面试机会的重要依据。求职者要用真实准确的事实向招聘者展示自己的教育背景、经历经验、知识技能、相关成果等信息。需要注意的是，求职者用电子邮件给用人单位发送简历时，不能只发送一个附件，要在邮件中写一封简短的求职信。

例文 3-3

	个人简历
初　萌	求职意向：产品经理助理—精准广告方向 电话：×××××××× 邮箱：××××@××.×× 照片
教育背景	20××.8—20××.7　××××电子科技大学　工商管理　管理学　学士
实习经历	20××.10—现在　　学习委员 负责传达信息，收发作业，准备各科复习资料； 协助老师组织四、六级英语考试、计算机等级考试报名（240 人次），组织 4 次班级活动（元旦晚会、经验交流会、篮球赛、排球赛），增强了班级凝聚力。 20××.7—20××.8　××世界园艺博览会　志愿者　组长 管理和领导 14 人的团队，负责 4 号检票口 10 台闸机口的人群疏导和检票工作，为期 16 天，每天工作时间为 6 个小时（8:00—14:00）； 从大量的重复工作中总结经验，掌握了高效率的验票方法，缩短了游客的入园时间，提高了游客的游园体验，零投诉。 20××.5—20××.6　关于大学生 KTV 消费的市场研究调查与分析　成员 设计、发放、回收调查问卷 198 份，回收率达 99%。用 SPSS 统计、分析问卷数据，据此撰写调查报告、制作 PPT；现场答辩，获得老师的肯定。 20××.9—20××.1　中国移动××分公司　校园代理 成功向新生销售 10 张电话卡，销售额达 1 000 元；采取扫楼方式，先后推销 10 余种话费优惠业务，销售额达 1.1 万元；负责话费优惠业务的售后服务，努力提高服务质量和信誉度。
获奖情况	20××—20××　一等奖学金、“优秀学生”荣誉称号 20××—20××　一等奖学金、“优秀学生”荣誉称号 20××—20××　二等奖学金、“新生部优秀学生”荣誉称号
个人技能	外语：通过 CET-6（549），能够流利地进行日常对话；了解初级法语（自学），可以进行简单对话。 计算机：通过计算机三级考试（网络技术），能进行数据分析，制作海报、报表、简易动画。
其　他	如果录用，可随时上岗

这是一份大学生的求职简历，属于分条列项式。陈述内容全面，条理清晰，文字简练，重点突出，符合简历写作的要求。特别是作者对于自己实习实践经历的描述，细化至实习的时间段、实习单位、岗位、具体工作和工作成效，使用短句、数据，很有说服力。

一、简历概述

（一）简历的概念

简历是求职者将自己与所申请职位紧密相关的个人信息，经过分析整理并清晰简要地表述出来的书面求职材料，一般以表格形式呈现。作为求职信的佐证材料，简历要实事求是地书写，如果所列内容失真，将严重影响求职过程和就职后的发展。

（二）简历与求职信的联系

求职信起到引起注意的先导作用，是求职过程中的“敲门砖”。求职信采用第一人称叙述的书信体表现形式，主观色彩较浓，蕴含较强的礼仪功能。

简历对求职信起到注释功能，是求职信的佐证材料之一。简历一般采用分条列项式的表现形式，求职者一般使用无主语句说明自己的信息，客观色彩强。

二、简历的构成要素

简历的构成要素一般包括个人基本信息、求职意向、教育背景、获奖情况、工作经历/实践经历、职业资格/技能证书、兴趣特长等，表格形式，一目了然，如表3-1所示。

表3-1　简历模板

要素	具体内容	注意事项
个人基本信息	姓名、性别、年龄（出生年月）、政治面貌、民族、婚姻状况、籍贯、户口所在地、联系方式、照片等	根据具体情况设置
求职意向	应聘岗位	结合自己的专业和专长书写求职目标
教育背景	毕业院校＋毕业时间＋培训项目	酌情列出与求职目标相关的课程或培训项目；按时间逆序书写，由近到远
获奖情况	获奖证书名称＋获奖时间	1. 以奖学金为主 2. 按重要程度或获奖年份排序 3. 按时间逆序书写，由近到远
工作经历/社会实践	应届毕业生以实习实践和参与校园活动经历为主	1. 分条列项 2. 实习实践经历写明单位、地点、时间、职责 3. 校园活动包括干部任职和社团活动，写明名称、时间、职责
职业资格/技能证书	外语、计算机等级证书等	突出与应聘职务的相关性
兴趣专长	其他与应聘职务相关的个人兴趣、爱好以及专长	实事求是地描述
如果被录用可随时上岗		

注：以上内容仅供参考。

三、简历的写作要求

（一）有针对性，突出重点信息

简历要最大限度地体现针对性，特别是教育背景、实践实习经历等方面，一定要突出与应聘职位的相关性。针对不同的求职领域应聘岗位，求职者应随时调整能突出自己优势和职位要求的内容，设计不同类型的简历。求职者切忌给所有单位都发送同一版本的简历。

简历一般不加入过于主观的自我评价内容，以免引起对方的反感。简历应做到主次分明。

（二）书写规范，美观大方

简历不能有错别字；字体、字号、句子长短尽量统一，行列对齐，行间距统一，加粗显示的地方不宜过多，做到疏密有致；一般控制在一页 A4 纸之内，最多不超过两页；尽量不要使用太多带实线的框格；在拟写时要注重语言技巧，做到通俗易懂、无错别字，书写规范，避免使用简语。

（三）遣词造句，增加说服力

简历中用专业术语和数据描述实习实践经历，可以增加说服力。使用相关行业领域的专业术语和行为动词，能够体现求职者的工作能力、工作水平、职业素养；使用具体的数据，能够体现求职者的工作能力和工作业绩。招聘者很容易看出求职者过去的实习经历、从事的具体工作、扮演的角色和工作业绩，这样的实习实践经历描述很有说服力和吸引力。

四、实习实践经历的写作技巧

对于应届毕业生来说，实习实践的经历相对较少，而简历又需要包含丰富的内容。那么，实习实践经历的部分怎么写呢？

讲透一件事胜过堆砌一页。实习实践经历的具体写法为：工作（实习）岗位＋具体工作（工作职责）＋实际成效。比如，学生小堂只在大三的一个周末参加了××公司新款洗发水的市场促销活动，如何将此段经历进行详细描述呢？

写法一：小堂在大三某个周末参加了××公司的市场促销活动，其间讲解新款洗发水的性能、协助进行现场活动抽奖、发放并回收新产品上市的市场调查问卷、收集现场客户资料。

写法二：在××公司新款洗发水的大型市场推广活动中，小堂为潜在顾客进行产品展示和性能解说。在推广会现场，小堂参与组织和安排大型抽奖活动，当天吸引 800 名潜在顾客参加活动。小堂对新款洗发水进行市场调查，组织 5 人发出 500 份调查问卷，有效回收率达 92%。小堂采用不同方式收集现场客户资料 320 份，并进行分类、归档管理。

写法二的文案比写法一的文案好，“进行分类、归档管理”“潜在顾客”等用词可以体现小堂具有一定的职业素养；具体的数据可以体现小堂的工作能力和工作业绩。这样的描述很有说服力和吸引力。

学生在学校学习期间参加的社团活动、寒暑假期的社会实践等的描述格式、描述方法、描述原则和重点可以参照例文 3-4 中的工作实习经历的描述方法。

例文 3－4

工作实习经历

××××年×月—×月　××××公司　市场部　市场推广专员　天津

¤公司运营的求职网是名列前茅的专门面向大学毕业生及在校生的求职招聘网站。

¤独立负责实施网站与目标高校、企业的合作推广计划。

¤对全国约 300 所双高院校的就业网进行调研，并负责与 100 多个目标院校的就业部门联系沟通及访谈，完善网站制订的高职院校合作计划文案。

这是某名大学生的简历中对于实习经历的描写。该生写明了实习时间、实习单位和岗位信息后，从三个方面具体描述实习经历。以下这些词语：独立负责、合作推广、约 300 家、100 多个、调研、沟通及访谈、完善、文案……尤其是行为动词，能很好地体现该生的实习情况和个人能力。

五、使用电子邮件的注意事项

随着电子邮件的普遍使用，人们经常通过电子邮件来与人沟通，依靠邮件投递简历来完成与招聘单位的联系。养成良好的撰写邮件、发送邮件的习惯十分重要。使用电子邮件的注意事项如表 3－2 所示。

表 3－2　使用电子邮件的注意事项

<table>
<tr><th>要素</th><th colspan="2">不规范现象</th><th>注意事项</th></tr>
<tr><td>邮箱名称</td><td colspan="2">邮箱命名随意，无法识别邮件投递人</td><td>选好邮件服务商，用户名（ID）要规范，设置邮箱签名档（应届毕业生：姓名＋学校＋联系方式）</td></tr>
<tr><td>邮件主题</td><td colspan="2">主题缺失或不明确，如应聘简历、求职简历、应聘、×××个人简历、××××专业×××</td><td>按用人单位规定的主题写；若用人单位无要求，写明应聘职位、姓名，如××大学××专业××应聘××岗位或应聘××岗位（××××大学××）</td></tr>
<tr><td rowspan="5">邮件主体</td><td>无称谓</td><td rowspan="5">只写“请您查收我的简历，祝工作快乐!”“本人简历于附件中，劳烦查收!”“简历已附上，请查收”</td><td rowspan="5">邮件就是一封简短的求职信，结构要完整、要素要俱全、书写要规范；如果是长信，最好用附件展示；一定要删除邮箱平台投放的广告</td></tr>
<tr><td>无问候语</td></tr>
<tr><td>无正文或不分段</td></tr>
<tr><td>无祝颂语</td></tr>
<tr><td>无落款</td></tr>
<tr><td>附件</td><td colspan="2">附件命名不明确，如个人简历、求职简历</td><td>按用人单位要求发送方式发送附件，如用人单位要求以正文方式发送简历，此时最好用文本式而不是表格式；若用人单位无要求，则要明确写出应聘岗位和姓名</td></tr>
</table>

例文 3-5

个人简历

【姓　　名】李虹　　【性　　别】女　　【出生年月】××××-07-28
【政治面貌】共青团员
【毕业院校】××职业技术学院　　【求职意向】办公秘书
【联系方式】××××××××　　【邮箱地址】××××@××.××
【教育背景】
20××.××—20××.××　　××职业技术学院　电子商务

【主修课程】电子商务信函写作、电子商务营销写作实务、电子商务与国际贸易、电子商务系统的分析与设计、网络营销基础与实践、营销策划、网页设计与制作、Web标准与网站重构、Flash动画设计、UI设计、Asp

【工作经历】
20××.××—20××.××　××公司　秘书
1. 负责办公用品、固定资产等的管理盘点，以及申请采购、各种行政费用报销
2. 负责公司会议室的管理，协调各部门对会议室的使用，提供会议后勤服务工作
3. 负责公司日常行政管理协助、员工差旅机票及酒店的预订，对执行中的问题提出改善建议

20××.××—20××.××　××有限公司　文员
1. 负责接听电话、收发传真、打印复制文档、收发信件和文件，负责招聘、入职、离职、调任工作等
2. 负责部门通知、文件、信函等的传达工作
3. 负责公司重要资料、办公用品、劳保用品、办公设备等的管理工作

【技术技能】
专业证书：秘书职业资格证书（五级），全国计算机等级考试证书（二级），国家计算机二级证书
办公技能：可以使用Word进行文件的编辑和排版，可以使用Excel制作表格，可以制作内容精美的PPT
其他证书：C1驾驶证书；普通话水平测试等级证书（二级甲等）；大学英语六级（通过）

【个人评价】
本人有责任感和较高的工作热情，处事冷静，做事稳重积极向上，吃苦耐劳，具有优秀的团队合作精神，善于沟通，有一定的谈判能力。

这是一份毕业生的求职简历，属于分条列项式。陈述内容全面，条理清晰，文字简练，重点突出，符合简历写作的基本要求。当然，个人评价部分可省略。

拓展阅读

HR是如何看简历的

单元小结

本单元讲授了求职类应用文。求职信和简历既是给用人单位的第一印象，也是用人单位了解求职者整体情况的第一手资料。客观、全面、翔实的求职信和简历，对于用人单位的选择意向具有非常重要的影响作用。作为求职择业的自我宣传广告，求职信和简历的好坏直接影响求职者能否顺利进入面试。

实践操作

一、改错题

1. 这是一段比较失败的实习经历描述，具体的工作内容、扮演的角色及工作业绩不明确，未能体现职位所要求的能力和素质。请进行修改。

工作实习经历

××××年暑假，在××培训学校担任英语兼职教师；

××××年1—2月，为××通信公司做兼职手机促销员；

××××年暑假，在××电视台都市频道实习；

××××年2—6月，勤工俭学，担任3名高中生的数学家教；

××××年6—9月，参与××培训公司培训产品的市场调研。

2. 请改写下列实习经历，使其能充分体现职位所要求的能力和素质。

××××年××月到××××年××月，小堂担任某学院、某专业的宣传委员，协助班长协调班委工作，组织了三次班级活动。

3. 请修改和完善下列简历。

个人简历

基本资料

☆姓　　名：×××　　　　　☆出生年月：2001年11月

☆性　　别：女　　　　　　☆政治面貌：预备党员

教育背景

☆学业时间：2020年9月—2024年7月在××××大学学习

☆学　　历：本科，学士学位

☆专业名称：市场营销（国际方向）全英班

☆专业类别：工商管理类

☆专业描述：省级名牌专业，学校重点班；采用双语教学，专业教材皆为全英版；要求系统掌握涉及工商管理专业的各学科知识，并且能够熟练掌握和运用商务英语

☆核心课程：市场营销学、管理学、会计学、人力资源管理、财务管理、物流学、经济法、综合英语、交际英语、英语写作等

求职意向

☆市场推广、企业运营、广告策划

在校任职

☆时　　间：2020 年 9 月至今

☆职　　位：国际工商管理学院辩论队队长

☆在位表现：多次代表辩论队参加校际、学院间辩论赛；负责队内辩手的日常训练，并组织各类辩论邀请赛

☆时　　间：2021 年 9 月至今

☆职　　位：绿精灵体育舞蹈协会策划部部长

☆在位表现：担任××××大学第二届体育舞蹈公开赛总策划兼总监；担任 2021 年大型迎新舞会及 2022 年校级假面舞会总监

社会实践

☆时　　间：2022 年 7 月—8 月

☆地　　点：上海××公司广州分公司

☆实践内容：任华南五省市场推广专员助理一职，参加各省市真彩店招商制作项目的整理及核查，协助 2022 年真彩旺季推广活动宣传促销品下发到位情况跟踪等相关工作

☆地　　点：××××中学

☆实践内容：支教、调研

获奖情况

☆2022、2023 年环大学城经管学院“纵横杯”辩论赛季军

☆2022 年××××大学暑期“三下乡”志愿者服务三等奖；校优秀团干部

相关能力

☆语言能力：普通话流利，表达能力强；大学英语六级

☆写作能力：曾在报纸、各类新闻网上发表文章；在校期间多次撰写与企业合作的计划书、方案书等。

☆计算机能力：Word、Excel、PowerPoint（熟练）；Photoshop（熟练，多次负责校内各类海报设计）

业余爱好

☆拉丁舞

联系方式

☆手　　机：（略）

☆电子邮箱：（略）

个人求职简历

姓名：×××　　　　　　　性别：男　　　年龄：21　　　　籍贯：北京

学历：本科（应届毕业）　　专业：电子信息工程

通信方式：电话：8813××××；1590110××××

E-mail：××××××××

地址：××××××××××

毕业院校：2017.9—2020.7　××师范大学附中

2020.9—2024.6　××大学电子与信息工程系

实践经历：2022.7—2022.8　北京×××通信技术有限公司　手机测试

2023.8—2023.9　中国电子科技集团公司第××研究所波谱华光科技有限公司红外线热像仪液晶屏驱动电路的设计

所学专业课程：（略）

基本情况：本人学习成绩优良。熟悉 C 语言、Java 语言编程；对 Verilog 语言比较熟悉，能熟练使用 Quartus Ⅱ 等环境进行基于可编程逻辑器件的开发；了解 UML、MSC、SDL 等前期开发标准，进行需求分析和概要设计；了解数据库的基本管理。

本人踏实稳重，有上进心。

英语四级。

4. 请修改、完善下面这封求职信

求职信

尊敬的领导：

您好！

我是×××大学的一名学生，主修法律专业，即将面临毕业。×××大学是我国本科人才的重点培养基地，具有悠久的历史和优良的传统，并且素以治学严谨、育人有方而著称；×××大学法政系则是全国法学科研基地之一。在这样的学习环境下，无论是在知识能力方面，还是在个人素质修养方面，我都受益匪浅。

四年来，在老师的严格教诲及个人的努力下，我具备了扎实的专业基础知识，系统地掌握了多门法学相关理论；熟悉涉外工作礼仪；具备较好的英语听、说、读、写、译等能力；能熟练操作计算机办公软件。同时，我利用课余时间广泛地涉猎了大量书籍，不但充实了自己，也培养了自己多方面的技能。我还担任班干部，工作认真负责，积极主动，组织过多次大型活动，并获得老师和同学的好评。

此外，我还积极地参加各种社会活动，抓住每一个机会，锻炼自己。如大三期间，我曾到一律师事务所实习，学到了不少实际知识，实习成绩获得了优秀。

我热爱贵单位所从事的事业，殷切期望能够在您的领导下，为这一光荣的事业添砖加瓦，并且在实践中不断学习、进步。我非常希望您能给我这个机会，如果录用我，我一定把单位当家，全心全意为它服务，毫无怨言，死而无憾！

收笔之际，郑重地提一个小小的要求：无论您是否选择我，尊敬的领导，希望您能接受我诚恳的谢意！

此致敬礼！

求职人：×××

2023 年 6 月 1 日

二、写作题

请根据下列招聘信息撰写一份求职信和求职简历。

××速记协会人力资源专员招聘信息

• 岗位职责：

（1）负责根据公司的发展战略，在部门及公司领导的带领下，制定公司人员需求规划、招聘方案、培训方案等。

（2）负责招聘渠道的挖掘、招聘工作的组织实施和反馈。

（3）负责人才搜寻、信息存储，建立员工信息资源库和人才储备库。

（4）负责培训体系、员工发展体系的建立，编写培训方案、报告等资料。

（5）负责培训工作的组织实施、效果监控、反馈调整，建立培训资源库、员工培训档案。

（6）对人力资源市场进行监控、调查，为公司人力资源发展战略提供数据支撑。

（7）协助完善、优化公司薪酬和绩效管理体系，负责相关工作的落地实施和反馈调整。

（8）开展员工入职、离职、转正、晋升、社保缴纳、员工关系维护等工作。

• 任职要求：

（1）专科及以上学历，专业不限，有相关工作经验者优先。

（2）熟练使用办公软件。

（3）有良好的语言表达、团队合作、协调沟通能力。

（4）有良好的职场意识和能力，工作积极主动、认真负责，善于观察、勤于思考。

（5）热爱人力资源专业和速记速录行业，乐于助人，有志于在相关领域长期发展。

单元二

启事和条据

学习目标

知识目标

1. 了解启事、条据的特点、种类和写法
2. 掌握写启事、条据的写作要求

能力目标

1. 能够撰写格式规范、语言简练、恳切有礼的启事
2. 能够撰写事项明确、条理清晰、逻辑严密的条据

素养目标

1. 增强法治观念，具备严谨的态度
2. 提升语言运用能力

单元导入

人们在日常工作、学习或生活中处理以沟通感情、增进友谊、表达意愿、改善关系为目的的公私事务时会涉及文书，包括启事、条据等一些实用性文书。

专题一　启事

启事在日常生活和工作中应用广泛，是一种使用频率极高的文种，属于事务文书中的告白类应用文，几乎涉及日常工作、生活的方方面面。无论是机关团体还是个人都可发布

启事。启事的发布方式也十分灵活，既可以借助新闻媒介发布，也可以采用张贴或发送信函的方式。进入互联网时代，在网上发布启事已成为方便快捷的流行方式之一。

例文 3-6

××咖啡工作室招聘文案启事

××咖啡工作室因事业发展需要，现招聘两名文案策划者从事电商直播文案以及脚本的策划和写作工作。招聘条件如下：

1. 大学本科或以上学历，专业不限，有较强的文字编辑、策划和写作能力。
2. 熟练使用电脑。
3. 熟悉短视频、电商直播工作经验者优先。
4. 有强烈的工作责任心和团队精神，能承受较强的工作压力。
5. 年龄在 30 岁以下，身体健康，男女不限，户籍不限。

以上职位一经录用，将提供具有吸引力的发展空间，薪酬面议。有意者请将简历、个人照片、两三篇代表作品投递至××市××区朝阳西路 42 号××商城人力资源部，封面请注明“应聘”；或以电子邮件形式发送至××××。此招聘启事有效期截至 2024 年 9 月 3 日。

××咖啡工作室人力资源部

2024 年 7 月 20 日

随着互联网的快速发展，在网上发布招聘信息也成为最为便捷的沟通手段之一。这则启事十分详细地说明了××咖啡工作室对所需人才的要求。

一、启事概述

（一）启事的含义

启事是机关团体、企事业单位或公民个人有事情需要向公众说明，或者请求有关单位、广大群众帮助时所写的一种说明性的实用文件。启事可张贴、登报、广播、在电视上放映等。启事的作用是公开告知有关事项。

（二）启事的特点

启事具有公开性、广泛性、求应性、自主性和简明性等特点。

（1）公开性：启事主要用于向社会各界公开陈述或说明某些事项，引起公众注意。

（2）广泛性：启事的适用范围广泛，形式多样，可用于招生、招聘、开业、更正某件事情的使用等各种事宜。

（3）求应性：启事不仅是向社会告知，还希望通过告知得到社会上的广泛回应，以解决某个问题。

（4）自主性：启事不是公文，不具有约束力，受文对象可以选择参与或不参与。

（5）简明性：启事目的性强，内容简洁明确，篇幅短小，便于大家阅读、理解。

（三）启事的种类

启事涉及的内容广泛，根据不同作用和目的，启事可分为以下三种：

（1）寻领类启事，具体包括寻人启事、寻物启事、招领启事等。

（2）征招类启事，具体包括征文启事、征婚启事、招聘启事等。

（3）告知类启事，具体包括更名启事、开业启事、遗失启事等。

（四）启事与其他文件的辨析

1. 启事与启示的区别

启事里的“启”是说明的意思，“事”就是指被说明的事情。而启示的“启”，则是开导的意思，“示”是把事物摆出来或指出来让人知道。启示是指启发指示，开导思考，使人有所领悟。启事和启示的含义截然不同，两者不能通用。无论是征文启事，还是招聘启事，都只能用“事”，而不能用“示”。

2. 启事与通知、通告、公告的区别

任何机构团体和个人都可使用启事。启事告知的多为日常或普通的事项，发布方式灵活，受文对象不确定，不具约束力。通知、通告、公告都是法定公文，具有政策性或强制性，在使用上有级别、范围的限制，所告知的大多为重大或重要事项。

3. 启事与广告的区别

启事与广告都有告知、宣传、介绍的作用。特别是征招类启事，如征订、征婚、招聘、招生等，有时容易和广告混用。启事与广告的主要区别：启事告知、宣传的是“事”，语言大多比较简约平实；发布广告是商业行为，告知、宣传的是“物”，常采用醒目甚至夸张的、图文并茂的方式以吸引更多客户。

4. 启事与声明的区别

启事与声明都是将某件事公开告知人们，应用范围都较广泛，发表方式也相同，或载于报刊，或发布于广播、电视，或张贴于易见的公共场所。二者的不同之处在于内容的侧重点：声明是就有关事项或问题向社会公开表明立场、态度，只是告知人们某件事，不提出什么要求，有警告、警示、保护合法权益的作用。例如，遗失声明只是向公众或有关方面宣布某单位（或某人）遗失某物，并不要求人们帮助寻找。启事不仅向公众公开说明某件事情而且有所求助，希望人们协助办理。例如，寻物启事，既告诉人们在何地何时丢失何物，又希望被告知失物下落，或拾物者能归还失物。

二、启事的结构和写法

启事一般由标题、正文、落款三个要素组成，如表 3-3 所示。

表 3-3　启事的结构

要素	具体内容		注意事项
标题	文种	“启事”“紧急启事”	第一行、居中、加大
	内容＋文种	“招生启事”“征稿启事” “招聘中学教师启事”	
	单位＋内容＋文种	“××××有限公司关于聘请法律顾问的启事”	
正文	寻物启事	写明丢失物的名称、外观、规格、数量、品牌，丢失的时间和具体地点；送还的具体方式；发文者的详细地址、联络方式；表谢意的话及酬金……	另起一行，空两格
	寻人启事	时间、地点、走失人的特征、发文者联络方式；表谢意的话及酬金……	
	庆典启事	庆典缘由、活动安排；时间、地点、组织接待方式、活动内容、参加人员等；其他有关事项及要求；联系人及其电话……	
	结语	此启、特此启事……	另起一行，空两格
落款	署名署时	单位名称＋成文日期＋公章 个人姓名＋成文日期＋联系电话	正文右下角，写全
		如果是登报或者在电台广播发布的启事，因已统一标明时间，也可不写姓名、时间	

注：以上内容仅供参考。

例文 3-7

寻人启事

××，男，××省××市××人，出生日期：××××年××月××日，身高××厘米，圆脸，黑色短发，皮肤白皙，右眉中间有一条一厘米左右的疤痕。××××年××月××日××在××走失，走失时身穿蓝色运动装，肩挎米色帆布包。××的家人非常着急，有知××下落者，请速与××市××街道的王女士联系，电话：12345678999，必有重谢。

20××年 10 月 9 日

例文 3-8

寻物启事

2024 年 10 月 23 日晚 8:00 左右，本人在朝阳路上遗失褐色公文包一个，内有笔记本电脑一台、U 盘三个及其他物品，有拾到者请与本人联系，本人愿重金酬谢。

失主：李四　联系电话：12345678900

2024 年 10 月 24 日

这是两则寻领类启事。例文 3-7 是寻人启事，例文 3-8 是寻物启事。对于被寻找对象的特点描述得越清晰准确、越详细全面，越能够增加找到的概率。作者书写这类启事时针对性要强，表述时既要清楚明白、简明扼要，又要有条理，行文要严谨规范。

三、启事的写作要求

（一）内容真实

启事所写的内容务必真实，以便其发挥作用，避免误导大家，浪费公共资源。

（二）表达精练、篇幅短小

启事应做到一事一启，不能将几件事放在一起写。启事行文要言简意赅、短小精悍，这样有助于读者提高阅读效率。

（三）条理清晰

启事应条理清晰地告知有关事项的具体内容、时间、地点、缘由、请求事项、联系方法等，如有附带的经济报酬，也应写明具体的数额，将所有的告知内容一次性表达完毕，以保证启事的效力。

例文 3-9

招生启事

一、招生对象与条件

（1）具有一定文化艺术素养，了解掌握书法、绘画的基本知识。

（2）身体健康，热爱书画艺术，年龄 45 岁以上。

二、学习内容

书法，包括楷书、行书、草书、篆书等；绘画，包括山水画、花鸟画、人物画等。

三、教学方法

邀请著名书画家授课，针对学员书画基础、技法之共性问题进行集中讲授，个别问题重点点评，使学员在书画艺术理论、实践上有提高、有突破、有创新。××月××日至××月××日开班，每周六 8:30—11:30、周日 15:30—18:30 在××老年大学××工作室授课。

四、奖励办法

培训结束时，学员提交结业作品，经院专家组评审后颁发结业证书，优秀作品可优先在××报和××杂志发表，学习优秀者可优先聘为××书画院会员。

五、收费标准

每学期两个月，每月学费 400 元。

六、报名方法

持本人有效身份证件即可报名，同时交两张 2 寸免冠近照。

报名地址一：××市××路××号××老年大学××室

电话：×××××××××　　　　联系人：×××　×××

报名地址二：××路与××路交叉口向北 20 米路东侧，××老年大学××××分院××室

电话：××××××××　　　　　　　　联系人：×××　×××

××老年大学书画院
××××年××月××日

这是一则招生启事。招生启事属于典型的征招类启事，其篇幅相对寻领类启事而言更长一些，需要完整说明相关的征招事项。征招类启事不能省略报名和联系方式，必须交代清楚。本文全面说明了招生对象与条件、学习内容和教学方法等，文字量适中，表述清晰，分条列项便于受众理解和执行。

例文 3-10

更名启事

经上级有关部门批准，我单位将“××旅游服务中心”更名为“××旅游开发有限公司”，自××××年××月××日起启用新名称，原中心的各种印章即予废除，原来的银行账号不变，原来的一切业务关系及未尽事宜均由“××旅游开发有限公司”办理。

××旅游开发有限公司
××××年××月××日

这是一则告知类启事。告知类启事无须其他内容铺陈，写作时直达主题，说明声明的内容即可。本文直接说明了单位名称由旧名更换为新名，然后进一步声明由于更名事项带来的其他问题。本文内容虽简短，但交代得非常清楚，让受众能够有效地了解启事内容。

专题二　条据

在日常学习、工作和生活中，我们常常为办理涉及钱财和物品的各种手续而留下存根，或者为说明某种情况和理由而留下字据，这种作为依据的字条就叫作条据。例如，因病或因事不能按时上课、上班，要交请假条；不便当面诉说的事可以用留言条；拜托别人代办事项要留托事条；向别人借东西时要写借条；收到别人的东西时要写收条。

例文 3-11

请假条

李老师：

我因昨天在体育课篮球训练中扭伤了脚踝，校医诊断（校医诊断证明请学委转交）后建议在宿舍休养，所以不能按时到教室上课，特此请假一天。

敬请批准。

学生　李四
××××年××月××日

例文 3-12

托事条

学委×××：

我因昨天在体育课篮球训练中扭伤了脚踝，校医诊断后建议在宿舍休养，所以不能按时到教室上课，特请你帮我把校医诊断证明交予写作课的李老师。

谢谢。

李四
××××年××月××日

一、条据概述

（一）条据的含义

条指便条，据指单据，条据是人们在日常工作、学习、生活中为处理财物或事务往来，写给他人的作为某种凭证的或有所说明的字条。条据是用来处理临时性事务，起到说明或凭证作用的一种使用便捷、篇幅短小、格式固定的分条列项式专用文书。

（二）条据的作用

1. 凭证作用

条据，特别是具有经济性质的条据，作为双方财、物往来的凭证，关系当事人的切身利益，具有一定的约束力。我们在写条据时，必须认真谨慎，表达清楚、准确。

2. 联系作用

说明性条据除了方便人们的日常学习、工作和生活，还起到加强联系、交流信息的作用。进行这种简短的书面留言时，形式要庄重，态度要客气，措辞既能准确表达自己的意图，又能使对方乐于接受。

（三）条据的特点

1. 一文一事，简洁明快

一张条据只交代一件事情。文字要简洁明快，绝不可拖沓冗长，啰里啰唆。

2. 语言准确，不产生歧义

条据要清晰地把事情和时间说准确，不得含糊其词，否则会引起不必要的麻烦，甚至引起法律纠纷。

请假条中要写明原因、请假的起止时间，这在企业、学校和部队尤为重要。借条中要把谁借、谁还，所借钱物，借还时间等写得明白。托事条中要把托他人代办的事情写明白，不得有疏漏。

（四）条据的种类

根据使用性质的不同，条据通常分为说明类条据和凭证类条据，如表 3－4 所示。

表 3－4　条据的种类

种类	特点
说明类条据——便条	告知对方某个信息，向对方说明某件事情，如请假条、留言条、托事条……
凭证类条据——单据	单据是证据、凭证，具有法律效力，如收（领）条、借条、欠条、代收（领）条……

二、条据的结构和写作

（一）说明类条据

说明类条据的结构如表 3－5 所示。

表 3－5　说明类条据的结构

要素	具体内容		注意事项
标题	条据名称	请假条、留言条、托事条	1. 第一行、居中、加大 2. 留言条、托事条可不写标题
称谓	收条者名称	单位名称或个人姓名	个人称呼不必加“尊敬的”等敬语
正文	请假条	请假原因、请假时间、请批事项	1. 另起一行，空两格 2. 涉及钱物数量：汉字＋单位＋阿拉伯数字小写
	留言条	留言原因、具体事项、联系方式	
	托事条	托办事项、托办要求、联系方式	
	结语	此致敬礼、祝好、谢谢……	另起一行，空两格
落款	署名署时	姓名＋年月日	正文右下角，内容完整

注：以上内容仅供参考。

例文 3－13

请假条

要素	具体内容	注意事项
标题	请假条	第一行、居中、加大
称谓	李老师：	顶格＋冒号
正文	□□我因昨天在体育课篮球训练中扭伤脚踝，校医诊断（校医诊断证明请学委转交）后建议在宿舍休养，所以不能按时到教室上课，特此请假壹天。 □□敬请批准。	请假条的诊断证明也可作为附件，放于落款后

要素	具体内容	注意事项
落款	学生：李四□□ 2024 年 5 月 10 日□□	正文右下角，内容完整
	□□诊断书附后	附件

（二）凭证类条据

凭证类条据由标题、正文、落款组成，如表 3－6 所示。

表 3－6　凭证类条据的结构

要素	具体内容			注意事项
标题	条据名称	收条、借条、代收条、欠条		第一行、居中、加大
正文	开头	今收到、今借、今代领到……		1. 表明条据性质 2. 另起一行，空两格
	主体	钱：币种＋数量＋量词＋“整”＋利息（若计息须写明）	归还日期	1. 钱/物数量书写：汉字大写＋阿拉伯数字小写 2. 年利不写则不计息
		物：名称＋型号（规格、特征）＋数量＋量词		
	结语	特立此据、此据		—
落款	署名署时	借款单位名称＋借款日期＋经办人姓名＋公章 借款人姓名＋借款日期＋手印（印章）		正文右下角，内容完整
	证件	身份证号码或身份证正反面照片		个人借款须写明此项内容
	联系方式	电话＋家庭住址		

注：以上内容仅供参考。

例文 3－14

单位内借款

要素	具体内容	注意事项
标题	借条	第一行、居中、加大
正文	□□今借到××××财务科购置多媒体设备款人民币捌仟肆佰元整（8 400 元），2024 年 6 月 30 日前归还。 □□特立此据。	1. 币种 2. 数量：汉字大写＋阿拉伯数字小写＋量词 3. 用途
落款	借款人：李四□□ 2024 年 5 月 10 日□□	正文右下角 单位内借款，无须盖公章

例文 3-15

个人借款

要素	具体内容	注意事项
标题	借条	第一行、居中、加大
正文	□□今借到张三现金人民币捌万元整（80 000 元），年利率 4%，2024 年 6 月 30 日前本息一并归还。 □□此据。	1. 币种 2. 数量：汉字大写＋阿拉伯数字小写＋量词
落款	借款人：李四（指印或印章） 2024 年 5 月 10 日	正文右下角
	身份证号码：（略）　电话：12345678888 ××省朝阳市朝阳区朝阳路 88 号楼 808 室	个人有效身份证件号码 详细联系方式

例文 3-16

借条

要素	具体内容	注意事项
标题	借条	第一行、居中、加大
正文	□□今借到学校团委××牌 GT-203 型播放器贰部，××牌 DF605 型照相机叁部。以上物品于 2024 年 10 月 17 日前送还。 □□此据。	1. 型号 2. 数量：汉字大写＋量词
落款	商贸学院（公章） 经手人：沈三 2024 年 10 月 10 日	正文右下角

三、条据的写作要求

条据写得是否准确，权利与义务规定得是否严密、完备，关系当事人的切身利益，影响发生纠纷时，是非曲直的判断和鉴别。经济性质的条据一经签订，对签约的各方就有了约束力。我们写条据时，要认真、谨慎，千万不可掉以轻心。

（一）表述准确

条据内容的表述要准确，尤其是凭证性条据，要避免因表述不清而带来不必要的麻烦；涉及钱、物数量，必须用汉字大写书写，前不留空白，后写元、个、斤等量词，以“整”字结束。时间表述严谨、准确。

（二）书写规范

借条中“债权人、债务人、所欠内容、归还时间”等要件齐全；不用语意不详的词语，如借条中“赵某借王某现金一万元，现还欠款陆仟元”的“还”字，有两个读音，既可理解为归还，又可解释为尚欠，容易产生歧义；不要写错字，如将“买”写成“卖”，将“收”写成“付”，一字之差，意思却截然不同。

（三）字迹要工整、清楚

条据是随用随写，一般情况下是手工书写，所以字迹要工整清晰，不能辨认不清；要用蓝、黑色钢笔或签字笔书写，不能用红笔，不能用铅笔或圆珠笔书写。

（四）成文后不涂改

条据写成后，不可以涂改。如果确实需要改动，应当在改动处加盖印章，表示已经确认。

拓展阅读

撰写条据注意事项

单元小结

本单元讲授了人们在社会交往活动中常见而又便于使用的启事、条据等日常应用文。启事、条据有固定的格式和注意事项。学会书写规范的启事、条据会给我们的生活带来极大的便利，同时对于增进友好关系、促进事业成功、享受和谐生活有着非常重要的意义。

实践操作

一、改错题

征稿通知

为充分利用《财经》这一刊物的媒体平台，提高办刊质量，使其成为大家的良师益友，欢迎各界人士、同行专家来稿。

招聘启事

××××期货经纪公司拥有一流的通信设备及信息终端，因业务需要，经×××市人事局同意，委托××××大学培训经纪人员可在公司模拟期货市场交易，感受期货市场魅力。培训结束，××××大学颁发结业证书，我公司择优录用带薪实习。报名地址：××

××路×××号××××室。公司另聘计算机运维人员一名，需具备计算机维修经验和网络维护经验，有意者将本人简历及证明寄至本市××××路×××号××××期货人事部。

声明

关于东南计算机科技有限公司最近在官方网站和其他网站、论坛发布的所谓“侵权事件”，我公司特此声明如下，请各位消费者明鉴，以免造成市场信息误读：

我公司产品AGA本拥有国家知识产权局颁发的专利证书，是受国家法律保护的合法产品，专利号如下：××××。

对于采用诋毁、中伤等非正当竞争手段的企业和个人，我公司表示强烈谴责，并保留追究其法律责任的权利！

请假条

老张：我因事故请假2天。

此致敬礼

李小刚4月5日

条据

厂劳资科发给的劳动布工作服56套，劳保手套77副，胶鞋80双。这些是工人干活使用的劳保用品。

×××分厂王××

5月18日

二、写作题

1. ××××学校学生会要成立协会或社团，包括摄影协会、文学社、话剧团、足球队、乒乓球队等，请你择一写招募启事。

2. ××研究所研究出一项新型生物应用技术，有意转让科研成果，或找厂家合作生产。为此，该研究所在报纸上刊登信息，决定在××宾馆举行新产品技术洽谈会。请据此内容自选文种，撰写符合要求的应用文，字数不限，文字简洁明了，将要办之事说清楚。

3. 根据下列材料书写条据。

（1）秘书初梦原计划自己整理准备明天公司开会需要的五类文件，但他接到电话需要去总部开会，于是他写了一张托事条给同事小张，拜托小张代他整理准备会议材料及其他物品。

（2）××××职业学校××学院要举办迎新联欢会，该学院团总支部向校团委借多媒体投影仪 1 台、音响 2 台、话筒 2 只，预支活动经费 500 元，活动结束后将所借物品归还。

（3）某公司组织职工团建，从××超市购买了××矿泉水 100 箱，每箱定价 45 元，当场付现金 2 000 元，尚欠 2 500 元，经与××超市协商，余款在三天内付清。

单元三

竞聘词和演讲稿

学习目标

知识目标

1. 了解竞聘词、演讲稿的概念、特点和写法
2. 掌握竞聘词、演讲稿的写作要求

能力目标

1. 能够撰写目标明确、展示自己优势和特色、符合规范的竞聘词
2. 能够撰写精深独到、议论深刻、语言生动活泼、具有感召力的演讲稿

素养目标

1. 关心社会民生，勇于担当，敢于竞争，具有社会责任感
2. 提高思辨能力和语言运用能力，善于发现问题，培养创新意识，能表达自己独到的观点

单元导入

社团活动是大学生活中不可缺少的一部分。积极参加社团活动，有助于提升自己的人际沟通能力，培养团队协作意识和责任感。通过竞聘词、演讲稿等文书展示自己的能力和才华是必不可少的。同时，越来越多的单位采取竞聘选拔的方式确定岗位人选，当一些岗位出现空缺时，经常会采用竞聘上岗的方式选拔合格的人才。好的竞聘词能使你在与竞争者有同等条件的情况下，获得更多的机会和可能。

专题一　竞聘词

竞聘既能全方位考察候选人员的能力和素质，又能扩大选才用才的范围，还能保证选拔程序公平、公正、合理，是一种考察使用人才的有效方式。竞聘活动一般都有演讲环节，由候选人介绍自己的基本情况和工作业绩、对拟聘任岗位的认识和认知、对能否胜任工作进行分析并介绍未来的工作设想和打算。写好竞聘词可以为竞聘者在竞争中脱颖而出创造有利条件。

一、竞聘词的概念

竞聘词也称竞聘辞、竞聘演讲稿、竞聘演说稿，是竞聘者竞选某一工作岗位时，在特定场合针对特定对象作出的阐述个人竞争优势，对竞聘岗位的认知、工作设想和打算等内容的讲话稿。

书写竞聘词的目的非常明确，就是竞选成功。书写竞聘词就是竞聘者通过充分展示自己过往的业绩和履历，介绍自己对应聘岗位的认识和理解、与岗位的适配程度以及未来工作的打算与创新性想法等，力争给评委留下深刻印象。

二、竞聘词的特点

（一）目标明确

书写竞聘词的目的是成功取得某一职务，因此整篇竞聘词应紧密围绕竞选岗位展开论述。

（二）自我推荐

竞聘词是个人对自身能力、岗位认知、工作设想的表述。竞聘不同于考官面试和检查汇报等形式，它更加侧重于展示竞聘者自身的认知和规划情况。竞聘演讲的过程就是展示自我的过程，竞聘者要向听众充分展示与岗位相关的个人素质、能力和经验，以表明自身能够胜任，是毛遂自荐的重要机会。

（三）有感染力

竞聘词具备演讲稿的特征，即有较强的感染力和号召力，能够使听众形成共识或产生共鸣，帮助竞聘者说服听众信任自己，从而达到成功竞聘的目的。

三、竞聘词的结构和写法

竞聘词由标题、称谓、正文、落款组成。

（一）标题

竞聘词的标题写法简洁灵活，常用的标题形式是“竞聘岗位名称＋文种”，如《招生处长岗位竞聘词》《竞聘办公室主任一职的演讲词》；也可简写为《我的竞聘词》《关于竞聘××公司销售主管的演讲词》等；或可标新立异一些，竞聘者通过标题阐明自己的工作设想和抱负以吸引听众眼球，如《打造开放、透明的社区服务平台——社区居委会主任竞聘词》。

（二）称谓

称谓是对现场听众的称呼，可以针对不同的听众采取不同的称谓。称谓一定要体现竞聘者的敬意、完整，如“尊敬的各位领导、同行们”。

（三）正文

竞聘词的正文由导言、主体、结尾组成。

1. 导言

导言是竞聘词的引言，要简洁并表明来意。精彩而简练的开场白能够吸引听众的注意。导言部分首先用诚挚尊敬的语言表达谢意，如“非常感谢单位给我这次宝贵的竞聘机会”“非常荣幸能够参加这次竞聘”；然后简要介绍接下来演讲的框架，如“我将从德、联、勤、政四个方面出发进行我的演讲”。

2. 主体

主体是竞聘稿的核心部分，应包含以下几部分内容：

（1）介绍自己的应聘条件——“我是谁”。

这部分具体包括姓名、学历、专业、政治面貌、现任职务、工作成绩、竞聘职务等内容。这一部分的内容不需要面面俱到，应根据竞聘岗位、职务的职能要求有所取舍。

（2）介绍自己的竞聘优势——“为什么”。

竞聘者在这一部分表明自己竞聘的理由和资格，一要介绍自己与岗位有关的学习和工作经历。竞聘者要围绕岗位所需技能介绍自己的经历，重点强调自己的收获和想法。二要介绍自己具备的岗位所需的素质和技能。三要展示自身的性格特征和人格魅力，突出展示自己具备的优势。

（3）对竞聘岗位的认知，任职后的打算和规划——“做什么”。

了解岗位的工作内容是取胜的第一步。竞聘者只有明确岗位职责，才能有的放矢地提出工作目标、施政设想和打算。一要明确岗位工作内容，二要阐明岗位所需技能，三要提出目标岗位现已取得的成绩和存在的问题。

任职后的打算和规划是取胜的关键。竞聘者要紧紧围绕听众关心的热点、难点问题，提出切实可行的工作目标和实施路径，以及可能遇到的困难和应对方法等。

此外，竞聘演讲是竞聘者与评委沟通的重要渠道。竞聘者通过演讲展示自己的才华和能力，告诉评委自己与竞聘岗位的契合程度。评委通过竞聘者在竞聘演讲中的表现，了解竞聘者的优势、其能力和素质能否胜任工作岗位、整体表现是否良好。不管是陈述个人基本情况，还是畅谈对今后工作的设想和安排，竞聘者都要有独到的见解和创新意识，要体现自己与别人的不同，让评委能够产生耳目一新、眼前一亮的感觉。

3. 结尾

结尾是竞选演讲的点睛之笔，好的结尾可以加深听众对竞聘者的良好印象，从而有利于竞聘成功。

竞聘者既可以表明对竞选成功的热切盼望、对单位的美好展望等，也可以表明自己的决心和态度，期望得到认可和接纳，愿意接受组织的考验等，最后表达对大家的感激之情。

结尾表达应自然流畅、留有余味。

（四）落款

落款注明竞聘者姓名、日期。

例文 3-17

正科级秘书岗位竞聘词

尊敬的各位领导、各位同事：

大家好！

首先，非常感谢各位领导和同事的信任和支持，使我获得这次难得的展示自我、认识自我的机遇和锻炼、学习、提高的机会。

我市市委办公室举行科级干部竞争上岗，是推行干部人事制度改革、加强干部队伍建设的重要举措。今天，我本着提高自己、锻炼自己的宗旨站在这里，进行竞争上岗的演讲，希望能得到大家的支持。

我参加市信息办正科级秘书岗位的竞争，主要是基于以下三个方面的考虑：

一是具有较为扎实的专业知识。我先后在市、县信息办工作，有着从事信息化工作的经验和做好信息化建设的强烈愿望，比较熟悉基层信息化工作实践，也有一定的信息化理论知识。

二是具有较强的工作能力。工作以来，我经过多个岗位的实践锻炼，培养了自己办文、办会、办事及综合协调等多个方面的能力。我先后从事调研、文秘、督查及信息化等工作，都取得了一定的成绩，曾被评为“全市党委系统督查工作先进个人”，撰写的调研文章曾在省级刊物上刊登。特别是在市委办公室一年多的工作实践中，我不断加强与县（区）信息化工作人员的协调沟通，与之建立了良好的工作关系，显著地提高了自己的综合协调能力。

三是具有较高的综合素质。在日常生活和工作中，我不断加强个人修养和党性修养，踏实干事，诚实待人。多年的办公室工作经历培养了我吃苦耐劳、坚韧不拔的性格，默默无闻、兢兢业业的敬业精神，与人为善、乐于助人的协作意识。这些正是团结同志、做好工作的基础。

如果这次竞选成功，我将在“深、实、严、新”四个字上下功夫，努力做到“学习求深、作风求实、自律求严、工作求新”。

(1) 学习求深。我将把学习当作提高工作能力的有效途径，向书本学、向领导学、向同事学，以学习促进步，以学习促提高。一方面，我会加强政治理论学习，改造自己的世界观、人生观和价值观，不断提高自己的党性修养。另一方面，我会认真学习文秘知识、信息化理论等业务知识，积极总结和探索信息化工作规律，全面把握信息化发展方向。

(2) 作风求实。“堂堂正正做人，老老实实做事”一直是我的座右铭。作为市委办公室的工作人员，我将继续发扬爱岗敬业、吃苦奉献、团结协作的精神，不断提高和改进自己的思想作风、生活作风和工作作风，在堂堂正正做人上有新境界，在老老实实做事上有新成效。

(3) 自律求严。我将继续坚持严于律己，诚实待人，工作上积极主动，成绩面前不争先、困难面前不退缩，坚持大处着眼、小处着手，在小事上见精神、在细节上下功夫。无论事情大小，我将以极其认真负责的态度，保质保量地完成任务。

(4) 工作求新。信息化工作是一项全新的事业，没有现成的模式可以借鉴、没有固定的发展思路可以遵循。因此，我将与同事们一起，把信息化发展与我市实际结合起来，不断创新信息化工作思路，努力推动我市信息化工作再上新台阶。

尊敬的各位领导、各位同事，竞争上岗，无论成败，我都将以此为契机，寻找差距，加强学习，弥补不足，一如既往地勤奋工作。

××

××××年××月××日

这篇竞聘词结构完整，条理清晰，态度诚恳。竞聘者在开篇表达谢意，说明竞聘目标，然后从三个方面结合岗位介绍自己竞聘的理由，通过展示自己的能力和业绩说明自己和岗位的匹配度，接着从“深、实、严、新”四个方面表明自己成功竞聘后的工作规划，最后再一次感谢大家，也表明无论竞聘成功与否，自己的工作态度和责任心不会变。

四、竞聘词的写作要求

（一）认真准备，成竹在胸

首先，竞聘者要围绕自身的特点、优势和岗位对自己进行充分挖掘，认真梳理过往的工作业绩，概括和提炼出与岗位相关的突出事迹和具有启发性的典型经验，以加深评委对自己的了解。其次，竞聘者要尽可能多地搜集与应聘岗位相关的素材，研究拟应聘岗位的特点和工作要求，加深对岗位的理解和认知，结合自己过往的经验，经过深度思考，提出好的工作思路和工作打算。竞聘者列举自己上任后拟施行的举措，注意契合职责，切实可行，切忌空洞吹嘘、言之无物，这样可以传递给评委足够多的信息，让他们充分了解自己，并青睐于自己。

（二）明确目标，有的放矢

竞聘词的目的性非常明确，就是要针对所竞争的岗位发表演讲。竞聘者要在对岗位职责充分了解的基础上，认真思考自己的优势和自己与岗位的匹配度，展示出非你莫属、志在必得的自信和勇气。竞聘所表达的主题、基本观点或中心思想，要围绕给定的竞聘要求来设计。竞聘者要有针对性地阐述自己的优势，做到人无我有、人有我优，做到正确、科学、健康、积极向上，具有时代精神，旗帜鲜明。

（三）精心设计，巧妙构思

竞聘词是要通过竞聘者讲述出来的。竞聘是一个口头交流的过程。设计竞聘词要充分考虑竞聘活动的特点，要让人印象深刻、过耳不忘。首先，竞聘词要结构合理、逻辑清晰、层次分明，竞聘者要按照给定的内容要求依次讲述。其次，竞聘者要构思一个新颖别致并能第一时间抓住听众注意力的开头，以及一个既简短有力又有感染力的结尾。最后，竞聘者要注意演讲的语气和态度，要既显得才华横溢、自信满满，又让人感觉谦和有礼、留有余地。

专题二　演讲稿

演讲稿是人们在工作和社会生活中经常使用的一种应用文种。它是进行演讲的依据，体现演讲的目的、手段、内容和形式。演讲稿具有宣传、鼓动、教育和欣赏等作用。演讲稿可以把演讲者的观点、主张传达给听众以及读者，使他们信服，并在思想感情上产生共鸣。

例文 3-18

论鲁迅

（一九三七年十月十九日）

同志们：

今天我们陕北公学主要的任务是培养抗日先锋队的任务。当着这伟大的民族自卫战争迅速地向前发展的时候，我们需要大批的积极分子来领导，需要大批的精练的先锋队来开辟道路。这种先锋分子是胸怀坦白的，忠诚的，积极的与正直的；他们是不谋私利的，唯一地为着民族与社会的解放；他们不怕困难，在困难面前总是坚定的，勇往直前；他们不是狂妄分子，不是风头主义者，而是脚踏实地富于实际精神的人们。他们在革命的道路上起着向导的作用。目前的战局只是单纯政府与军队的抗战，没有广大的人民参加，这是绝对没有最后胜利的保障的。我们现在需要造就一大批为民族解放而斗争到底的先锋队，要他们去领导群众，组织群众，来完成这历史的任务。首先全国的广大的先锋队要赶紧组织起来。我们共产党是无产阶级的先锋队，同时又是最彻底的民族解放的先锋队。我们要为完成这一任务而苦战到底。

我们今天纪念鲁迅先生，首先要认识鲁迅先生，要懂得他在中国革命史中所占的地位。我们纪念他，不仅因为他的文章写得好，是一个伟大的文学家，而且因为他是一个民族解放的急先锋，给革命以很大的助力。他并不是共产党组织中的一人，然而他的思想、行动、著作，都是马克思主义的。他是党外的布尔什维克。尤其在他的晚年，表现了更年青的力量。他一贯地不屈不挠地与封建势力和帝国主义作坚决的斗争，在敌人压迫他、摧残他的恶劣的环境里，他忍受着，反抗着，正如陕北公学的同志们能够在这样坏的物质生活里勤谨地学习革命理论一样，是充满了艰苦斗争的精神的。陕北公学的一切物质设备都不好，但这里有真理，讲自由，是造就革命先锋分子的场所。

鲁迅是从正在溃败的封建社会中出来的，但他会杀回马枪，朝着他所经历过来的腐败的社会进攻，朝着帝国主义的恶势力进攻。他用他那一支又泼辣，又幽默，又有力的笔，画出了黑暗势力的鬼脸，画出了丑恶的帝国主义的鬼脸，他简直是一个高等的画家。他近年来站在无产阶级与民族解放的立场，为真理与自由而斗争。鲁迅先生的第一个特点，是他的政治的远见。他用望远镜和显微镜观察社会，所以看得远，看得真。他在一九三六年就大胆地指出托派匪徒的危险倾向，现在的事实完全证明了他的见解是那样的准确，那样的清楚。

鲁迅在中国的价值，据我看要算是中国的第一等圣人。孔夫子是封建社会的圣人，鲁迅则是现代中国的圣人。我们为了永久纪念他，在延安成立了鲁迅图书馆，在延长开办了鲁迅师范学校，使后来的人们可以想见他的伟大。

鲁迅的第二个特点，就是他的斗争精神。刚才已经提到，他在黑暗与暴力的进袭中，是一株独立支持的大树，不是向两旁偏倒的小草。他看清了政治的方向，就向着一个目标奋勇地斗争下去，决不中途投降妥协。有些不彻底的革命者起初是参加斗争的，后来就“开小差”了。比如德国的考茨基、俄国的普列汉诺夫就是明显的例子。在中国这等人也不少。正如鲁迅先生所说，最初大家都是左的，革命的，及到压迫来了，马上有人变节，并把同志拿出去献给敌人作为见面礼。鲁迅痛恨这种人，同这种人做斗争，随时教育着训练着他所领导下的文学青年，教他们坚决斗争，打先锋，开辟自己的路。

鲁迅的第三个特点是他的牺牲精神。他一点也不畏惧敌人对于他的威胁、利诱与残害，他一点不避锋芒地把钢刀一样的笔刺向他所憎恨的一切。他往往是站在战士的血痕中，坚韧地反抗着、呼啸着前进。鲁迅是一个彻底的现实主义者，他丝毫不妥协，他具备坚决的心。他在一篇文章里，主张打落水狗。他说，若果不打落水狗，它一旦跳起来，就要咬你，最低限度也要溅你一身的污泥。所以他主张打到底。他一点没有假慈悲的伪君子的色彩。现在日本帝国主义这条疯狗，还没有被我们打下水，我们要一直打到它不能翻身，退出中国国境为止。我们要学习鲁迅的这种精神，把它运用到全中国去。

综合上述这几个特点，形成了一种伟大的“鲁迅精神”。鲁迅的一生就贯穿了这种精神。所以，他在文艺上成了一个了不起的作家，在革命队伍中是一个很优秀的很老练的先锋分子。我们纪念鲁迅，就要学习鲁迅的精神，把它带到全国各地的抗战队伍中去，为中华民族的解放而奋斗！

本篇是毛泽东同志 1937 年 10 月 19 日在陕北公学召开的鲁迅逝世周年纪念大会上的演讲，着重阐述鲁迅的几个突出特点，精深独到，议论深刻，语言生动活泼，尤其巧妙地使用比喻，为演讲语言增添了色彩。

一、演讲稿的概念

演讲稿也叫演讲词，是演讲者在演讲时所依据的文稿。写好演讲稿既是演讲成功的关键，也是成功的演讲者应具备的基本功夫。演讲稿是一个庞大的文书组群，种类很多，包括讲话稿、演说稿、开幕词、闭幕词、欢迎词、欢送词、贺词、祝词、悼词等。

演讲稿所选的话题应当是从现实中发掘出来的，是现实生活当中需要解决的问题。演讲稿中注入演讲者强烈的感情，并以恰当的方式表现出来，就会具有强大的感召力。演讲者在演讲中对听众动之以情，使其在浓烈的情感作用下，明辨是非、认识真理。

二、演讲稿的特点

（一）简洁性

要做到主题集中，演讲稿的结构需要具有很强的逻辑性，即层次分明、有条理、语言准确精练，使听众一听就能够明白并乐于接受。演讲稿能给人以真实亲切之感，要讲真话、讲实话，不哗众取宠。演讲稿最好用第一手材料。

（二）生动性

演讲是要“讲”，所以演讲既重内容又重声音。声音转瞬即逝，有内涵的语句却能让人回味无穷。演讲稿的语言要求通俗易懂、形象生动。

（三）感召性

演讲稿要有鼓动性和煽动力，要能够说服听众、感染听众；要使听众思想为之撼动、精神为之振奋、情绪为之激昂、热血为之沸腾。

三、演讲稿的种类

按照演讲表达方式的不同进行分类，演讲稿可分为三大类。

（一）叙述式演讲稿

这种演讲稿以叙述为主要表达方式向听众陈述自己的思想、经历、事迹，常在转述自己看到的、听到的他人的事迹或事件时使用。叙述当中，也可夹用议论和抒情。叙述式演讲稿对客观事物真实地记叙，多以演讲者的见闻、体验为依据，选取若干具有代表性的生活片段并诉诸情感，寓宣传教育于形象感染之中，从而突出主题，打动听众。

（二）议论式演讲稿

这种演讲稿比较常见，是以议论为主要表达方式，摆事实、讲道理。议论式演讲稿中既有事实材料，又有理论根据，讲究逻辑性、思想性。议论式演讲稿通过富有逻辑性的论证，对听众晓之以理，反映事物的本质和内部规律，达到宣传真理的目的。

（三）说明式演讲稿

这种演讲稿以说明为主要表达方式，借助叙述、描写、议论来间接抒情。说明式演讲稿主要是对听众说明事理，通过解说某个道理或某一问题来达到阐明观点的目的。

四、演讲稿的结构和写法

演讲稿一般由标题、署名、称谓、正文组成。

（一）标题

标题是演讲稿主要内容的概括和提炼，要简洁、新颖、富有吸引力，给人耳目一新的感觉。标题在第一行居中用较大字体书写。

标题的写法多种多样，比较灵活，有单标题和双标题两种形式。

（1）提要式：提炼演讲稿的主题思想，把核心意思简明概括出来，如“中国人能够创造奇迹”“奋战大堤六昼夜舍家报国好党员——抗洪英雄×××烈士事迹汇报”。

（2）寓意式：运用比喻等修辞手法，把抽象的哲理具体化、形象化，深入浅出地揭示主题思想，如“理想在校园起飞”。

（3）警句式：运用名言警句当标题，发人深省，如“德能正其身，才能胜其任”。

（4）设问式：通过设问来引人思考，答案往往是演讲稿表达的主题，如“生命的意义何在”。

（5）抒情式：标题具有强烈的感情色彩，以情动人，如“说一次我爱你”。

（二）署名

在标题之下居中书写演讲者的姓名。姓名前面可以加上演讲者所在单位、所在学校等必要的注释信息，字体比标题稍小些为宜。

（三）称谓

在署名之下另起一行顶格书写对听众的称呼。演讲稿中常用“同学们”“同志们”“朋友们”“各位领导”“女士们、先生们”等称呼，前面可以加上“尊敬的”等敬语。称谓要视听众对象和演讲场合而定，应当自然、亲切、得体，起到拉近距离与沟通感情的作用。称谓后加冒号。

（四）正文

1. 开头

开头又叫开场白，是演讲稿的导入部分，在演讲中的作用重大。这部分内容虽然简短，但要精彩，引人入胜，能迅速激起听众的浓厚兴趣。称谓之下另起一行空两格是演讲稿的正文部分。

（1）开头的特点。

1）吸引听众的注意力。一般来讲，演讲稿中最好讲那些不会引起反感的、为大家普遍接受的观点和普遍关注的问题。

2）语言平易近人。演讲稿要以听众的理解水平为基点，以平易近人的语言进行表达，创造一个有利于听众接受观点的条件。

3）直接扣住主题。演讲属于口头交流，声音转瞬即逝。漫无目的地开始会使听众丧失耐心，分散注意力，因此除了必要的铺垫，开头要直述主题。

4）提供必要的背景材料。为了使听众正确理解演说内容，开头应当使听众了解一些与主题有关的重要事实，这样有利于后文的论述。

（2）常见的开头写法。

1）开门见山式：开篇就用精练的语句揭示全文的主旨，提出问题，摆出观点。例如，毛泽东在《改造我们的学习》一文开头直截了当地指出："我主张将我们全党的学习方法和学习制度改造一下"。开头即进入正题，引起听众的注意。

2）提问式：也称设置悬疑式，开篇提出发人深省、引人入胜的问题，通过设置悬念，使听众兴趣骤增，积极思考。

3）渲染烘托式：演讲者运用生动、形象、富有感染力的语言营造一种适宜的氛围，或幽默，或严肃，为全篇演讲稿定下基调。

4）名言警句式：开头恰当引用名言警句、诗词、谚语以及轶闻趣事等。如邓拓《事事关心》开头就引用了东林书院的一副对联"风声、雨声、读书声，声声入耳；家事、国事、天下事，事事关心"。

好的演讲稿，要讲究开头的艺术性，先声夺人，为演讲成功奠定基调。

2. 主体

主体部分是演讲稿的主干、核心，是对主题的逐渐展开、丰富和深化。它运用大量真实感人、具有说服力的材料来论证、说明演讲者的观点、认识。写法上既可叙事，也可议论、抒情。一篇演讲稿的主体部分能否写好，直接关系演讲的质量和效果。

（1）内容上：选择恰当的例子，事例在精不在多，真实、可靠和典型的事例能够打动听众。以理服人——好的演讲稿要紧扣事例的内在精神，用高度凝练的哲理性语言将这种精神予以揭示和升华；说理要论证充分，有感而发，给人启迪与鼓舞。以情动人——好的演讲稿要以强烈的感情来打动听众，具有一定的感染力。

（2）结构上：运用对比式，围绕演讲主题，从正反两个方面组织材料进行论证，形成强烈反差，给人印象深刻；运用排比式，将演讲主题分为几个并列的分题，逐个展开论述，气势磅礴，具有强烈的感染性；运用递进式，按照时间、因果、逻辑等内在联系，循序渐进地展开论证，符合听众的认知规律，最后达到情感高潮和主题高潮。为了使听众能够更清楚地感受演讲的层次与脉络，演讲者还要注意使用过渡句和过渡段来衔接各层次之间的内容，给人以条理分明、层次清晰之感，对演讲稿有一个结构完整的印象。

（3）表达上：综合运用比喻、排比等修辞手法，以增强传递感情的效果。

（4）语言上：演讲者要把握好节奏，时刻抓住听众的情绪，做到张弛有道。又由于演讲是口语表达的艺术，因此演讲者可以有意识地使用一些音色美妙的词汇来增加语音的美感，使之悦耳动听。

3. 结尾

结尾是演讲稿的画龙点睛之笔，要力求做到干净利落。结尾可用有感染力的语言，给听众强大的震撼，把听众的情绪推到最高点；或用耐人寻味、意义深远的语言，给人留下深刻印象。

（1）总结全文式：用极其精练的语言对全文的内容进行概括性总结，使听众对演讲有清晰明确的印象。

（2）号召式：展望未来、提出希望、发出号召，具有感染力，使听众有向上的力量。例如，郭沫若《科学的春天》中的结尾："春分刚刚过去，清明即将到来。'日出江花红胜火，春来江水绿如蓝。'这是革命的春天，这是人民的春天，这是科学的春天！让我们张开双臂，热烈地拥抱这个春天吧！"

五、演讲稿的写作要求

（一）有的放矢，具有针对性

演讲稿是讲给人听的，因此写演讲稿时要考虑听的对象。演讲者要了解听众是谁，他们的思想状况、文化程度、职业状况如何；了解他们的心理、愿望和要求是什么；了解他们所关心和迫切需要解决的问题。此外，演讲者还要考虑演讲的场合和演讲者自己所处的地位、身份等。

（二）观点鲜明，具有启发性

一篇演讲要有一个中心，有一个明确的观点，即主张什么、反对什么，要说得清清楚楚。演讲稿要具有启发性，演讲者要通过充实的内容，晓之以理，让听众心悦诚服地接受演讲的内容和观点。

（三）语言通俗生动，具有感染力

演讲稿是说给人听的，语言明白晓畅、自然朴素、生动形象，把抽象的道理具体化、把概念的东西形象化，是产生感染力的先决条件。演讲者要能够现身说法，与听众做感情上的交流，而不是以教育者自居，这是使演讲稿产生感染力的重要条件。同时，演讲稿要以情动人，无论是议论、说明还是叙述，字里行间都应倾注真情实感。整篇演讲稿要既有冷静的分析，又有热情的鼓动；既有所怒，又有所喜；既有所憎，又有所爱。只有语言生动、感情充沛地演讲，才能打动读者。

拓展阅读

在庆祝中国共产党成立100周年大会上的讲话

单元小结

本单元讲授了人们在社会交往活动中常见的竞聘词和演讲稿的写作知识和写作技巧。

竞聘词和演讲稿在我们的日常生活、学习工作中扮演着重要的角色。在一些较为隆重的场合，一个精彩的演讲可以恰当地展示自己才华、能力；在工作中，竞聘演讲是竞争上岗过程中的重要一环。我们要认真学习竞聘词和演讲稿的写作技巧，在自己的职业生涯中充分发挥这两个文种的价值，实现自己的理想。

实践操作

一、改错题

竞聘报告

尊敬的评委：

你们好！

勤政、廉政、优政、强政，这是您身居县长之位的个性，这是老百姓的福气。我坚信在以您为核心的县委正确领导下，××县的改革会更进一步，发展会更快，变化会更大。改革总有逆流，发展必遇曲折。××县人杰地灵，而少数干部特别是个别科局级主要领导曾有种恶习，乐于居功自傲，不善谦虚砺学，不勤求实干事，更甚跑官要官，此风重损××县干部形象。

国运兴衰系于教育，只有深入推进改革才能有效化解教育面临的诸多矛盾，才能迅速摆脱教育面临的种种困境。我认为××县教育当前重中之重，一要以习近平新时代中国特色社会主义思想为指导，用党的教育方针统揽全局，进一步端正办学思想，进一步规范教育行为，进一步挖掘内部潜力。二要以巩固提高“普九”成果为重点，调优学校布局，整活教育资源，大力办好县一中、××××学校等名校，全面提升县属学校办学水平，不断满足人民群众日益增长的多层次基础教育需求。三要按照“事业心与责任感、开拓性与发展性、素质型与年轻化”的要求，努力造就一支合格的学校校长队伍。四要率先在城区和所有县属学校，大胆稳妥推行“竞争上岗，能进能出，优胜劣汰”的用人激励机制，努力诱发全县教职工敬业精神和工作危机感……争取多层面领导对教育事业的重视，求得广大群众对教育事业的支持，这是确保教育持续发展的不竭动力和无限生机。

我是农民的儿子，小学教师起家，向来工作踏实，始终善待人生，一步一个脚印。扪心反思，掂量自己，本人有高度的责任心和实干精神，有与时俱进的参谋教育发展的能，有一定理论修养，以及积累教育经验、推进教育创新的实力，完全自信能担当起教育长的重任。恳请××书记和县委给予信任。如有不妥甚至胆大妄为之处，请给予批评。

二、写作题

1. 学校要开展大学生艺术节活动，请以“我的大学生活”为题，撰写一篇演说稿。

2. 在学校团委的纳新活动中，你想竞聘成为体育部副部长，请结合自身实际，撰写一篇竞聘词。

单元四

请柬和邀请函

学习目标

知识目标

1. 了解礼仪文书请柬、邀请函的概念、特点
2. 掌握写请柬、邀请函的写作要求

能力目标

1. 能够撰写适用于礼仪活动的请柬
2. 能够撰写适用于礼仪活动的邀请函

素养目标

1. 谦虚谨慎，尊重他人，懂感恩知礼节，传承中华民族传统美德
2. 培养思辨能力，提高语言运用能力以及借助礼仪文书进行沟通交流的能力

单元导入

本单元介绍的请柬和邀请函就属于礼仪文书。人生活在社会中，必然会有各种各样的交际活动，维系、调节、发展人与人之间的关系就必须讲究交往的礼节、仪式。身居礼仪之邦，应为礼仪之民。要做礼仪之民，就应当准确了解日益频繁使用的礼仪文书的各种特点，并做到娴熟地运用礼仪文书来为我们日益频繁的交际活动服务。

专题一　请柬

请柬不同于一般的信函和通知，它具有比普通信函和通知更为庄重的特点，通过请柬

简要的文字传递的情感是其他任何信函和通知都无法替代的。请柬的使用，是社会文明秩序、个人道德修养及审美意识的反映。请柬在日常生活、工作和学习中，充当了友谊的使者，发挥一种特殊的作用，使人和人之间的感情更加融洽、和谐。

一、请柬的概念

请柬，又叫请帖、柬帖，是为邀请客人来参加某项活动而发出的书面信函。各种会议（学术交流、评审会、洽谈会、联谊会、展览会、订货会）、典礼（开业庆典、毕业典礼、奠基开工典礼）、纪念活动、庆祝活动（店庆、校庆、婚庆）、文艺活动以及其他需要邀请上级机关、社会人士和有关人员参加的活动，都应该使用请柬。

二、请柬的特点

（一）内容具体明确

任何请柬的使用都有明确的目的，确定的对象，具体的时间、地点和内容。

（二）语言庄重文雅

请柬是一种书面形式的邀请，比一般口头邀请显得庄重而诚恳，因而它的措辞比较讲究，风格上文雅而明快，大方而庄重。请柬的语言要体现出对被邀请者的尊重和期待。

（三）格式固定，篇幅短小

请柬有规范的惯用格式。为了便于理解，请柬篇幅短小，用语简单，交代时间、地点、邀请内容即可。

（四）外观精美，形式多样

请柬形状的选择比较自由，款式精美，要能够显示活动的性质和对被邀请者的尊重。

三、请柬的结构和写法

请柬属于专用书信，因此符合书信的格式书写即可。请柬的排版既可以是横式的，也可以是纵式的，内容由标题、称谓、正文、落款、附启语组成。（专用书信与一般书信在格式上的区别就是是否有标题。）

（一）标题

有封面的请柬，在封面上标出“请柬”或“请帖”字样，字号略大；无封面的请柬，在第一行中间位置写清标题，字号要大于正文，以醒目为要。

标题一般要做一些艺术加工，如用美术字、烫金、饰以花边等；标题的字体要美观大方，以示尊重、喜庆。

（二）称谓

在正文的上面一行顶格写上被邀请者（个人或单位）的名称。为示尊重，姓名之后要加职称或“同志”“先生”“女士”等称呼。如果被邀请者为单位，要用单位全称而不能用简称，否则显得不礼貌。称呼之后要加冒号，表示有话要说。

有些宴会、文艺演出、招待会的请柬，往往不是具体邀请某个人去指导什么，而是出于单位、机构之间的感情交流目的发出邀请，或对对方单位、机构表达谢意，此时也可不写被邀请者的姓名。

（三）正文

称谓下一行空两格交代活动内容，包括举行活动的时间、地点和具体事宜；一些特殊的会议还要说明会议的宗旨，必要时还需要附上主要议题，以便被邀请者决定是否参加或做一些必要的准备。

正文末尾一般要写上邀请语，以表示谦恭热情的态度，如“敬请届时光临”“敬希莅临指导”“敬请参加”“恭候光临”“致以敬礼”“顺致崇高的敬意”等。

（四）落款

在正文的后下方注上邀请者（个人或单位）名称和发出请柬的时间。邀请者署名既可以是单位名称，也可以是个人名称，个别情况下也可以两者都写。

如果是几个单位联合开展某项活动（如展览会、招待会、研讨会、茶话会等），落款时一般是举办单位联合署名。有时为示郑重，单位可加盖公章。

请柬的时间，一般只注明月、日即可。

（五）附启语

有些请柬根据不同情况还要加上各种附启语，如“每柬×人”“凭柬入场”“校址：××市××区××大街××号”“每星期×下午闭馆”等。

个别需要对方确认的请柬还要写上“能否应邀，请早日回复”“能否前往，请回复”之类的附启语。

附启语常写于请柬的左下方。

例文 3-19

请　柬

××先生：

谨定于××××年八月十六日（星期三）上午九时整，在××省运动技术学校（××市一环路南三段十六号）俱乐部一楼大厅，举行“可口可乐，临门一脚”足球队教练员培训班及“可口可乐杯”全国奥林匹克青年足球赛新闻发布会，恭请拨冗光临！

××有限公司

××××年8月7日

这份请柬用语讲究，礼貌恭敬，具体时间、地点、事项交代清楚，语言简洁。

四、请柬的写作要求

（1）目的明确。请柬必须把活动的时间、地点、内容、主办单位等事项准确、明白地告诉被邀请者，同时又要体现简明性的特点，要三言两语把事情说清楚，切忌重复啰唆。

（2）语言庄重文雅。请柬作请客之用，具有谦恭性和礼节性的特点，因此语言要讲究礼貌，措辞要掌握分寸，要谦恭、热情、典雅、得体，但也不要专为求雅而一味运用古语，更不要堆砌辞藻或套用公式化语言。

（3）外观精美。请柬在款式和装帧上要作一些适当的艺术加工，如使用质量较优的纸张（书写内容的一面通常为白色或象牙色，另一面为红、黄、白、绿等色）、封面烫金、彩印、使用美术字等，以使其精致、美观，甚至成为工艺品，将实用性和艺术性完美地结合起来。

（4）发送请柬的时间要选择恰当。请柬的发送时间要讲究适时——过早，容易使被邀请者遗忘；过晚，又会使被邀请者措手不及，或来不及安排。因此，一般情况下应有专人负责发送请柬。

（5）写结婚请柬时，如果被邀请者是夫妇二人，姓名要并排写，邀请者署名时也要并排写。为显诚恳，手写最佳，字体工整，无错别字。为示喜庆，这种请柬要用红纸。

专题二　邀请函

邀请函有时又叫邀请信、邀请书等。邀请函实际上就是一种比较复杂的请柬，它除了起到请柬的作用，还要向被邀请者交代相关的事情，类似通知。邀请函多用于集体组织。

邀请函不同于党政公文中的函，二者在法律效力和行文要求上有所不同。函是法定公文，写作、制发均要严格遵守《党政机关公文处理工作条例》。邀请函属于礼仪文书，不具备法定效力，对收文一方没有约束力；行文灵活，格式约定俗成，语言讲究文雅。

例文 3-20

××市速记协会培训中心××速录培训总部
邀请函

××××学校领导：

为了进一步提高速录教师水平和专业素养、更好地服务广大院校开展××中文速录技能的学术理论交流和教学活动，中国中文××学会、××市速记协会经商讨研究后决定：建立“××速录技术师资培训、轮训制度”，开办××速录技术师资培训、轮训班。培训班具体事宜如下：

一、培训内容

本培训班为师资培训，内容全面、实用，除了全面培训××中文速录技能，还包括传授××速录基础编码要点、相关软硬件应用知识、××基础训练的内容和方法、速度训练的内容和方法。同时，本次培训安排说课环节，所有参训教师都要现场模拟授课，进行集体讨论。

二、培训对象

凡现任教及准备任教于××速录课程的教师，尤其是未参加过师资轮训的教师。

三、培训模式

集中授课、大屏幕投影、集体讨论、教学模拟、现场讲评等。

（一）集中培训：需要培训的单位安排受训人员到××市速记协会培训中心进行培训。

（二）现场培训：培训中心可根据培训单位的需求安排培训中心的教师到当地进行现场培训。

四、培训时间和地点

（一）培训时间：2024 年 5 月 1 日—10 日

（二）培训地点：××市速记协会培训中心（××速录培训总部北校区）位于××市××区清河镇永泰庄路，清河大桥东侧公交集团培训学校内，读书楼一层。

五、其他事宜

（一）项目费用

师资培训项目：4 000 元/人。

（二）食宿费用

1. 学员宿舍：集体宿舍 6 床/房，50 元/床/日，无床上用品，有暖气空调、卫生间，校内可洗澡、打开水，不允许使用电器。

2. 宾馆标准间：自己预订，参考信息（红安永泰杨经理×××××××××××，218 元/天、238 元/天，能刷卡；鹏海酒店×××××××××，150 元/天、大床房 160 元/天，不能刷卡）。

（三）设备费用

商务机 5 800 元/台；语音伴侣 1 980 元/套。

六、联系方式

联 系 人：杨××（培训部主任）

联系电话：×××××××××××

传　　真：×××-×××××××××转××××

为与贵机构共同发展、共谋前程，特向贵机构发出邀请，望前来参加。

××市速记协会培训中心

2024 年 3 月 20 日

这份邀请函类似通知，无论是格式还是措辞都带有与工作性质相匹配的庄重。但由于是邀请参加付费培训，因此本文又兼具礼节性，特别是祈请意思的结束语，表现了邀请之意。邀请的事由、时间、地点都很清楚。本文层次分明，条理清晰，对收文一方没有约束力。

一、邀请函的概念

邀请函是党政机关、企事业单位、社会团体或个人邀请有关人士前来参加会议、学术报告、纪念活动等各类活动，或者帮助指导工作的专用信函。

例文 3-21

××××大学20××届毕业生就业洽谈会邀请函

各位毕业生：

为做好××××大学20××届毕业生就业工作，协助用人单位招聘人才，我校招生就业处将于20××年3月16日（周六）13:30—17:30在××××大学厚德会堂、宏业体育馆举办“××××大学20××届毕业生就业洽谈会”。届时我校将邀请100余家用人单位参会。请同学们做好充分准备，以最佳的状态开启职业生涯之路！

洽谈会具体事宜安排如下：

一、洽谈会面向校内学生开放

各位毕业生凭校园卡（学生证）由厚德会堂、宏业体育馆北门排队入场。

二、会场安排

1. 厚德会堂内为财经学院、工艺美术设计学院、旅游学院招聘会场。

2. 宏业体育馆内为数字信息学院、商贸学院、管理学院招聘会场。

三、现场注意事项

1. 请自觉维护场馆内外公共秩序。

2. 请参会同学自行准备个人简历等应聘材料。

四、温馨提醒

1. 请同学们按照各个系部的招聘地点准时参加。

2. 请同学们服从现场工作人员安排，持校园卡或学生证经核实后进入会场。

附录：参会用人单位名录及现场展位图

××××大学学生招生就业处

20××年3月10日

本文在介绍了时间、地点、活动名称等内容外，特别强调了大型活动应当注意的问题，提醒学生注意场地、进场方式、携带证件、准备个人简历等事宜，并提供参会用人单位名录及现场展位图。本文表意周全，利于学生了解活动情况。

二、邀请函的特点

请柬与邀请函都具有邀请的作用，都具有庄重性和礼仪性的特点。

请柬更庄重，更具有礼仪色彩，一般适用于喜庆活动。邀请函的内容比请柬复杂，信息容量更大，要求有较详细的邀约内容；措辞及制作比请柬更朴实，更具有工作性、事务性，适用范围也更广。

三、邀请函的种类

（1）会议邀请函，即为邀请对方参加有关会议所发的邀请函，如召开工作会议、理论座谈会和学术研讨会议的邀请函。

（2）活动邀请函，即举行各类活动所发的邀请函，如纪念活动和庆典活动等。

（3）事务邀请函，即邀请对方承担某一项任务的邀请函，如邀请进行专题演讲、承担某项科研任务。

四、邀请函的结构和写法

邀请函适用书信格式，由标题、称谓、问候语、正文、落款等部分组成。

（一）标题

标题有两种写法：一是直接写邀请函或邀请信；二是由事由、文种构成，如《关于出席××会议的邀请函》。邀请函的标题要用大于正文的字体，位于页面上方居中。有时标题也可以饰以花边，或用美术字。

（二）称谓

标题下一行顶格写称谓，一般写被邀请的单位全称或“个人姓名＋职位（职称）”或“个人姓名＋先生/女士”等尊称，后加冒号。

（三）问候语

称谓下另起一行空两格写问候语。问候语一般写“您好”。

（四）正文

正文一般由前言、主体、结束语构成。

正文通常要求写出举办活动的背景、目的、时间、地点、内容、方式、邀请对象以及需要邀请对象所做的工作等。活动的各种事宜务必在邀请函中写周详。如果邀请了外地来宾，在正文之后可将报到地点、食宿安排、接站安排、乘车线路等信息告知被邀请者。若附有票、券等物也应同邀请函一并送给邀请对象。

（1）前言，标明何时何地有什么活动。

（2）主体，标明这次活动的有关事项，如住宿、接待、往返路线、是否发言、准备资料等具体事项。

（3）结束语，另起一行，写祝颂语或恭候语，如“敬请光临”“欢迎光临”“敬请莅临指导”等，或直接写在正文结尾处。

（五）落款

另起一行，在正文右下方写上发出邀请的单位名称或个人姓名，成文日期写在署名下方。若邀请者是单位，还应加盖公章。

例文 3-22

邀请函

××大学：

根据省委宣传部关于今年重大活动宣传的统一部署，我厅将举办“五月的鲜花”——纪念五四运动大型歌咏会，并由××教育电视台等单位负责承办。本活动时间拟定于5月2日下午，在××工业大学室外演出并进行电视直播。因演出活动的需要，经编导与贵单位领导初步协商落实，现正式向贵单位发出参加活动邀请函。请将回执单填好并传真给××教育电视台节目编导组。因本次演出纪念活动为全省电视直播，恳请贵单位认真抓好节目的整体质量。节目审查时间为4月20日左右。具体事宜请与编导组联系。

联系人：王×、周××、陈×　　　　联系电话：12345678901

另外，请贵单位领队及节目指导教师于本月23日（星期二）下午2:00到××教育电视台四楼会议室参加节目协调会。

此致

敬礼

广播电视厅

2024年4月10日

这份邀请函中的邀请事由、时间、地点都很清楚。由于是邀请参加演出，因此措辞带有与工作性质相适应的庄重。

五、邀请函的写作要求

（一）礼貌恭敬

邀请函的主要内容类似于通知，但又有几分商量的意思，所以用词要礼貌，不能以行政命令式的态度措辞。有些邀请函还在开头解释不能面邀的原因，以免引起不必要的误会。

（二）事项周详

邀请函除了具有邀请的作用，还有通知的作用，是被邀者进行必要准备的一个依据。所以，各种事宜一定要在邀请函上显示出来，使邀请对象有准备而来，这样也会为活动主办的单位或个人减少一些意想不到的麻烦。

（三）注意发送时间

邀请函要尽早发送到被邀请者手中，使其对各种事务有一个统筹的安排，不会出现来不及准备或拿到邀请函时已过期导致不能按时参加活动的情况。

拓展阅读

求贤令

单元小结

本单元讲授了请柬和邀请函的写作知识和写作技巧。礼貌和真诚是我们在人际交往中必不可少的美德，可以使我们获得更多的机会和可能。我们要认真学习，写出准确简明、富有说服力的礼仪文书，发挥礼仪文书在交际中的作用，拥有良好的人际关系，为自己的职业发展插上腾飞的翅膀。

实践操作

一、改错题

请阅读下文，修改错误并说明理由。

邀请函

尊敬的王教授：

我们学会决定于××××年×月×日在××学院举办民间文学理论报告会，恭请您就有关民间文学的现状与发展发表高见，务请拨冗出席。

顺祝健康！

××省文学研究会
联系人：×××
××××年×月×日

邀请函

×××先生/女士：

听闻您对大学生就业问题研究颇深，为了帮助大学生解决就业方面的疑惑，我系拟于××××年×月×日上午举办大学生就业问题专题报告会，特邀请您到会做关于就业形势分析及应对的报告。

恳请您务必拨冗光临。

××××职业技术学院××系

××××年×月×日

二、写作题

1. ××大学文学研究会要举办“《西游记》学术讨论会”，定于2025年×月×日在珠海召开。请代发起单位写一则请柬，邀请文学评论专家段××到会指导。

2. ××大学将举办第十九届秘书节，请为该校秘书节开幕写一篇祝词。

3. 请你代学院拟写一份邀请校企合作的××公司的××经理光临上述秘书节的请柬。

4. 假设你高中毕业8年了，今年你和几个同学牵头，拟在5月组织一次同学聚会。请你代全班同学给当年的班主任写一份聚会邀请函。

5. ××××年×××职业技术学院喜迎建校45周年。在这喜庆的日子里，×××职业技术学院进行积极的准备工作。请你代学校校庆筹备委员会给校友写一份邀请函，邀请他们回校参加校庆。

单元五

申请书和倡议书

学习目标

知识目标

1. 了解申请书、倡议书的概念、特点
2. 掌握写申请书、倡议书的写作要求

能力目标

1. 能够撰写意愿要求合理、态度诚恳、符合规范的申请书
2. 能够撰写价值观正确、切实可行、有感召力的倡议书

素养目标

1. 提高政治素质，具有大局意识和社会责任感
2. 培养思辨能力，提升执行能力和语言运用能力

单元导入

书信是生活、学习和工作中普遍使用的一类应用文，是人们在社会生活中广泛使用、不可缺少的交际工具。它有一定的适用范围和特定格式，分为一般书信和专用书信。用于向家人、同志、亲友表达问候、交流思想、联系事情、讨论问题的书信称为一般书信，一般没有标题；党政机关、社会团体和企事业单位用于礼仪交往、联系工作的书信称为专用书信。申请书、倡议书、证明信、介绍信、自荐信、感谢信、表扬信、慰问信、公开信、聘书等都属于专用书信。

专题一　申请书

申请书的适用范围非常广泛，可以是申请加入社会组织的，如入团申请、入党申请等；可以是申请解决问题的，如休学申请、助学金申请、工作调动申请等；可以是申请获取某种权利的，如发明专利申请、商标注册申请等。

一、申请书的概念

申请书是个人或集体向所在组织、机关、企事业单位或社会团体表达愿望、提出请求时使用的书信体应用文。

例文 3－23

复学申请书

尊敬的系领导：

我是康养与旅游学院 2021 级旅游管理 2 班的学生李四（学号：123456）。我在去年的一次体育课上不慎摔倒，造成左手臂骨折。由于我需要住院治疗，不能上课，因此特向学院提交了休学申请。经过一年的治疗和调养，我现已基本痊愈。在家休养期间，我从未放弃学习，在学习通上完成了 2022 学年的各门课程，考试成绩均合格。为了不耽误下学期的课程学习，特提出申请，请求同意让我继续跟原班学习。

希望老师能考虑我的申请！

此致

敬礼

申请人：李四

2023 年 10 月 15 日

这则申请书格式规范，申请理由充分，愿望表达清楚、明白，语气诚恳，符合申请书的书写要求。

二、申请书的特点

（1）目的明确。申请书的行文目的是有所请求，因此申请书的内容一定包含请求事项，没有请求就称不上是申请书。

（2）内容单一。申请书要一文一事，内容单一明确，同一份申请书中不能包含多个请求。

（3）行文关系是个人对组织。申请书是个人向组织发文，表达个人的意愿、要求或困难等，以期得到组织的帮助、认可、接纳。

三、申请书的结构和写法

申请书一般由标题、称谓、正文、结束语、落款组成。

（一）标题

标题要在第一行居中用较大字体书写。标题的格式既可以是文种名称，如“申请书”；也可以是“申请事由＋文种”，如“入党申请书”“休学申请书”“助学贷款申请书”等。

（二）称谓

标题之下另起一行顶格书写审阅对象的名称，后加冒号。称谓既可以是单位名称，也可以是个人姓名。如果是写给个人，人名前可酌情加上“尊敬的”等敬语，人名后应当加上“先生”“女士”“经理”“主任”等称呼。

（三）正文

称谓之下另起一行空两格书写正文。正文一般由前言（申请事项）、主体（申请理由）、结尾（申请期望）三部分组成。

（1）前言：申请事项。前言写清申请的事情是什么，明确提出愿望和请求，表明申请的目的。

（2）主体：申请理由。主体部分围绕提出的申请事项，充分写明申请的理由。申请者既可以先提出申请事项，再阐述申请理由；也可以先阐述申请理由，后引出申请事项。前一种写法表达意思更直接，也更常见。

（3）结尾：申请期望。结尾围绕申请事项表明自己的态度、决心和愿望等，或做出相应的保证和承诺等。

（四）结束语

在正文之下另起一行空两格书写“此致”二字，再另起一行顶格书写“敬礼”二字，后面均不加标点符号。一些特殊事项的申请书，如入党申请书，常用“请党组织考验我”这类的语句作为结束语，后面加句号或感叹号。

（五）落款

落款包括署名和日期。署名前可以加上“申请人”“申请者”等字样。申请者的名称既可以是单位名称，也可以是个人姓名。

四、申请书的写作要求

（1）事项要明确。申请事项是申请书的行文目的所在，愿望或请求要写得明确具体，不能语意不详。

（2）理由要充分。申请理由要充分、明确才能使审阅对象了解和把握真实情况、申请原因和动机，进而决定是否批准申请事项。

(3) 语言要真诚。申请者写申请书，态度要诚恳，要用最简明、朴实的语言把自己的意愿准确地表达清楚。

专题二 倡议书

倡议书是由某一组织或社团拟定就某事向社会提出建议或提议社会成员共同去做某事的书面文章。它作为日常应用写作中的一种常用文体，在现实社会中有着较广泛的应用，能够在较大的范围内调动人们的积极性。作为一种建议、号召类的应用文，倡议书不带有强制感，它在轻松倡导之中宣传真善美，使人们无形之中受到深刻的教育。

例文 3-24

“践行大食物观 保障粮食安全”倡议书

粮食安全是“国之大者”。保障粮食安全是一个永恒的课题，手中有粮、心中不慌在任何时候都是真理。党的十八大以来，以习近平同志为核心的党中央把解决好十几亿人的吃饭问题作为治国理政的头等大事，立足世情国情粮情，提出“谷物基本自给、口粮绝对安全”的新粮食安全观，确立“以我为主、立足国内、确保产能、适度进口、科技支撑”的国家粮食安全战略。我国粮食生产能力不断增强，粮食流通现代化水平明显提升，粮食供给结构持续优化，国家粮食安全保障更加有力。

中国幅员辽阔、陆海兼备、物产丰富。在高质量发展中满足人民群众对美好生活需要，要持续优化食物结构、提升营养健康水平，多途径开发食物资源，让老百姓的餐桌上有更加丰富多样、营养健康的食物。

值此2023年世界粮食日和全国粮食安全宣传周到来之际，我们向全社会发出倡议：“践行大食物观保障粮食安全”。

全方位夯实粮食安全根基，让中国饭碗更牢固。深入实施“藏粮于地、藏粮于技”战略，实施新一轮千亿斤粮食产能提升行动，不断提高粮食综合生产能力。大力推进高标准农田建设，深入实施种业振兴行动，加强农作物病虫害防治能力建设，促进增产增效。加快农机农艺、良种良法等科技突破，强化现代农业产业技术体系建设。加强灾害应急管理，全面提高农业抗风险能力。

强化多元食物供给，让中国饭碗更丰盛。以大食物观构建粮食安全大格局，合理利用山水林田湖草沙等资源，宜粮则粮、宜经则经、宜牧则牧、宜渔则渔、宜林则林。注重向森林、草原、江河湖海要食物，向植物动物微生物要热量、要蛋白，开发丰富多样食物品种，实现各类食物供求平衡，构建高质量食物安全保障体系。

推进全链条节粮减损，让中国饭碗更丰盈。坚持系统思维、协同联动，推动粮食“产购储加销”全链条节约减损。加快推进农业关键核心技术攻关，提高粮食作物机械化作业水平，强化粮食产后服务体系建设，大力推广绿色低温储粮技术，完善标准引领适度加工、减少加工损耗和营养流失，持续推进饲料粮减量替代，切实减少生产、流通环节损失浪费，耕好节粮减损这块“无形粮田”。

培育绿色营养观念，让中国饭碗更健康。坚持绿色发展理念，大力倡导科学膳食，引导居民走出“精米白面”饮食误区，形成“粗细搭配”的习惯，优化膳食结构。大力倡导降油增绿，引导居民合理适量吃油，不断提高居民健康饮食和绿色消费水平。全面普及膳食营养和健康消费知识，推动食物供给由“保供”向“优供”转变，推动全社会生产生活方式向绿色低碳转型。

传承勤俭节约传统美德，让中国饭碗更文明。大力弘扬勤俭节约、理性消费、适度消费，引导居民厉行节约、反对浪费。积极践行爱粮节粮，推动爱粮节粮宣传教育进机关、进学校、进企业、进社区、进农村、进家庭、进军营，切实增强全民节约意识。倡导餐饮消费“量力而行”，摒弃“讲排场”传统陋习，争做文明用餐“排头兵”。

节用裕民，节俭兴国。爱粮节粮不是口号，关键要体现在每个人实实在在的行动中。让我们同心协力、身行力践，争做爱粮节粮的倡导者、推动者、践行者，以实际行动节约每一粒粮食，杜绝“舌尖上的浪费”，共同守护“大国粮仓”，为保障国家粮食安全贡献自己的力量。

国家粮食和物资储备局
农业农村部　教育部
科技部　全国妇联
2023 年 10 月 16 日

这则倡议书围绕“国家粮食安全”问题面向全社会发出号召，“践行大食物观 保障粮食安全”。这则倡议书先交代倡议的原因，“让老百姓的餐桌上有更加丰富多样、营养健康的食物”，这和每一个人都息息相关，能够引起广泛的共鸣；接着倡议发起 5 项活动，涉及方方面面，都切实可行，能够唤起大家参与其中的激情；最后发出号召，“共同守护‘大国粮仓’，为保障国家粮食安全贡献自己的力量”。全文格式规范，内容关系所有人的利益，短句的使用让内容的表达更清楚、明白，语气诚恳、真诚、生动，很有感染力。

一、倡议书的概念

倡议书是为发起某项活动而写的具有号召性、提议性专用书信，是由某一组织或社团拟定，就某事向社会提出建议或号召社会成员共同遵守某项约定的书面文字。倡议书是针对广大群众的，而对群众是否响应没有约束力。

根据不同的划分依据，倡议书分为不同的种类。按照倡议者所属划分，倡议书可分为个人倡议书、集体倡议书和机关部门、企事业单位倡议书；按照内容划分，倡议书可分为针对某一具体事件的倡议书和针对某种先进思想的倡议书。

二、倡议书的特点

（1）公开性。倡议书不是对某个人、某一集体、某一单位发出的，它的对象一般为群众或权益、愿望相同的大多数人，具有群众性和对象的不确定性，是要让广大的人民群众了解某一约定，从而激起更多的人响应，以期在最大的范围内引起共鸣的书信。

（2）感染力。倡议书号召和发动某些对象去参加某项活动或承担某种任务，具有较强的感染力，倡议对象通过响应号召而组织起来完成任务。所提出的建议或所倡导的事项，是真真切切地希望广大受众共同完成或共同遵守的。

三、倡议书的结构和写法

倡议书结构较灵活，一般由标题、称谓、正文、结尾、落款五部分组成。

（一）标题

倡议书标题一般写成“倡议内容＋文种”的形式，如“号召全社会共同植树造林的倡议书”；或写成“倡议对象＋文种”的形式，如“致全校师生的倡议书”；或只写“倡议书”三个字。

（二）称谓

倡议书的称谓可依据倡议的对象选用，如“广大的青少年朋友们”“全体师生”等。倡议书也可不单写称谓，而在正文中写明。

（三）正文

倡议书的核心部分是所倡议的具体内容，一般分两层来写。

一是发出倡议的背景、原因和目的。倡议书的发出意在引起广泛的响应，只有清楚交代发起活动的原因，以及各种背景事实，并申明发布倡议的目的，人们才会理解和信服，才会自觉地行动。如果这些因素交代不清，就会使人觉得莫名其妙，难以响应。

二是倡议的具体内容和要求。倡议的内容一定要具体化。开展什么样的活动、都做哪些事情、具体要求是什么，活动的价值和意义都有哪些……均应一一写明。倡议的具体内容一般是分条列项写的，这样清晰明确、一目了然。

（四）结尾

结尾一般使用发出号召的表示决心和希望或提出某种建议的语句。结尾一般不写表示敬意或祝愿的话。

（五）落款

在倡议书右下方写明发出倡议的单位、集体或个人的名称或姓名，以及发出倡议的日期。

四、倡议书的写作要求

（1）内容要符合社会主义核心价值观。倡议书的内容要与党和国家的方针政策相一致，符合时代精神和社会进步的需要，反映党和国家在新时期下的战略方针、政策举措，响应时代呼声，有利于人民的生活需要、社会的进步。

（2）有明确的倡议目标。倡议书的目标要明确、突出，要为提出这个目标提供充分的理论和现实依据，这也是倡议书是否有说服力、号召力和鼓动力的前提。

（3）所倡议的事项要有可行性。倡议要从现实出发，倡议的事项要具体可行。

（4）篇幅短小，有感染力。倡议书要一文一事，文字要明快简洁、通俗易懂，情感要饱满真诚。

例文 3-25

关于制止餐饮浪费的倡议书

广大市民朋友们，各机关企事业单位、餐饮从业者：

为深入贯彻落实习近平总书记关于制止餐饮浪费行为的重要指示精神，推动全市形成浪费可耻、节约为荣的良好社会氛围，我们发出以下倡议并号召积极落实。

做勤俭节约的践行者。从自身做起，把“光盘行动”当作一种习惯、修养和责任，以“光盘”为荣，以“剩宴”为耻。从每一餐做起，按需买菜，按量做饭，坚持做到吃光盘中餐、餐餐不剩饭。外出就餐推行“N－1 点菜法”，理性消费、合理配餐，不讲排场、不搞攀比，摒弃“爱面子”“讲排场”的陋习，做到用餐不多点、办酒不铺张、争取不剩饭、剩餐要打包。反对红白事宜大操大办，旗帜鲜明反对铺张浪费。

做制止浪费的支持者。倡导餐饮企业减少食材采购加工过程中的浪费行为，提高蛋奶肉菜、水电天然气使用效率，减少厨余垃圾。积极改革配餐方式，推出半份半价、小份适价、热菜拼盘等服务方式，在醒目位置张贴摆放宣传标识，主动提醒顾客适量点餐、光盘用餐、打包剩餐，引导消费者文明节俭用餐，减少食材浪费。

做良好风尚的引领者。严格执行《党政机关厉行节约反对浪费条例》，公共食堂、接待宾馆率先推行节约用餐，改进餐饮方式，按用餐人数配餐，鼓励按需、少量、多次取餐。广大党员干部、团员青年要带头厉行节约粮食、反对餐饮浪费，把节约理念贯穿到亲朋聚餐、食堂就餐、公务用餐等各方面，以实际行动引领崇尚节俭、反对浪费的新风尚。

做文明用餐的推动者。新时代文明实践中心（所、站）要广泛开展文明实践志愿服务活动，引导广大群众、消费者、餐饮企业推行公筷公勺公夹，提倡节约用餐，坚持光盘净盘。各级各类文明单位要积极倡导“公筷公勺＋光盘，文明餐桌我践行”的健康理念和绿色生活方式，深化干部职工教育，大力推行“光盘行动”，推动全社会建设文明餐桌，养成文明、健康、节俭的用餐习惯。

希望全市党员干部、团员青年率先垂范，在节约粮食、坚决制止餐饮浪费行为上走在前、作表率。号召广大市民朋友和餐饮从业者立即行动起来，倡导文明新风，培养节约习惯，努力在全社会营造浪费可耻、节约为荣的浓厚氛围。

××市委宣传部
××市文明办
2020 年 8 月 20 日

这则倡议书围绕“推动全市形成浪费可耻、节约为荣的良好社会氛围”的事项面向全社会发出倡议。倡议书首先交代提出倡议的依据、目的、要求；接着从四个方面作出倡议——做勤俭节约的践行者、做制止浪费的支持者、做良好风尚的引领者、做文明用餐的推动者；最后发出号召，“节约粮食、坚决制止餐饮浪费行为”。

拓展阅读

书信类文书——介绍信、证明信

单元小结

本单元讲授了申请书和倡议信的写作知识和写作技巧。专用书信用于礼仪交往、联系工作，是人们生活、学习和工作中广泛使用的一类应用文。掌握书信的写作技巧和写作要求，恰当地借助专用书信联系事务、表达愿望、提出请求，能够提高我们的办事效率。

实践操作

一、改错题

请指出下面这位同学的申请书的不妥当之处，并修改完善。

申请书

尊敬的学校领导：

你们好！我是××××学院××××专业××××级×班的本科生×××，很荣幸成为××××大学的一名学生。在这里已经度过的两年大学生活。经过两年的努力，我在各个方面都取得了很大的进步，在此特向领导申请国家助学金。

我来自农村，亲朋好友都为我考上××××大学感到骄傲。我怀着满腔的热情，离开故土来到××××大学求学。带着自豪与执着，我一直在努力地做着我应该做的事情——学习。在我求学的路上，父母省吃俭用，把学费、生活费寄给我，他们希望我能过得好。父母只想让我好好学习，我也只能用学习成绩来回报他们，每每取得好成绩向家里报告时，都可以感受到父母的欣慰，还有他们的嘱咐，这些让我再接再厉！

早年父母远走他乡打工挣钱，为我攒学费，这种情况一直持续到现在。也许是父母对我十分关爱，他们总是要我不要太薄待自己，总是把最好的东西留给我，他们说：“钱我们俩会努力去挣的，你尽管按你的需要去做你的事情吧！只要你将来能够有所作为。”每当听到这句话，我都会感到阵阵心痛。这 3 000 元的助学金对我来说能解决家里的困难，我只希望能让父母减轻些负担。

大学阶段是我人生中一个极为重要的阶段。在这两年中，我在各个方面都获得了很大的进步，综合素质得到了很大的提高。我也要特别感谢学校学院的大力培养，以及老师在专业方面的悉心指导生活中给我的支持和帮助。非常感谢国家给予我资助优秀大学生完成学业。今天我得到了帮助，以后的日子里我会更加严格地要求自己，学好专业知识，争取早日服务社会，为国家奉献一份力量。

敬请各位领导、老师加以评判审核！

二、写作题

1. 为丰富校园文化生活，学校团委成立了各种社团。你对蜡染手工艺作坊举行的活动很感兴趣，现想申请参加社团活动。申请书要求：主题正确，语言生动，有感染力。

2. 青少年已成为使用微博、微信等网络平台的主体。请根据以下材料，以团市委的名义写一封倡议书，倡导青少年合理使用微博、微信等网络平台。要求：观点明确，层次清楚，不超过600字。

目前，微博、微信已成为人们传递信息的热门渠道。相关数据显示，微博、微信用户群体中，学生是主力军之一。面对汹涌而来的微博、微信浪潮，面对各种鱼龙混杂的信息量，正处于学业重要期且信息辨别能力相对欠缺的中学生该如何面对？针对学生使用微博、微信的情况，记者采访了部分家长。有的家长表示自己不会过多干涉，但还是有所担心，怕影响孩子的学习及健康；有的家长则表示，微博、微信中的内容太过丰富，孩子辨别能力有限，加上学习负担又重，因此，坚决反对孩子使用微博、微信。

老师观点：一分为二看待此现象。某中学学生处的丁处长表示，对于学生用微博、微信的现象，大家应该一分为二地去看，不能搞一刀切。首先，微博、微信是新兴的网络平台，学生用它既可以了解很多信息，还可以与人交流。例如，在遇到不会做的习题时，学生可将其传到微博、微信上向老师、同学求助，与大家共同探讨。其次，这些网络平台可以调节学生的情绪并拉近人与人之间的关系。心情不好时，有的学生会选择在微博、微信上说出来，以此来发泄自己的情绪，很多同学就会与其互动。最后，这些网络平台可以扩大学生的知识面及视野。但如果学生过度依赖微博、微信，就必然会影响学习。需要注意的是，学生的辨别能力欠缺，对信息不能理性甄别，这就容易导致他们受一些负面信息的影响。丁处长向学生提出了几点建议：首先，控制时间。比如将每天浏览微博、微信的时间控制在半小时以内。其次，提高辨别能力。微博、微信中的信息量很大，学生要学会浏览正能量的信息，杜绝负能量的信息。最后，处理好现实与虚拟世界的关系。学生要多与身边的父母、老师、同学进行交流。王老师则建议，学生一方面要提高自己的综合素质，尽量吸收正能量，摒弃负能量；另一方面要有一定的安全防范意识，不能随随便便通过聊天工具认识陌生人，并只身与其见面。

据了解，××市80％以上的学校明令禁止学生将电子产品带入学校，学生玩微博、微信的时间大都在课堂以外，这不仅要求家长为孩子做好引导，学生自己也要提升辨别能力。

模块四　认识日常事务文书

单元一

计划和总结

学习目标

知识目标

1. 了解计划、总结的概念、特点、种类和作用
2. 掌握计划、总结的结构和写作要求

能力目标

1. 能够撰写目标明确、步骤分明、责任清楚、符合规范的计划
2. 能够撰写有重点、有特点、有条理和一定理论高度的总结

素养目标

1. 提高政治素质，具有大局意识，具备严谨的工作态度和社会责任感
2. 培养思辨能力，提高分析问题、总结归纳的能力，强化创新思维，提升写作理论素养

单元导入

计划是预想未来，对将来要开展的工作进行安排；总结是回顾过去，对前一段的工作进行检验，其目的还是做好下一阶段的工作。计划和总结这两种文体的关系十分密切，一方面，计划是总结的标准和依据；另一方面，总结又是制订下一步工作计划的重要参考。

专题一　计划

“凡事豫则立，不豫则废。”计划是工作的蓝图、行动的构想。我们在做事之前需要有一个目标，有了目标就要构思怎么实现它。写计划必须从实际出发，根据有关政策结合自

身条件、客观形势和发展动态规定明确的目标任务，提出具体的要求和相应的措施，并在规定的时间内认真执行。写好计划需要有长远眼光和领导魄力。

例文 4-1

新材料大数据中心总体建设方案

新材料是战略性、基础性产业，也是高技术竞争的关键领域。数据作为新型生产要素，是关乎新材料技术创新、产业高质量发展的战略资源。为充分发挥大数据、人工智能对新材料产业的技术支撑作用，支持新材料大数据中心建设，培育材料研发与应用的全新发展模式，特制定本方案。

一、总体要求

以习近平新时代中国特色社会主义思想为指导，深入贯彻党的二十大和二十届二中、三中全会精神，全面落实全国新型工业化推进大会部署，立足新发展阶段，完整、准确、全面贯彻新发展理念，构建新发展格局，推动高质量发展，以服务国家战略为导向，聚焦汇聚共享资源，搭建新材料大数据中心总体架构；聚焦有序流通和安全共享，建立数据管理共享机制和有偿交换规则；聚焦激活数据要素潜能，增强新材料大数据技术产品有效供给应用，着力打造资源富集、高效贯通、应用繁荣、治理有序的新材料大数据生态，通过“材料＋数据”助力新材料原始创新，服务新材料企业发展，培育新材料产业创新发展新引擎，加快形成新质生产力，构筑全球竞争新优势。到 2027 年，材料领域数据资源汇聚能力、流通活力明显增强。搭建形成“1＋N”的新材料大数据中心架构体系（1 个新材料大数据中心主平台、N 个数据资源节点）。探索形成公益性服务引领、市场化运作为主的稳定运营模式。形成 30 个以上数据资源节点、30 项以上材料大数据算法软件和工具、20 种以上典型关键材料和产品的数据赋能应用示范。到 2035 年，新材料大数据中心体系全面建成并稳定运行。实现全国材料领域数据的汇聚、处理和开发，数据规模进入国际第一梯队；持续提供引领新材料产业创新发展的大数据技术产品和服务，形成数据驱动的材料创新发展范式；建立互利共赢、良性发展的运行模式，形成市场化的可持续运营能力。

二、定位与功能

（一）定位（略）

（二）功能（略）

三、建设任务

（一）搭建新材料大数据中心架构体系

1. 建立中心主平台。（略）

2. 布局数据资源节点。（略）

（二）建立数据流通应用体系

3. 建设标准规范体系。（略）

4. 建立管理共享机制。（略）

5. 建立数据安全保障体系。（略）

（三）优化新材料大数据技术应用生态

6. 研发关键技术和软件。（略）

7. 实施应用示范。（略）

8. 创新人才队伍建设和公益服务。（略）

四、管理与运营

（一）管理机制（略）

（二）运营模式（略）

五、保障措施

（一）加强统筹协调（略）

（二）加大政策支持力度（略）

（三）建立多元化资金和数据渠道（略）

（四）加强人才激励、培养和引进（略）

（五）强化数据安全和知识产权保护运用（略）

这是由工业和信息化部、财政部、国家数据局印发的《新材料大数据中心总体建设方案》。方案是计划的一种。标题由行文事由、文种构成。前言概述新材料大数据中心建设的意义。正文部分从"总体要求、定位与功能、建设任务、管理与运营、保障措施"五部分入手，对建设新材料大数据中心的工作目标、措施、步骤进行了具体、详细的说明。其中"建设任务"三个部分的八点任务，采用章断条连式结构，不仅表明建设工作的每一部分都是并列关系，而且把复杂的工作安排得十分清晰。整篇方案条分缕析、逻辑清晰。

一、计划的概念

计划是党政机关、企事业单位、社会团体或个人对未来一定时期内要做的工作从目标、任务、要求、措施等方面预先做出设计安排的事务文书。工作计划是对工作预先做出的科学筹划和安排，也是日后开展工作的重要依据。

二、计划的作用

制订计划是日常工作中不可缺少的重要环节，是科学开展工作的方法，对指导、推动工作的开展和保证各项任务的完成起着重要的作用。

第一，工作中有了合乎客观实际情况的计划，就可以从全局出发，明确工作的总目标、总任务，把握工作的重点、难点，预先估计今后工作中可能出现的困难和问题，从而充分调动各种积极因素，明确责任，克服工作中的盲目性和片面性，有条理、有步骤地开展工作。

第二，计划是检查各项工作完成情况的重要依据。制订计划有利于总结经验、吸取教训，更好地推动工作的开展。

三、计划的特点

（一）科学的预见性

这是计划最明显的特点之一。计划不是对已经形成的事实和状况的描述，而是在行动之前对行动的任务、目标、方法、措施所作出的预想。但计划不是盲目的、空想的，而是以上级部门的规定和指示为指导，以本单位的实际条件为根底，以过去的成绩和问题为依据，对今后的发展趋势作出科学预测之后做出的。可以说，预想是否准确，决定了计划写作的成败。符合发展趋势的、合理的计划，是保证事情成功的基石。

（二）明确的针对性

计划一是根据党和国家的方针政策、上级部门的工作安排和指示精神而定，二是针对本单位的工作任务、主客观条件和相应能力而定。从实际出发制订出来的计划，才是有意义、有价值的计划。

（三）措施的可行性

完成计划还需要有力的保障措施，来保证目标的实现。可行性是和预见性、针对性紧密联系在一起的，预见准确、针对性强的计划，在现实中才真正可行。如果目标定得过高、措施无法实施，那么这个计划就是空中楼阁，不具有可行性；如果目标定得过低，措施没有创新性，虽然很容易实现，并不能因而取得有价值的成就，那也算不上有可行性。

（四）执行的约束性

计划一经通过、批准或认定，在其所指向的范围内就具有了约束作用。在这一范围内，无论是集体还是个人，都必须按计划的内容开展工作和活动，不得违背和拖延。

四、计划的种类

计划是一个统称，由于内容侧重点不同，还被称为规划（时间跨度大）、要点（侧重宏观安排）、方案（内容复杂、事关重大、有新的战略意义）、打算、设想……不同名称的计划，在表现形式和写法上，也会有所不同。

通常按照具体内容、范围、时间、性质或表现形式等的不同对计划进行分类，如表 4－1 所示。

表 4－1　计划的种类

分类标准	种类名称
按内容分	学习计划、工作计划、教学计划、科研计划、营销计划
按范围分	国家计划、地区计划、公司计划、部门计划、个人计划
按时间分	远景规划、年度计划、季度计划、月度计划、日计划
按性质分	综合性计划（事关全局、内容综合的计划）
	专题性计划（事关局部、内容专一的计划）
按表现形式分	条文式计划、表格式计划、条文表格结合式计划

五、规划、计划与安排的区别

一是内容涉及范围大小不同。规划是从宏观的角度出发，全面地展望前景，规模宏大，涉及面广，概括性强。计划是对工作等的谋划，规模比规划小，涉及面没有规划广，综合概括的程度也比规划低。安排是从微观的角度，就某件具体事情提出任务和要求，做出具体的部署。

二是涉及的时间长短不同。规划是比较长远的发展计划，时间跨度大。计划的期限比规划的期限短，主要是限期完成某一项任务。安排在期限上更短，是对短时间内的某项工作提出要求和任务。

三是内容具体程度不同。规划的内容庞杂、概括，是关于某项事业、某项任务、某项工程的发展蓝图。规划不做具体安排，主要是定目标、定规则、定前景，富有理想性和感召力。计划比规划在内容上要单一、具体，有强烈的约束性，主要是定任务、定指标、定时间。安排的内容比计划更单纯、详细，主要是制订某项任务的具体实施方法、措施等，具有较强的操作性。

六、计划的结构和写法

计划一般由标题、正文、落款三个部分组成，如表 4－2 所示。

表 4－2　计划的结构

要素		具体内容
标题		××有限公司关于××××的计划
正文	前言	为了×××××，根据××××××××××××××××，×××××××××××××××。现将有关工作计划如下。
	主体	一、工作目标（做什么，做到什么程度） 1.×××××，××××××××××××××××，×××××××××××××××。 2.×××××，××××××××××××××××，×××××××××××××××。 二、工作措施（怎么做） 1.×××××，××××××××××××××××，×××××××××××××××。 2.×××××，××××××××××××××××，×××××××××××××××。 三、步骤程序（时间安排，什么时间完成） 1.×××××，××××××××××××××××，×××××××××××××××。 2.×××××，××××××××××××××××，×××××××××××××××。
	结尾	希望各部门团结协作，努力做好本职工作，为公司的改革与发展作出更大的贡献。
落款	发文单位	××有限公司（右空 2 格）
	成文日期	20××年××月××日（右空 2 格）

注：以上内容仅供参考。

规划、要点、方案、安排……都需要说明以下三个问题：第一，工作的目标，即要达到的目的、效绩，这是指挥、安排、检查工作的基本依据；第二，制订计划的根据，即上级有关方针政策和指示，或现实工作的需要，这是计划的基本参照；第三，为达到目标应开展的工作和应采取的措施（详细的计划还应包括人力、财力、物力、时间等各个方面的组织与调度），这有助于有次序、有步骤、有组织地落实各项工作任务，保证目标的实现。以上三点，即目标、根据和措施，是所有计划都应该具备的基本内容，被称作计划内容的三要素。重要工作的计划，必须经过上级机关批准后方可执行。

（一）标题

计划的标题一般应标明计划制定的单位、适用时限、内容和文种。标题有两种写法，一是公文式，二是文章式。上报的计划，计划前应附一个报送文件的报告；下达的计划可以直接下发，正文前可以写主送机关，也可以不写。

1. 公文式标题

公文式标题由单位名称、期限、内容、文种构成，具体格式如表 4－3 所示。

表 4－3　公文式标题格式

标题种类	格式	示例
完全式标题	单位名称＋（期限）＋内容＋文种	重庆市国土空间总体规划（2021—2035 年）
非完全式标题	期限＋内容＋文种	第一季度财政收支结构调整的计划
	单位名称＋内容＋文种	大悟一中新校落成庆典活动方案
	内容＋文种	新产品销售计划
	事由＋文种	关于进一步加强城市卫生管理工作计划

2. 文章式标题

有时，计划还需要经过讨论才能定稿，或者需要经过上级批准后才能实施，这样的计划要在标题的后面或者标题的下面，用括号的形式，注明草案或初稿或讨论稿。书写个人计划时，姓名不要写在标题里。

（二）正文

计划的正文由前言、主体和结尾三个部分组成。正文部分要写明为什么做、做什么、怎么做、做到什么程度、什么时间完成等五方面内容。正文有三种表现形式：条文式，分条列项地说明计划；表格式，用表格形式呈现内容，一般时间短、任务单一的计划多用表格形式，如图 4－1 所示；条文表格结合式，即把文字和图表结合起来写。

1. 前言

前言写计划的纲领性内容。前言部分一般应说明两个问题：（1）制订计划的根据，比如国家的方针、政策以及上级的有关文件精神、计划要求或实际工作的需要等。（2）本单位今后工作的总目标、工作的基本情况、完成计划的主客观条件、完成计划的意义，有时也写作总任务、指导思想、工作原则、奋斗目标等。前言部分常常用“为此，本年度要做

每日工作计划表

时间段	时间	工作安排明细	地点	重要程度	完成状态	备注
上午	8:00—8:59	全体员工开展会	六楼会议室	★★	□完成 □取消 □未完成	
	9:00—9:59	北京总部视频会议	办公室	★★★	□完成 □取消 □未完成	
	10:00—10:59	市场采购本季度样板	吉祥路888号	★★	□完成 □取消 □未完成	
	11:00—11:59	去高铁南站出发上海	高铁南站	★	□完成 □取消 □未完成	
下午	13:00—13:59	高铁上准备明天招标资料	高铁上	★★	□完成 □取消 □未完成	
	14:00—14:59	参加招标会议	奋斗路22号	★★	□完成 □取消 □未完成	
	15:00—15:59	参加招标会议	奋斗路22号	★★	□完成 □取消 □未完成	
	16:00—16:59	回酒店休息	奋斗路22号	★★★	□完成 □取消 □未完成	
晚上	19:00—19:59	准备明天招标资料	酒店	★★	□完成 □取消 □未完成	
	20:00—20:59	美国视频会议	酒店	★★★	□完成 □取消 □未完成	
	21:00—21:59	美国视频会议	酒店	★★	□完成 □取消 □未完成	

图 4-1 表格式计划

好以下几项工作”这样的承启用语来提领下文。

2. 主体

主体部分说明计划的核心内容，包括三个要素：目标和任务、措施和办法、步骤和时间安排。这三个要素的论述，繁简不同，缺一不可，按具体的工作任务横向展开，一般情况下每一项任务列为一条，也可以在大项内列出若干小项。每项任务应该说明：完成的是哪项工作任务，完成任务的要求（具体的工作目标、绩效），完成任务的方法（具体指出各方面力量的组织和实施步骤）。

3. 结尾

结尾部分可以采用自然收束的方法，工作任务写完了就自然结尾；也可以在工作任务写完后提出明确的执行要求，展望未来，发出号召。个人计划的结尾可写自我激励、表决心的话。

正文部分不便用文字来表述的内容，比如表格、流程图等，可以以附件、附图的形式附到正文之后，并在结尾部分说明附件的数量和名称。附件的正文装订在计划正文后面。

（三）落款

落款处署名署时。在正文的右下方写上制订计划的单位名称或者个人姓名，在署名的正下方写上日期。

七、计划的写作要求

计划是一个统称，规划、设想、计划、要点、方案、安排的书写重点各有不同，作者要依据所要计划的内容，选取适合的文种来表达，不可混淆。

（一）结合要“紧”

要想写好计划，必须做到上情与下情的有机结合。一方面，下级机关要熟悉上级机关关于工作的政策规定和要求；另一方面，各单位要掌握本单位、本部门的现实情况，坚持从客观实际和现实情况出发，认真调查研究，反复酝酿讨论，不能仅凭主观意愿、理想、热情和动机撰写工作计划。

（二）内容要“实”

撰写计划，一定要实实在在，量力而行，从实际出发，走群众路线，提高认同度和可行性。计划应该是经过努力后才能实现的，如果目标定得太高，经过努力都不能实现，就很容易挫伤实施者的积极性；目标定得太低，就不容易调动人们的积极性。具体来说，撰写计划要做到目的明确、目标可行、措施得当、要求具体。

（三）语言要“精”

计划力求简明扼要、具体准确，切忌含糊不清、模棱两可。此外，叙述平直、通俗易懂也十分重要，计划中无须抒情，这样才能更好地保证计划的执行，便于检查。

例文 4-2

2024 年教育重点工作计划

1. 持续加强党建引领作用。学习贯彻习近平新时代中国特色社会主义思想主题教育，促进学校党组织全面领导学校工作；提炼基层学校党组织工作亮点，打造学校党建品牌，强化“党建+”作用。

2. 持续推进教育综合改革。持续巩固提升“双减”成效，深入开展“五大行动”，促进学生五育并举；多途径多方向探索普通高中“三新”改革，创新育人方式，实现 2024 年新高考平稳过渡；加快职教产业园建设，利用产教园项目建设人才交流服务培训基地和微小企业、科技型企业孵化基地，促进怀宁县职业教育提档升级。积极向省市申报项目资金，改善办学条件。

3. 持续提升教育质量。加强“五项管理”，为学生营造良好学习环境；持续开展城乡联合体教研、片区教研和教育教学大讲堂等活动，探索名师流动机制；充分利用本地红色资源打造一批名校，通过名校带动，创建教育强县，为实现怀宁县“挺进全省二十强”目标贡献教育力量。

4. 持续促进教育公平。精准安排教育项目资金，完成书香里小区配套幼儿园、振宁第二学校综合楼、月山中心学校教辅楼建设任务；加大教师信息技术培训，发挥智慧校园作用，促进教育方式更新，教育资源共享；落实教育资助政策，保障学生不因贫失学，家庭不因学致贫；更加规范校车运营，解决农村孩子就学交通难题。

5. 持续建强教师队伍。强化师德师风建设，营造风清气正育人环境；深化“县管校聘”改革，调动教师轮岗积极性，盘活优质教师资源；持续开展国培、省培计划，培养名优教师，选强配优学校领导班子，加大名校长培养力度，以名校长办好名学校。

这是一则专题性计划。标题简洁扼要地概括了计划的内容，主体部分分五个方面把2024年教育部门将要完成的重点工作清晰明了地阐述出来。小标题采用动宾结构，中心突出，句式基本一致，整个计划内容紧凑。计划全文采用条文式的表现形式，层次分明，逻辑性强。

专题二　总结

总结的使用频率较高，无论是政府、机关、企事业单位和各级职能部门，还是个人，都经常用到。如果说计划主要解决的是“做什么”和“怎么做”的问题，那么总结就是要解决“做了什么”和“做得怎么样”的问题。现代社会要求我们成为善于学习和工作的人，也就是要求我们具有很强的学习和工作能力，这种能力需要通过不断实践和总结才能形成。所以，无论我们在学习上还是在工作中，都要养成总结的习惯，常写总结，不断提高。很多人怕写总结，其实只要掌握了方法和技巧，总结并不难写。

例文 4-3

××××年工作总结

（××××年××月××日）

××××年×××区××局在区委、区政府的领导下，贯彻党的二十大精神，以习近平新时代中国特色社会主义思想为指导，以保增长、保民生、保稳定为目标，积极开展机关效能建设活动，认真做好××工作，完成了上级部门布置的工作和下达的目标任务。

一、圆满完成机关事业单位××××年度（绩效）考核工作。在区考核领导小组的领导下，完成××××年度（绩效）考核和评奖工作，根据市委组织部、市人力资源和社会保障局《关于印发××市公务员年度（绩效）考核实施细则（试行）的通知》要求和××××年度考核工作安排，结合我区实际，制定《××区公务员年度（绩效）考核实施方案》，组织全区实施年度考核工作。全区年度考核分类分级进行，实行立体考核，机关公务员与事业单位工作人员分类考核，乡街、部门正职与副科以下工作人员分级考核。考核期间派人参加乡、街负责人述职测评，掌握基层单位考核情况。

全区××××年度机关事业单位参加考核1 733人次，有8人未参加考核，考核优秀175人次，优秀率达10%，考核称职（合格）1 539人次，不定等次19人次。其中公务员（参公）参加考核299人次，优秀32人次，称职261人次，不定等次6人次。事业单位参加考核1 434人次，评优143人次，合格1 278人次，不定等次13人次。

在年度考核的基础上，按照年度考核、奖励等有关规定，全区机关事业单位报市记三等功的有 13 名同志，46 名同志受到区嘉奖。

二、规范公务员管理，加强公务员队伍建设。规范公务员日常管理，充分利用公务员管理信息系统软件，对新进入的公务员信息进行补充录入，对部分人员的信息进行维护更新，开展公务员登记，认真做好公务员信息管理。根据人力资源和社会保障局安排，组织开展全区公务员通用能力培训，制订培训计划，安排培训教材选购，报送考试人员名单。全区参加公务员通用能力培训的有 267 人，其中 148 名同志参加考试。对部分同志学习情况进行考核可以确保培训效果，提高公务员综合能力。

加强公务员队伍建设。为进一步优化机关工作人员结构，加强公务员队伍建设，引进急需专业人才及管理人才，缓解用人需求，我局在去年组织全市选调工作的基础上，根据所缺岗位的要求，严格考察，选调 7 名优秀同志到我区工作，加强了建筑规划、经济管理、法律等岗位的公务员队伍建设。开展××××年省委选调生期满考核工作，4 名选调生按期转正定级。根据省市安排，开展从优秀村干部中考录乡镇机关公务员工作，完成相关的组织报名、资格审查和到农村基层单位考核等招考工作。全区有 4 名同志符合报考条件，择优录取一名同志为乡镇公务员，改善乡镇公务员队伍结构，加强乡镇公务员队伍建设。

三、实施事业单位岗位设置和义务教育学校绩效工资发放工作。(略)

四、以服务为宗旨，做好工资管理日常服务工作。(略)

五、以人为本，做好人事人才及年报统计工作。(略)

六、下一步工作安排。(略)

这是单位年度工作总结，也是综合性总结。前言交代了总结的时间段、依据和一年来的主要工作和成绩。正文共六个部分，按照工作内容划分总结内容，说明了一年来的具体工作、具体做法、取得成绩和下一步的打算。全文分条列项，层次清晰。

一、总结的概念

总结是对过去一段时间内某项工作、学习、思想的情况进行系统的回顾，通过分析研究，作出客观的评价，从中找出一些规律性的认识，以便更好地指导今后的实践而写成的书面性材料。常用的小结、感受、体会等也属于总结。

二、总结的作用

总结来自实践，反过来又指导、推动实践。通过总结，人们对过去的工作进行评价、做出正确的结论，能够使自身对已做工作有一个比较深刻、系统的认识，并能找出事物的本质和规律。因此，人们必须不断地进行总结，这样才能有所发现、有所创造、有所前进。

（一）把感性认识上升为理性认识

在实际工作中，人们会获得丰富的感性认识，但这些认识往往是粗浅的、表面的，对此进行分析总结，把感性认识上升为理性认识，完成从实践到理论的飞跃，会有利于经验的积累，有利于我们科学地认识世界和改造世界。

（二）对日后的实践起指导、借鉴的作用

任何实践活动，只有经过总结，才能把成功的经验和失败的教训分析出来。运用成功的经验，可以帮助我们将日后的工作做得更好；借鉴失败的教训，可以使我们今后不再犯同样的错误。对于上级单位或组织来说，总结中所提供的经验教训，不但有助于推荐典型、表彰先进，而且有益于指导实践活动。

（三）有益于发明、创造

在总结中，我们通过回顾、分析已做过的工作，有助于发现问题，从而改进工作方法，有所前进。同时，总结能为上级机关或组织制订日后的工作计划或作出科学决策提供依据。

三、总结的特点

能否找出带有规律性的认识用以指导今后的工作，是衡量一篇总结质量好坏的标准。

（一）材料的真实性

总结大多依据计划的执行、落实情况进行书写，这就需要材料支撑，所以无论是典型的人、事还是具体的数据，都必须真实。只有真实，才能反映事物的本质，才能作为制订新计划的重要参考依据。因此，我们在写总结时不能使用片面的、虚假的材料。

（二）认识的概括性

总结是对前一段工作的再认识，既要通过回顾做了什么、做得怎么样总结经验和教训，归纳出规律性的认识，又要把回顾中的新感受、新体会等感性认识上升为理性的认识。

（三）表达的说理性

总结在表达方式上与计划明显不同。计划主要是叙述说明，总结主要是概述说理。由于总结要对前一段的工作做出评估和进行理性分析，找出规律性的认识，因此思辨性的说理就会使总结具有启迪心智、更好地指导今后的生活和工作的功能。

四、总结的种类

总结是对计划的检查，有什么计划就有什么总结，如表 4－4 所示。

表 4－4　总结的种类

分类标准	种类
按内容分	学习总结、工作总结、教学总结、科研总结、营销总结
按范围分	地区总结、公司总结、部门总结、个人总结
按时间分	年度总结、季度总结、月度总结
按性质分	综合性总结、专题性总结
按功能分	汇报性总结、经验性总结

五、总结的结构和写法

总结由标题、正文和落款组成，如表 4－5 所示。

表 4－5　总结的结构

<table>
<tr><th colspan="2">要素</th><th>具体内容</th></tr>
<tr><td colspan="2">标题</td><td>××省构建产教融合发展新格局 服务全面振兴新突破
——2024 年全国教育工作会议经验交流之三</td></tr>
<tr><td rowspan="3">正文</td><td>前言</td><td>一年来（时间划分），在××的指引下（依据），×××围绕××在××方面取得了突出的成绩（概述做了什么，做得怎样）。现将有关工作总结如下：</td></tr>
<tr><td>主体</td><td>一、基本做法、成绩、经验
1.×××××，×××××××××××××××××，×××××××××××××××。
2.×××××，×××××××××××××××××，×××××××××××××××。
二、存在的问题及原因
1.×××××，×××××××××××××××××，×××××××××××××××。
2.×××××，×××××××××××××××××，×××××××××××××××。
三、今后的打算（解决措施、努力方向）
1.×××××，×××××××××××××××××，×××××××××××××××。
2.×××××，×××××××××××××××××，×××××××××××××××。</td></tr>
<tr><td>结尾</td><td>希望各部门团结协作，努力做好本职工作，为教育事业的发展作出更大的贡献。</td></tr>
<tr><td rowspan="2">落款</td><td>发文单位</td><td>××××（加盖公章）（右空 2 格）</td></tr>
<tr><td>成文日期</td><td>20××年××月××日（右空 2 格）</td></tr>
</table>

注：以上内容仅供参考。

（一）标题

总结的标题有两种写法，一种是公文式标题，另一种是文章式标题，具体如表 4－6 所示。

表 4-6　总结的标题格式

标题种类		格式	示例
公文式标题	完全式标题	单位名称＋期限＋内容＋文种	××学院关于2022年教学工作（的）总结
	省略式标题	期限＋内容＋文种	关于2023年春季植树造林工作（的）总结
		内容＋文种	关于销售工作（的）总结
文章式标题	单行标题	论点式用陈述句	只有激励机制才能增强企业活力
		设问式用疑问句	我们是怎样打开销售市场的
	双行标题	副标题＋正标题	为用而学　学了能用 ——××局开展干部岗位培训的体会

（二）正文

总结的正文由前言、主体和结尾组成。

1. 前言

总结前言的写法灵活多样，一般说明相关背景、基本概况，或概述工作完成的基本情况并作出基本评价，让受文者对总结有一个概括的了解。具体而言，前言须写明在什么时间、地点、背景下做了什么事情，介绍相关工作的简单过程和基本做法，取得了什么样的效果。

有的总结前言用几句简明的话概括主要内容，这种写法能让读者首先抓住全文的中心内容；有的总结前言则在肯定成绩、摆出存在问题的基础上说明写作的目的，如“为了探索应用文写作课的教学规律，不断提高教学质量，使应用文写作教学日臻完善，现将三年多教学实践中的体验总结如下”；也有的总结前言采用交代形势、议论、对比、提示和下结论的方式。无论用哪种方式写，都要写得简短、明了，为下文的展开作好铺垫。

2. 主体

主体部分是总结的核心部分，一般包括主要成绩、基本经验、存在的问题三个方面。按逻辑关系将以上内容分成若干个部分，每一个部分加上一个小标题。标题要概括准确，中心突出，特色鲜明，言简意赅，逻辑严密，体现出总结的理论高度。

（1）主要成绩。一般是将成绩分几个方面来写，既可以用典型事例和具体数字加以说明，也可以作对比说明。

（2）基本经验。它是总结中理论性、指导性较强的部分，可采用夹叙夹议的方法书写。基本经验是在摆事实、讲道理、摆过程、讲成绩的基础上概括出来的规律性认识。写基本经验要做到既有观点又有材料，观点和材料相统一。形式上，一般将基本经验分成几个方面来写，可以添加小标题，这样更醒目。

（3）存在的问题。这部分主要写工作中存在的问题和待解决的问题。这部分要写得明确、具体。存在的问题是综合总结中不可缺少的部分；专题总结中，如果是介绍、推广经验的总结，就可以省略这部分内容。

主体部分写作的重点是全面总结所取得的成绩、客观分析取得成绩的原因或失败的原因、总结出规律性的认识或理论性的经验，这些都决定了这份总结的优秀与否。

3. 结尾

结尾部分归纳总结全文，或者指出今后的努力方向，或者提出改进意见，或者表示决心、信心。

如果主体部分只总结所取得的成绩，没有指出工作中存在的缺点或者不足，那么就可以在结尾部分来写缺点或者不足，并写明今后的计划和努力的方向。这部分文字不需要太长，要简短有力，千万不要写空话、套话。

要根据总结的要求和总结的中心思想来决定写法。有的总结是写做法和成绩，再写经验教训；有的总结是把全过程、成绩、经验教训糅合起来写，从中归纳出几个问题；有的总结不提存在的问题，只写努力的方面。总之，总结的正文部分的写法，可以灵活安排，根据实际工作情况，通过不同的写作角度，把总结内容交代清楚。

（三）落款

在正文的右下方署名署时。要注意的是，单位总结的署名一般写在标题中或标题下；个人总结的署名，一般和日期一起写在正文的右下方。

六、总结的写作要求

（一）详尽地占有材料，深入分析材料

详尽地占有材料，是总结写作的基础。所谓“详尽地占有”，一是要了解实践活动的全过程。整个过程分多少阶段，各个阶段采取什么措施，碰到什么问题和困难，怎样解决的，结果如何，过程中的典型例子，过程中必要的数据等，作者都要做到心中有数。二是要掌握背景材料。具体包括：党的方针政策，本单位过去的情况，有关单位的情况等。对材料作全面的分析、明确总结的中心、确定总结的重点是写好总结不可缺少的环节。

（二）实事求是

总结是对实践的回顾和概括。总结时要一分为二地看问题，既要肯定优点和成绩，也要分析失败和教训。对成绩的评估要实事求是，既不能夸大其辞、言过其实，也不能弄虚作假、虚报成绩。对失败和教训也要据实反映，不能文过饰非。只有正确地评估工作、全面地总结工作，分清主流和支流、成绩和缺点，才能使总结具有科学性和可信性，对今后工作才有指导意义。

（三）找出规律

写总结的主要目的就是要找到工作中的基本经验、存在的问题以及教训，找到事物的规律。总结就是把搜集起来的大量材料进行整理、分析和研究，上升为理性认识，并从中找出规律。如果总结中只罗列一些现象，就失去了指导今后工作的意义。

（四）走群众路线

群众是工作计划的执行者，最有发言权，因此不能由少数人或个别领导闭门造车，代

替群众对工作进行总结。发动群众对工作进行总结，可统一思想，提高认识，增强责任感和积极性；同时，也能给撰写者提供丰富的材料和具体的意见。

（五）语言准确、朴实、简明、生动

总结要准确无误、简要明白地表达工作成绩、主要做法、基本经验和存在的问题以及解决办法，只有这样才能起到指导今后工作的作用。一些反映基层情况、反映人民群众思想生活的工作总结，可以适当引用流传在群众中的"顺口溜"或约定俗成、概念清晰的新词汇，使总结生动有力。例如，用"一百二百靠地力，二百三百靠人力，五百六百靠肥力，八百一千靠智力"来说明科学种田，既简练又生动；用"打卡景点""打卡美食"来表示老百姓的行为习惯，既具有信息价值，又生动形象。把这类语言引入总结，比乏味的语言好很多。

例文 4-4

沈阳：深化环评审批"放管服"改革　服务经济社会高质量发展

2023 年，沈阳市生态环境局以提升环境管理成效为抓手，全力推动发展方式绿色转型，深化"放管服"改革，积极应对气候变化，持续提升环境执法效能，服务全市经济社会高质量发展。

一、推动发展方式绿色转型

强化"三线一单"落地应用，积极参与城市空间布局，为 138 个地块提供用地生态环境分区管控意见，面向企业提供选址查询服务 303 次，"沈阳市深入推进三线一单成果应用指导供热结构优化升级"成果列入省生态环境厅推广案例。提升排污许可证后监管成效，在省内创新建立排污许可证后监管"1＋1＋1＋2＋N"全过程闭环管理体系，推动证后监管提质升级；沈阳市固定污染源排污许可证后监管项目荣获第六届数字中国建设峰会数字生态文明分论坛优秀应用案例。深挖污染物减排潜力，持续推动主要污染物总量控制，全市化学需氧量、氨氮、氮氧化物、挥发性有机物分别累计减排 21 541.38 吨、3 267.16 吨、9 095.88 吨、6 774.04 吨，化学需氧量、氨氮提前三年完成"十四五"减排目标。

二、深化环评审批"放管服"改革

环评"即来即办"审批范围由 78 类扩展到 138 类，全市环评项目有超五成实现"即来即办、全市通办"；13 个项目享受"一本制"准入豁免环评直接落地，7 个项目享受"即来即办"差异化准入；环评与排污许可并联审批实施范围和打捆环评审批范围由大东区、中德园等试点区域拓展至沈阳市全域，显著提升了企业受益面。深化重大项目包保服务，成立市、区两级重大项目环评审批服务保障工作专班，"进园区、进企业"现场开展"送政策、优保障、问需求"等服务 360 余次，协调解决华晨宝马汽车有限公司等重大项目堵点难点问题 40 余个。

三、积极应对气候变化

积极助推"碳达峰　碳中和"，推进沈阳市减污降碳协同增效联动机制研究，开展生态环境功能区和重点行业企业碳排放在线监测。指导全市重点管控企业编制温室气体排放报告。全力配合碳市场建设，完成国家碳市场第二履约周期 13 家重点企业二氧化碳配额

分配；顺利通过国家第三批低碳试点城市验收。积极助推降碳项目建设，积极推动林业碳汇项目包装并参与国家碳市场交易。推动沈阳市气候投融资，强化银企沟通协作，争取碳减排支持工具资金20亿元，助力全市绿色低碳项目建设。

四、持续提升环境执法监管效能

推动柔性执法帮扶，积极拓展正面清单，清单中企业数量增至822家；组织开展“清风送暖2023”生态环境执法帮扶专项行动，累计帮扶企业2 370家，解决实际困难2 554个，实施免罚45件，免除罚款金额489.1万元。强化执法行为规范，坚持“无派单不执法、无平台不执法”，杜绝擅自执法、规范执法过程；全面实施环境处罚案件“两级合议、一级审核制度”，累计召开市级案审会18次，审查行政处罚案件296件；聘请第三方律师机构开展行政处罚案卷评查，累计出具法律意见书270份。积极化解群众诉求，践行“浦江经验”，聚焦群众关切，开展环境信访攻坚行动，创新建立“1357”信访调处制度，将信访案件办理期限从15天缩短到5天，极大提升人民群众的满意度和获得感。

这是一则专题性总结。标题采用文章式标题拟写，以空格代替标点来表示语意的停顿，简明扼要地概述了总结的内容。总结的前言部分简要地介绍了总结的时间段，主要的工作以及取得的成效，主体部分分4个方面分条列项地对本单位2023年的重点工作进行了详细总结，说明了具体的工作措施以及取得的成绩。精准的数字让工作成效具有很强的说服力，小标题的拟写使得总结层次分明、逻辑性强。

拓展阅读

担负新的文化使命　凝聚团结奋进力量

单元小结

本单元介绍了我们工作中常用的计划和总结。好的计划让我们的工作有目标，好的总结可以帮助我们把握规律、积累经验、提高工作成效。人类社会就是在计划、总结，再计划、再总结的循环往复中螺旋式发展的。本单元从概念、作用、特点、种类等方面对计划和总结这两种应用文进行了阐释。我们可以通过例文分析，掌握计划和总结的写作技巧，在工作、学习中通过书写计划和总结提高时间和资源的管理能力，避免盲目和无效的行动。

实践操作

一、改错题

××商场2022年下半年促销规划

为了繁荣商品市场，促进我市经济发展，特制定本商场今年下半年的促销计划如下一、按照市商业局下达的商品销售利润指标，国庆期间开展大规模的让利促销活动二、在此次促销期间，各部门要通力合作，凡成绩突出者，商场将予以精神和物质奖励三、全体商场工作人员必须认真遵守本商场制定的文明服务公约，使顾客满意率达到99％。四希望党员、团员起带头作用，全体职工共同努力，确保本计划的完满实现。

××商场

2022.7.3

××公司上半年工作总结

半年来本公司在精神文明和物质文明方面做了许多工作，取得了很大成绩。半年来，主要做了以下工作：动员组织公司干部和广大群众学习中央文件；安排、落实全年生产计划；推行、落实工作责任制；修建子弟小学校舍；建方便面生产车间厂房；推销果脯、食品、编织产品；解决原材料不足问题；美化环境，栽花种草；办了一期计算机技术培训班；调整了工作人员，开始试行干部招聘制。

半年来，在工作繁杂，头绪多而干部少的情况下，能做这么多工作，主要是：

一、上下团结

公司领导和一般干部都能同甘共苦，劲往一处使。工作中有不同看法，当面讲、共同协商。相互间有意见能开展批评与自我批评，不犯自由主义。例如有干部对经理擅自更改果脯销售奖励办法影响产量一事有意见，当面提出意见后，经理做了自我批评，并共同研究了新的奖励办法，又出现了增产势头。

二、不怕困难

本企业刚刚起步，困难很多，技术力量薄弱，原材料不足，产品销路没有打开等等。为此，领导干部共同想办法，他们不怕跑路，放弃自己的休息时间，忍饥挨饿受冻，四处联系，终于解决了今年所需要的原料，推销了一些产品。

三、领导带头

公司的几位主要领导带头苦干，实干。他们白天到下边去调查了解情况，晚上开会研究问题，寻找解决的办法。领导干部夜以继日地工作，使公司工作上了台阶。

××公司

××××年×月×日

二、辨析题

1. 下面每组文字资料中的内容基本一致，请指出哪一段是计划的写法，并说明理由。

组别	文字资料	理由
第一组	我今年暑假要用 1 个月的时间看书，其余的时间去杭州、上海、苏州等地旅游，增长自己的见闻。	
	看书、旅游是我今年暑假要做的事情。	
第二组	光秃的荒山，给生态环境带来严重的威胁，水土流失日益加剧，我们要从自己做起，植树护林，用 10 年的时间让森林重现。	
	光秃秃的荒山，严重地威胁着生态环境，现在到了非重整树木不可的时候了。我们将用 10 年的时间，开展每人每年植树 5 棵的活动，先让接近农田、公路沿线的荒山披上绿装，从而逐步实现全面绿化荒山的目标。	
第三组	今年经济工作的重点，将放在发展能源工业和农业上，集中财力、物力，把两个基础打好，实现翻番就有可靠的保证。	
	实现经济翻番不是光靠拼命干就能实现的，它要有可靠的物质基础作后盾，因此今年必须把经济工作的重点放在能源工业和农业上。	

2. 初萌是××高职院校的办公室秘书，他在年底准备撰写本单位的全年工作总结，为此他搜集了以下材料。请分析以下材料是否可以写入总结之中，并说明原因。

（1）2023 年 6 月 19 日，办公室王×在楼道中捡到了 64 元钱，并上交给单位保卫科。

（2）科研处利用一周时间集中接受《中华人民共和国保守国家秘密法》的培训。

（3）购置 5 套税控机等设备，顺利安装使用，并做好日常维护工作，保证了收支工作的顺利进行。

（4）财务处对多个正在推进的项目进行核算，发现存在错漏金额 10 余万元。

（5）2023 年招录新生 4 357 人，毕业学生 3 980 人。

（6）2019 年 7 月 16 日，天降大雨，办公用品储藏室进水，两包打印纸被雨水浸湿，无法使用。

（7）新招聘辅导员 10 人，专任教师 15 人，其中 3 名博士属于人才引进。

（8）承办全省高职院校技能大赛 3 项。

（9）修订了《人才培养方案》《科研成果奖励办法》，并推广执行。

（10）教职工在院内乱停车，被院长口头批评。

三、写作题

1. 为了丰富同学们的业余生活，增进同学们的情谊，学校计划近期组织同学们到游乐园春游，请拟写一份活动计划。

2. 试写一份入学以来所在班级的班级工作总结。

3. 根据在校学习的实际情况，拟写一份在校开展一项公益活动的计划。要求：内容翔实，结构完整，格式准确，不少于 500 字。

单元二

述职报告和调查报告

学习目标

知识目标

1. 了解述职报告、调查报告的概念和特点

2. 掌握述职报告、调查报告的结构和写作要求

能力目标

1. 能够写出重点突出、逻辑清晰、语言简明、充实生动的述职报告

2. 能够在做好调查的基础上，处理好观点和材料的关系，写出观点鲜明、材料翔实、结构严谨、有实际意义和说服力的调查报告

素养目标

1. 培养一丝不苟的精神和认真负责、爱岗敬业、诚实守信的工作态度，具有担当意识

2. 加强理论学习，提高政治觉悟，树立社会主义核心价值观

单元导入

事务文书作为党政机关、企事业单位和社会团体处理日常事务时使用的应用文，种类繁多。各级机关要想开展工作，都意味着要选人、用人。《孟子·梁惠王下》："述职者，述所职也。"述职是任职者陈述自己的任职情况，接受有关部门的考核和监督的主要方式。工作的有效推进，需要全面了解各种情况，进行调查研究是掌握相关情况的必要途径，优秀的调查报告可以为上级部门提供作决策的依据，从而切实提高工作质量。

专题一　述职报告

述职是组织人事部门科学精准选拔任用干部、考核干部的一种人事考核形式，它将自评、领导审查、群众评议三者结合，能更广泛地听取意见，克服用人、识人上的主观主义、官僚主义，能够收到更好的效果；同时也是提高干部的政治思想水平，促进和监督干部忠于职守的有效手段。述职报告主要用于对各级领导干部、各类公务员和专业技术人员的考核工作。

一、述职报告的概念

述职报告是指党政机关、企事业单位、社会团体的有关责任人向所在单位的组织人事部门或主管领导乃至上级机关概述一定时期内履行岗位职责、完成工作任务的情况以及成绩、问题、建议、体会等事项的自我述评类文书。

狭义的述职报告是指担任领导职务的干部或单位负责人，根据制度规定或工作需要，定期或不定期向上级机关或主管部门或本单位的干部群众汇报自己履行岗位职责情况的书面报告。

从某种意义上说，述职报告是工作汇报当中的总结性报告，主要用于干部管理考核，用于上级机关或组织人事部门或群众了解和评定个人或集体的工作情况，预测发展潜力，进而更好地帮助个人或集体完成工作任务。

广义的述职报告，是指用于考核各级各类工作人员履行岗位职责情况的书面材料，用途广泛。

二、述职报告的特点

（一）规定内容

述职报告要根据组织人事部门考核的有关规定，从德、能、勤、绩、廉5个方面陈述一定任职时期内个人或集体履行岗位职责的情况。

（二）自我评述

述职报告是个人或集体依据岗位规范和职责目标对自身在一定时期内履行职责的情况作自我评估、自我鉴定的文件，使用第一人称自述的方式，向有关领导报告工作实绩。个人或集体必须持严肃、认真的态度对组织负责、对自己负责、对群众负责，实事求是地叙述清楚自身的履职情况，并做出客观评价。

三、述职报告的种类

依据不同的划分标准，述职报告可以分为不同的类型。

（一）从内容上分

（1）综合性述职报告。对一个时期内所做工作的情况进行全面、综合的汇报的报告称为综合性述职报告。

（2）专题性述职报告。针对某项具体工作的情况进行汇报的报告称为专题性述职报告。

（二）从时间上分

（1）任期述职报告。任期述职报告是指对任现职以来的总体履职情况进行汇报的报告，这种报告涉及的时间较长，涉及面比较广，一般用于任期的考核。如果是离任述职，就叫离任述职报告。离任述职报告要从任职以来进行陈述，重点对最后一个任期内的履职情况进行陈述。

（2）年度述职报告。年度述职报告是指一年一度的述职报告，一般用于年终考核，主要写本年度的履职情况。

（3）临时性述职报告。临时性述职报告是指个人或集体承担某项临时性工作，需要汇报相关情况的报告，如个人组织一项科研项目或者完成一项工程后写出履职情况。

（三）从表达形式上分

（1）口头述职报告。口头述职报告是指需要向选区选民述职或者向本单位职工群众述职，或者参与岗位竞聘时用口语化的语言写成的述职报告。

（2）书面述职报告。书面述职报告是指向上级机关或组织人事部门提交有关工作的书面报告。要注意的是，此类述职报告需要和工作总结区别开。单位或个人工作总结往往写得很全面，既有业绩、经验教训，又有对存在问题的分析以及相应的对策，还有对未来的打算。而述职报告侧重于写个人履行岗位职责的情况，不与单位、部门的总体业绩、问题相掺杂。

（四）从功用上分

（1）考核述职报告。考核述职报告是指担任某一岗位职责的人员向主管部门汇报自己履行岗位职责，接受主管部门考核与群众监督的报告。

（2）竞聘述职报告。竞聘述职报告是指在公开竞聘某一领导岗位的时候，竞聘者向聘任机构或组织汇报自己有能力履行岗位职责的报告，是组织人事部门任免干部的依据。为晋升更高一级职务或职称时使用的述职报告，也叫晋职述职报告。

四、述职报告的结构和写法

述职报告的结构一般由标题、称谓、正文和落款四个部分组成，如表 4－7 所示。

表 4－7　述职报告的结构

要素		具体内容
标题	单标题	文种：述职报告 任职时间＋文种：2023 年述职报告 所任职务＋任职时间＋文种：人力资源处处长 2023 年述职报告
	双标题	正标题（侧重点和主旨）＋副标题（年度和文种）： 深化××教育改革，提高学生培养质量——2023 年述职报告
	特殊标题（相关部门规定的标题格式）	××同志工作业绩报告
称谓	有关部门或群众	部门名称：××党委
		到会的领导职务：××部门主任、副主任，各位委员、各位代表
		听取述职报告的对象：各位领导、同志们
正文	前言	我于××××年 1 月调任××××公司任总经理，在×××的领导下，按照岗位职责，在同志们的支持下，认真而正常地开展工作，取得了相应的成绩。现在向领导和同志们述职如下：
	主体	一、×××××××××（工作思路、工作指导思想） 我上任之初，提出了×××××××××，要求公司的工作重心应调整为×××××××××。 二、×××××××××（任职期间工作的成效和经验，注重介绍典型的工作实绩） 1. ××××××××× 2. ××××××××× 3. ××××××××× 三、×××××××××（存在的主要问题、工作上的不足） 1. ××××××××× 2. ××××××××× 四、×××××××××（改正措施以及努力方向） 1. ××××××××× 2. ××××××××× 任职一年来，我尽职尽责地开展工作，与公司建立了深厚的感情，也取得了一些成绩，这是在上级领导的关心下、全公司职工的努力支持下共同取得的。 我认为自己是称职的。（对任职的自我等级评价）
	结尾	今后，我仍然要×××××××××，力争在新的一年里××××××××以优异的成绩向同志们汇报。 以上是我的述职报告，请领导和同人指正！ 谢谢各位！
落款		××公司总经理：××（右空 2 格） 20××年××月××日（右空 2 格）

注：以上内容仅供参考。

例文 4－5

20××年××局长个人述职述廉报告

尊敬的各位领导、同志们：

在本年度的工作当中，在各位领导和全体职工的共同努力下，项目建设积极推进，资产经营稳步增长，我区国有资产和国有企业健康、持续发展，××局各项工作都取得了较好的成绩。现将本年度工作情况报告如下：

一、履职情况

（一）抓学习，提高能力（略）

（二）抓基础，创新管理（略）

（三）抓业务，创先争优（略）

（四）抓队伍，干事创业（略）

（五）抓自身，廉洁从业（略）

二、存在问题

一是学习不够，对新政策、新形势的要求理解和把握不够，工学关系需要进一步妥善处理。（略）

二是廉洁从业方面，需要加强对国资局和国企领导班子的警示和规范，惩防体系建设也需要进一步完善和加强。（略）

三是工作不够大胆，特别是在对国有企业的监管、考核上，谨小慎微，怕出差错，怕得罪人。（略）

三、下一步打算

（一）加强学习，以学促工（略）

（二）改进作风，提高效率（略）

（三）廉洁从业，加强效能（略）

以上就是本年度个人述职述廉报告，不当之处还请上级领导批评指正。

××

20××年××月××日

这是一篇格式规范、内容完整清晰的述职报告。开篇介绍述职时间，背景情况，自己所在部门的成绩，然后从履职情况、存在问题、下一步打算三方面进行本年度个人述职述廉报告，语言风格符合身份，偏口语化，符合工作场合。

五、述职报告的写作要求

（一）实事求是

述职报告要重点陈述自己分管工作的情况，实事求是，既不拔高，也不贬低，力求反映工作的真实面貌。对于自己协管的工作，要讲清楚自己的参与程度，发挥的作用，投入的精力、时间，解决的困难等。客观陈述履行职务的情况有助于上级机关和所属部门对你的工作作出全面、准确、客观的评价。

（二）个性鲜明

展示述职者个人风格和魄力。分工不同，工作重点也会不同，工作思路和方法更是各具特色，所以述职者要突出自己工作的特色，显示自己的工作个性，切忌千人一面。

（三）重点突出

无论是按照工作内容分类，还是按照时间顺序来撰写述职报告，都不要事无巨细、面面俱到，否则很容易写成流水账。要有意识地抓住核心问题，突出主要成绩，总结主要经验，各部分内容在篇幅上要均衡，做到详略得当。

（四）语言简练

述职报告的语言要朴实，评价要中肯，措辞要严谨，语气要谦恭，不要追求辞藻的华丽。表格形式的述职报告要根据要求填写。

专题二　调查报告

"没有调查就没有发言权。"在日常工作中，调查报告是经常使用的应用文之一。调查报告既可以为党和国家的路线、方针、政策的制定和修改提供依据，为上级机关的科学决策提供参考；也可以扶植新生事物，推广典型经验；还可以揭露和批评丑恶现象，澄清事实真相。随着时代的发展，调查报告还出现了社会化、网络化、方法现代化的趋向。

例文 4－6

宁夏银川富洋烧烤店"6·21"特别重大燃气爆炸事故调查报告

国务院事故调查组 2023 年 12 月

2023 年 6 月 21 日 20 时 37 分许，宁夏回族自治区银川市兴庆区富洋烧烤民族街店（以下简称富洋烧烤店）发生一起特别重大燃气爆炸事故，造成 31 人死亡、7 人受伤，直接经济损失 5 114.5 万元。

事故发生后，党中央、国务院高度重视。习近平总书记立即作出重要指示批示，强调这起事故造成多人伤亡，令人痛心、教训深刻。要全力做好伤员救治和伤亡人员家属安抚工作，尽快查明事故原因，依法严肃追究责任。各地区和有关部门要牢固树立安全发展理念，坚持人民至上、生命至上，以"时时放心不下"的责任感，抓实抓细工作落实，盯紧苗头隐患，全面排查风险。近期有关部门要开展一次安全生产风险专项整治，加强重点行业、重点领域安全监管，有效防范重特大生产安全事故发生，切实保障人民群众生命财产安全。李强总理作出批示，要全力救治伤员，稳妥做好善后处置，确保社会大局稳定，并尽快查明事故原因，依法依规，严肃追责。要督促各地引以为戒，强化安全责任落实，突出重点领域和薄弱环节，全面排查安全风险隐患，坚决遏制各类重特大事故发生。丁薛祥、何立峰、张国清、刘国中、王小洪、吴政隆等国务院领导同志也作出批示，提出明确要求。

为认真贯彻落实习近平总书记重要指示批示精神，按照李强总理等领导同志批示要求，依据有关法律法规，经国务院批准，成立了由应急管理部牵头，公安部、住房城乡建设部、商务部、市场监管总局、国家消防救援局、全国总工会和宁夏回族自治区人民政府参加的国务院宁夏银川富洋烧烤店“6·21”特别重大燃气爆炸事故调查组（以下简称调查组）。同时，邀请燃气、消防、气瓶、管阀、爆炸和建筑等方面的专家参与事故调查。中央纪委国家监委成立事故追责问责审查调查组，对地方有关党委政府、相关部门和公职人员涉嫌违法违纪及失职渎职问题开展调查。

在党中央坚强领导下，按照国务院决策部署，调查组以对党和人民高度负责的态度，坚持“科学严谨、依法依规、实事求是、注重实效”的原则，通过资料查阅、座谈交流、现场勘验、实地调查、物证鉴定、视频分析、模拟实验、询问谈话、理论计算与分析以及专家评估论证等多种方式，查明了事故经过、发生原因、人员伤亡情况，查明了富洋烧烤店和气瓶检验、充装、配送等单位有关情况和责任，查明了地方有关党委政府、相关部门在监管方面存在的问题和相关人员的责任；同时，调查组举一反三、以点带面，深入剖析事故暴露的突出问题，总结事故主要教训，提出整改和防范措施建议。调查认定：宁夏银川富洋烧烤店“6·21”特别重大燃气爆炸事故是一起因相关企业违法违规检验、经营，并配送不符合标准的液化石油气瓶，烧烤店在使用中违规操作发生泄漏爆炸，地方党委政府及其有关部门履职不到位、燃气安全失管失控，造成的生产安全责任事故。

一、事故有关情况

（一）事故发生单位情况（略）

（二）事故发生经过（略）

（三）人员伤亡情况（略）

二、事故直接原因

（一）送错气瓶（略）

（二）接错瓶阀（略）

（三）擅自拆装（略）

（四）泄漏爆炸（略）

（五）伤亡扩大（略）

三、事故应急处置情况（略）

四、地方党委政府及其有关部门主要问题

（一）专项整治敷衍了事（略）

（二）源头管理失职失责（略）

（三）气瓶检验充装弄虚作假（略）

（四）燃气经营配送使用管理混乱（略）

（五）餐饮场所安全失管漏管（略）

（六）执法检查宽松软虚（略）

五、事故涉及有关方面的具体责任

（一）涉事有关企业（略）

（二）有关部门（略）

（三）地方党委政府（略）

六、对有关单位及责任人的处理建议

（一）司法机关已采取强制措施的人员（略）

（二）有关公职人员（略）

（三）事故涉及的有关单位和其他人员（略）

七、事故主要教训

（一）该坚守的安全红线没有守住（略）

（二）该有的强烈责任感却放松懈怠（略）

（三）该全链条监管的却掉链断档（略）

（四）该用打非治违的硬措施没有硬起来（略）

（五）该抓实的安全基础没有抓到位（略）

八、整改和防范措施

（一）统筹发展和安全，狠抓燃气安全大起底（略）

（二）严格市场准入，全面规范行业发展秩序（略）

（三）强化齐抓共管，提高安全监管效能（略）

（四）迅速开展行动，彻底整治餐饮用户隐患（略）

（五）完善法规标准，提高适用性和强制性（略）

（六）狠抓社会末梢，提升基层能力水平（略）

这是一份事故调查报告，也是揭露问题的调查报告。该调查报告是由国务院事故调查组调查、行文。前言部分概述了调查的起因，调查的经过，调查的结果。主体部分采用条文式，分 8 个部分，详细介绍了事故有关情况，事故直接原因，事故应急处置情况；查明了地方党委政府及其有关部门主要问题和事故涉及有关方面的具体责任，提出了对有关单位及责任人的处理建议；通过深入剖析事故暴露的突出问题，总结了事故主要教训，提出了整改和防范措施。整篇调查报告逻辑清晰，表述准确。

一、调查报告的概念

调查报告是指对某项工作、某个事件、某个问题，经过深入细致的调查后，将调查中收集到的材料加以系统整理，认真分析研究，发现本质特征和基本规律，以书面形式向组织和领导汇报调查情况，是反映调查研究所获得的信息与结论的书面报告。调查是报告的基础和依据，报告是调查结果的反映，而深入细致的分析研究是写好调查报告的关键。

调查报告的发布形式，除了有些需要保密的调查报告参照公文发文方式上送下达，主要在机关内传送，其他可发表于报纸、杂志或公开出版发行，具有新闻文体和理论文体的性能。

二、调查报告的作用

调查报告是调查研究成果的运载传递工具，是调查研究成果转化为社会效益，发挥社会作用的桥梁。

（一）反映基本情况和信息

个人或组织要有效地工作或进行一些研究、预测，必须对有关地区、部门、系统的情况心中有数，但却不可能逐一调查，而调查报告是提供这些基本情况，特别是获得新信息的重要来源。要想把通过调查得到的信息和情报告知有关方面，必须借助调查报告。同时，随着社会的不断发展进步，在每一个历史时期，尤其是在变革的历史时期，总会出现一些新情况、新变化、新问题，亲自调查固然不可缺少，但也绝不可能面面俱到。调查报告可以及时准确地反映这些变化和经验，方便地提供给单位和个人，进而推动社会不断变革、前进。

（二）提供决策依据

调查报告为科学决策提供依据。各种问题的解决，都取决于正确的决策，而正确的决策来源于对客观实际的周密调查。同时，决策实践的效果如何，也要通过调查报告传递给决策机构，作为调整决策和再决策的重要依据。

调查报告为特殊事件的处理提供依据。在国家和社会事务中，不免会发生一些意外事件，如工作中的重大失误、生产中的责任事故、对国家资源的破坏，以及各种重大政治、经济事件等。经过调查写成报告，可以作为行政、组织处理或诉诸法律的事实根据，达到解决问题、提高认识、改进工作的目的。

三、调查报告的特点

（一）真实性

调查报告所反映的内容必须是调查研究的结果，是在占有大量现实和历史资料的基础上，用叙述性的语言实事求是地反映某一客观事物的报告。调查报告绝不能道听途说、东拼西凑。在调查报告中，不仅主要人物和事实要真实，事件的时间、地点、过程及各种细节也要绝对真实，不能有半点浮夸和虚假，否则就失去了存在的价值。

（二）针对性

进行调查研究、写调查报告是为了解决实际问题，因此要有很强的针对性。应付了事、走马观花式的调查，是不会有收获的。只有针对某个问题进行深入调查，才能有实际效果，指导作用才大，价值才高。

（三）典型性

调查报告所反映的内容无论是经验，还是问题，都应有典型性，要能以局部反映全局，起到以点带面的作用。如果调查报告反映的是没有任何典型意义的、孤立的个别事例，则不会对工作有指导意义。

（四）逻辑性

调查报告不是材料的机械堆砌，而是对核实无误的数据和事实进行严密的逻辑论证，探明事物发展变化的原因，预测事物发展变化的趋势，揭示事物的本质和规律，从而得出科学的结论。

四、调查报告的种类

调查报告的应用范围较广，调查目的不同、调查对象不同，呈现出来的调查报告也不同。

（一）介绍典型经验的调查报告

介绍典型经验的调查报告是指针对某地区、单位、企业在贯彻落实党和国家的各项方针政策过程中，或在日常的思想政治、经济建设、科学教育等方面取得的突出成绩展开专题调查，反映具体做法和成功奥秘的报告。

此类调查报告与以反映工作成绩为主的工作通讯有些近似，二者的区别在于调查报告特别注重对调查过程和调查所得数据的叙述和列举。

（二）揭露问题、反映情况的调查报告

揭露问题、反映情况的调查报告是指针对某一存在的问题而展开调查，以揭示这一问题的种种现象和深层原因为主要目的的报告。这种报告主要是为了揭露和批判，探究问题产生的原因，分析问题的症结所在，提供解决问题的思路和方法。因此，揭露性、批评性和惩戒性强是这种调查报告的显著特点。

（三）反映新生事物的调查报告

针对社会现实中某种新近产生或者有了最新变化发展的事物撰写调查报告，全面报道这一新生事物的背景、情况和特点，分析它的性质、作用和意义，指出它的发展规律和前景，进而促进新事物更好的发展的报告就是反映新生事物的调查报告。

五、调查报告的结构和写法

调查报告一般由标题、正文和落款三部分组成，如表 4－8 所示。

（一）标题

调查报告的标题，往往就是调查报告的主题，一般用高度概括、简明扼要的语言来表达。

1. 公文式标题

公文式标题的格式：发文机关＋事由＋文种，如“××关于××的调查报告”“关于××的调查报告”“××××调查”等。

2. 文章式标题

如“当前农民工医疗问题的现状及出路”“国有大型企业连年亏损的原因何在”等都是文章式标题。

表 4-8　调查报告的结构

要素		具体内容
标题		××有限公司关于××××的调查报告
正文	前言	×××××××××××××××××××××，×××××××××××××××××××。（调查目的、时间、地点、对象、范围以及采用的调查方法；或报告的主要内容和观点）
	主体	一、×××××××××××××××××××××× 1.××××××××××××××× 2.××××××××××××××× （调查对象的基本情况：调查获得的资料数据、图表，调查对象的过去和目前的情况） 二、××××××××××××××××××××× 1.××××××××××××××× 2.××××××××××××××× （过程：如何分析、归纳资料数据） 三、×××××××××××××××××××××× 1.××××××××××××××× 2.××××××××××××××× （分析及结论：发现的问题、得出的结论） 四、××××××××××××××××××××× 1.××××××××××××××× 2.××××××××××××××× （建议：提出有针对性的对策或措施）
	结尾	五、×××××××××××××××××××××
落款	发文单位	××有限公司（右空 2 格）
	成文日期	20××年××月××日（右空 2 格）

注：以上内容仅供参考。

（二）正文

正文一般分为前言、主体、结尾三部分。

1. 前言

前言是调查报告的开头，起总领或引出全文的作用，有三种写法：第一种是写明调查的起因和目的、时间和地点、对象和范围、经过和方法，以及人员组成等调查情况，从中引出中心问题或基本结论；第二种是写明调查对象的历史背景、大致发展经过、现实状况、主要成绩、突出问题等基本情况，进而提出中心问题或主要观点；第三种是开门见山式，直接概括调查结果，如肯定做法、指出问题、提示影响、说明中心内容等。前言要精练概括，直切主题。

2. 主体

主体是调查报告中的主要部分，通常以叙述为主，叙议结合，围绕前言提出的问题详述调查研究的基本情况，分析材料，得出各种具体做法、经验、认识、观点和基本结论。调查报告主体的结构有三种：

（1）纵式结构。纵式结构的主体行文时按照调查事件发生发展的先后顺序安排材料，能够体现事物的阶段性特点，脉络比较清晰。揭露问题的调查报告多采用这种结构。

（2）横式结构。横式结构的主体行文时按照事物的性质和特征对材料进行归类，每个部分观点突出，或有小标题。介绍典型经验的调查报告多采用这种结构。

（3）综合式结构。这种结构兼有纵式和横式两种结构的特点，既考虑事物的发展脉络，又兼顾事物的分类特征。

3. 结尾

结尾的写法比较多，或提出解决问题的方法、对策以及下一步改进工作的建议；或总结全文的主要观点，进一步深化主题；或提出问题，引发人们的进一步思考；或展望前景，发出号召。

（三）落款

署名连同日期作为落款写在文尾右下方。有些情况下，标题下方居中署名，包括作者的名字、单位名称或者调查组名称。

例文 4-7

关于选派优秀机关干部到农村任职的调查报告

年初以来，××区严格按照市委指示精神，认真选拔，精心组织，对区××乡的13个行政村全部下派了干部，下派率达到100%。在工作中，13名下派干部紧紧依靠乡、村两级党组织，严格遵守各项规章制度，深入企业、农户调查研究，积极扎实开展工作，主动为群众解难题、做好事、办实事。截至目前，下派干部为8个村制定工作规划，为6个村起草共16项内容的村规民约，做好事21件，为村民解决难题7件，制止上访事件5起，受到当地群众的一致好评。

一、下派干部工作的实施背景（略）

二、下派干部工作的主要做法

（一）领导重视，为下派工作提供组织保证

（1）认真领会上级精神，提高工作认识。（略）

（2）严把干部的选拔关，确保选拔优秀。（略）

（3）抓好干部的培训关，掌握工作方法。（略）

（二）建立规章，为下派干部健康发展提供制度保证

（1）建立请销假制度。（略）

（2）建立工作例会制度和工作汇报制度。（略）

（3）建立检查通报制度。（略）

（4）建立考核制度。（略）

（三）严格管理，为下派干部能力提高提供工作保证

（1）强化下派干部履行职责的意识。（略）

（2）严格规定下派干部在村工作时间。（略）

（3）加大下派干部工作督查检查力度。（略）

（4）做好下派干部的分类指导工作。（略）

(5) 加强下派干部的理论学习。(略)

三、下派干部工作取得的成效

(1) 厘清发展思路，找准工作突破口。(略)

(2) 化解矛盾，增进团结，促进稳定。(略)

(3) 为村民做好事、解难题，密切干群关系。(略)

(4) 提高村里的管理水平。(略)

(5) 增强村民的文明意识，为构建和谐社会奠定基础。(略)

四、下派干部工作存在的问题

(1) 村“两委”班子在认识上有偏差，没有对下派干部委以重任。(略)

(2) 钻研工作不够，工作思路不清。(略)

(3) 舆论宣传的力度不够。(略)

五、下派干部工作的有益启示

(1) 增强村“两委”班子的活力。(略)

(2) 锻炼干部，密切党群干群关系。(略)

(3) 有利于培养后备干部的工作作风。(略)

(4) 有利于党的路线、方针、政策在基层的贯彻落实。(略)

(5) 协调关系，增进团结，促进工作稳定。(略)

这是一篇内容翔实，结构完整、规范的调查报告，属于介绍典型经验的调查报告。开篇介绍调查对象的基本情况，数据翔实，结论中肯，然后从下派干部工作的实施背景、下派干部工作的主要做法、下派干部工作取得的成效、下派干部工作存在的问题、下派干部工作的有益启示5个方面进行了阐述，论述充分，材料翔实，逻辑性强。

六、调查报告的写作要求

(一) 深入调查，充分占有材料

调查研究就是为了掌握实际情况。深入进行调查研究，是撰写调查报告的重要前提和基础，我们在写作时要尽可能全面、细致地把握与某调查事物相关的正反两方面材料，并且要保证材料的真实性、准确性。

(二) 立场鲜明，态度端正

书写调查报告时要有正确的立场和观点，实事求是地进行调查研究，切忌主观臆断，要认识事物的本来面貌，得出符合客观实际的结论。立场鲜明、态度端正有助于制定和执行正确的方针政策，树立先进典型，批判错误的倾向，使各项工作沿着正确的方向前进。

(三) 善于分析，找出规律

调查报告需要对大量材料进行加工提炼，从中发现事物的本质，总结规律，不能停留在对具体事实和经验的叙述上，那样的调查报告没有指导作用。

（四）调查方法要科学

在撰写调查报告之前，要运用多种调查方法深入细致地开展调研活动，尽可能地掌握第一手资料，这样写出来的调查报告才能够充分发挥推动工作的作用，从而使调查报告写作克服徒有其名、未有解决问题之实的“作表面文章”的形式主义文风。

在明确调研目的基础上制订一个切实可行的计划，即制定一个开展调研活动的实施方案。调查研究毕竟不同于日常的观察积累，不能过于随意；此外，开展调查研究活动常常不是一个人独立完成的，它需要人们互相配合，在规定的时间内完成，这就需要事先对调查研究获取材料的方法和渠道（方式）作总体安排。

调查研究所采取的方法主要有以下几种：

1. 一次性普查

一次性普查，即对调查对象的一次全面调查。一次性普查的作用主要是调查在一定时间内、范围比较广的某些现象的总体情况，为制定全局性决策、编制长远规划等提供依据。

2. 经常性调查

经常性调查，即对调查对象进行经常的、连续不断的或周期性的调查。经常性调查主要是用来调查在流动、变化中或事物发展周期中突出地显示发展规律的事物。例如，对某所学校的招生、日常教学、就业等方面进行调查，适用于这种方法。

3. 重点调查

重点调查，即针对重点单位的调查。重点单位就是在所调查的问题（内容）方面数量比一般单位多的单位。对重点单位的调查往往能够反映所调查的问题（内容）的基本情况。例如，要了解××市的市场情况，只要选择若干大型百货商店进行调查，就可以概括全貌，而不必将小型百货商店都调查一遍。

4. 典型调查

典型调查，即在对调查现象进行全面分析的基础上，对具有代表性的单位进行的调查。它可以以具有代表性的典型单位的情况来推论全局的情况。

5. 抽样调查

抽样调查，即对调查整体采用随机抽样的方法，抽取其中一定数量的单位所进行的调查。社会经济统计中经常采用这种方法。

任何一种方法都不是完美无缺的，采用什么方法应该根据需要与可行性来确定。

调查研究的方式（渠道）很多，主要有开调查会、访谈、现场观察、问卷等。各种方式的选择，取决于从哪些渠道、通过什么形式才能取得第一手的、真实可靠的材料。

除了第一手资料，我们还可以通过阅读有关文献资料广泛收集各种第二手资料。我们在使用第二手资料的时候，一定要认真核实。

七、调查问卷的设计

问卷调查是人们在社会调查研究活动中用来收集资料的一种常用手段，是通过制定详细周密的问卷，要求受访者据此进行回答以收集资料的方法。调查问卷是一组与研究目标有关的问题，或者说是一份为进行调查而编制的问题表格，又称调查表。调查者借助这一工具对社会活动过程进行准确、具体的测定，并应用统计方法进行量的描述和分析，获取所需要的调查资料。

（一）调查问卷的类型

按不同的标准，调查问卷可以分为不同的类型，如表 4－9 所示。

表 4－9　调查问卷的类型

分类标准	类型	特点
按使用方式分	访问问卷	调查者采用访谈法进行调查时使用，由调查者自己填写，即调查者根据受访者的回答亲自填写问卷
	网络问卷	通过专业网络平台发放，受访者自行填写，调查者查收，是目前广泛使用的一种问卷
	即填问卷	调查者将问卷分发给受访者，当场填写，当场收回
按答案的标准化状况分	结构式问卷（封闭式）	问卷中提出的每个问题都有几个准备好的、可供选择的标准化答案，受访者只需要选择答案即可，一般不需要进行复杂的思考，调查结果易于统计，一般包括选择题、判断题、排序题、等级题等
	开放式问卷	不设固定和标准化答案，受访者自己填写意见
	半结构式问卷（半封闭式）	介于结构式与开放式之间的一种问卷，问题的答案大多是固定的，少部分由受访者自由发挥

（二）调查问卷的结构

调查问卷包括四个部分：标题、前言、正文、结尾。

1. 标题

调研问卷的标题要鲜明，令人一看就清楚，使人产生兴趣，如“大学生学习通使用情况调查表”。

2. 前言

调查者需要向受访者简单解释开展本次调查活动的原因、目的、意义以及表达谢意，目的是引导受访者有针对性地填写调查问卷。如果是现场填写，调查者要准备一些小礼品以示谢意。

3. 正文

这部分是问卷的主体，也是关键部分，主要包括：受访者信息、调查项目、调查者信息。

受访者信息是受访者的基本资料，调查者询问基本信息时注意不要涉及受访者的隐私内容。

调查项目是问卷的核心部分。问卷的问题要紧紧围绕调查的问题、目的进行设计，一定要突出调查重点，按照必要性原则、准确性原则、客观性原则、可行性原则来设计。调查问卷的问题类型大致包括以下几种，如表 4－10 所示。

表 4－10　调查问卷的问题类型

问题类型	问题含义
事实性问题	反映受访者基本情况的问题
态度性问题	受访者对某个问题的看法、建议
断定性问题	要求受访者对某个问题做出肯定或否定的回答
假设性问题	假定某种情况已经发生，了解受访者的态度
敏感性问题	只涉及个人社会地位等较敏感的问题

有的调查问卷有调查者信息。收集调查者信息是为了证明调查的执行以及为日后的复查做准备。

4. 结尾

调查者简单地阐述受访者参与问卷的重要性，并再次表示感谢。

（三）调查问卷的格式

调查问卷的格式要实用、清楚、简洁、美观。调查问卷中，开放性的题目没有预设答案，格式比较简单，只要按顺序列出题目，在每题之后留下足够的答题空间即可。

1. 名目量表

所给出的问题答案，只能按照某种属性或特征加以分类、比较异同的调查问卷称为名目量表。名目量表适用于定类变量。这种调查问卷又可分成以下 3 种样式。

（1）清单式或菜单式，即调查者提出问题以后，把所有可能的答案列在题目下面，让受访者从中选择。至于究竟是单项选择还是多项选择，完全根据问题本身的性质而定。

例文 4－8

调查问卷

1. 您的性别：a. 男　　　　　　　　b. 女

2. 您喜欢看哪类书籍？（最多可选择三项答案）

a. 科普读物　b. 侦探小说　c. 世界名著　d. 科幻小说　e. 人物传记

f. 童话故事　g. 其他

3. 您是否喜欢上网？

a. 喜欢　　b. 不喜欢

4. 您所在学校的绿化如何？

a. 很好　　b. 一般　　c. 很差

5. 您平时数学成绩不理想，但本次考试成绩较理想，原因是什么？

□复习得法　□老师辅导有方　□精力充沛　□碰巧做对

□考题泄密　□考试作弊　□其他

（请您按最主要原因记为 1，其次为 2，再次记为 3，……，最次小记为 7，把序号排列在□内）

（2）表格式，即调查者要求受访者同时将不同研究对象的某些共同属性（变量）写出来，如表 4-11 所示。

表 4-11　班团组织的作用调查表

班委	很好	较好	一般	较差	很差
团委会					
团支书					

（3）棋盘式，即调查者要求受访者同时将研究对象的不同特征（不同变量的交互分类情况）写出来，如表 4-12 所示。

表 4-12　教育内容和教育方式的对应情况调查表

教育内容	教育方式			
	课堂教育	观看录像	个别访谈	参观访问
爱国主义				
时事政治				
法律知识				
思想问题				

2. 顺序量表

所给出的问题的答案，可以按照一定的逻辑，如从大到小（从高到低）或从小到大（从低到高）的顺序排列起来的调查问卷称为顺序量表。顺序量表适用于定序变量。

一般情况下，调查者设计一组问题答案，然后让受访者自己根据重要程度排列顺序。

（四）设计调查问卷的注意事项

（1）调查问卷的内容要与研究的目的相结合。

（2）按照不同的变量层次设计问题。问题要清晰，语言要精练。

（3）调查问卷必须方便调查后的数据统计，结果能真实反映受访者的想法。

（4）问题排列要注重逻辑性，一般遵循先易后难，先选择再填空的顺序。调查问卷的长度要适宜。

（5）在进行大范围的问卷调查之前，可以预先进行一次小范围的测试，以便发现调查问卷可能存在的问题，从而确保调查的真实有效。

简单的问卷调查无须花费过多时间，这吸引了更多的人填写调查问卷，调查问卷的填写效果直接影响调查结果，因此，问卷调查这项工作需要受到重视。

例文 4-9

女性护肤品调查问卷

我们将做一个关于女性朋友在使用和购买护肤品方面的调查，现耽误您几分钟来完成以下调查问卷，谢谢！

一、单选题

1. 您的年龄　　（选项）

5. 您喜欢哪个国家的护肤品　　（选项）

2. 您的收入 (选项)

3. 每月护肤品费用(选项)

4. 您的皮肤类型是(选项)

6. 您通过什么渠道来了解护肤品 (选项)

7. 您平均购买护肤品的频率是 (选项)

8. 您从几岁开始使用护肤品 (选项)

二、多选题

1. 您购买化妆品的渠道

□商场、大卖场

□专卖店

□电商

□直销员

□其他

2. 您目前护肤品的功效

□美白保湿

□祛斑

□抗皱

□控油

□其他

3. 您现在的皮肤问题是

□干燥、暗淡无光

□斑点

□痘痘、黑头

□皮肤松弛

□眼袋、黑眼圈

4. 您购买护肤品时考虑的因素是

□品牌

□价格、促销

□效果

□包装

□服务

□其他

5. 您目前使用的护肤品是

□洗面乳 □眼霜

□面霜、日霜 □面膜

□晚霜 □精华液

□隔离霜 □爽肤水

□防晒霜 □粉底液

□乳液 □其他

三、如果您急需购买一套护肤品，您希望它能帮您解决哪些问题?

这是一份关于女性护肤品的调查问卷。开篇介绍调查的目的并表示了谢意。题目设计的目的是从多个角度了解女性使用护肤品的喜好。第一大题属于封闭式问题，为受访者的基本信息。第二大题属于半封闭式问题，第三大题属于开放式问题。

(五) 使用问卷调查的优缺点

1. 优点

使用问卷调查可以节省时间、经费和人力，具有较好的匿名性，易于收集到真实的信息，避免产生偏见、减少调查误差，便于比较和定量分析。在线调查问卷更易于发放和回收。

2. 缺点

调查问卷对受访者的文化水平有一定要求。调查问卷的填答质量、回收率往往难以保证。

拓展阅读

山西平遥发现清朝时期官吏述职报告

单元小结

本单元中介绍了述职报告、调查报告的相关知识。述职报告是报告人依据岗位规范和职责目标，对自己一定时期内的履职情况作出客观的自我评价，是接受组织考核和群众监督的主要方式之一。调查报告是实际工作中认识事物、掌握情况、指导工作的重要途径和依据，具有很强的实用性，是机关团体、企事业单位常用的一种文体。

实践操作

一、改错题

大学生课外阅读情况的调查

阳光下、草坪上、教室里、图书馆……到处可以看见书不离开手的大学生，他们脸上洋溢着满足自信的笑容。

“你课外阅读的主要目的是什么?”“你最喜欢阅读哪种类型的书籍?”“你平时看一本书用多长时间?”……前不久我们对大学生的阅读取向进行了一次访问式调查,，目的是了解当代大学生读什么书，读多少书和怎样读书的问题。

通过调查有部分学生的课外阅读主要是为了休闲。他们认为“平时专业课程的阅读量已经很大了，课外阅渎当然选择内容较轻松的课外书籍，以缓解读书的压力”。这样的学生大约占44.9%。还有部分同学的课外阅读是为了拓展知识面。这样的学生所占比例较少，只有8%。大学生不青睐具有专业知识的书籍是否合理呢?不少招聘企业都感慨现在的大学生专业能力很薄弱，学以致用的能力较差。在学校期间不注重专业知识的积累和自身专业技能的训练,，不阅读、不关注相关专业课外书籍，是造成这种现象的原因之一。在回答“你最喜欢阅读哪种类型的书籍?”时，大多数学生选择报纸杂志。报纸杂志始终占据大学生阅读排行榜的首位。多数学生选择此类书籍的原因是因为“阅读起来方便”和“信息量大，来源广泛，易获得”。调查中发现,，学校为学生免费提供的《文汇报》成为阅读人次最多的报刊，《青年报》《环球时报》《参考消息》有一定的市场。在阅读内容上，阅读新闻占61%,，领先其他三项；阅读“生活信息及收集资料”占24%；阅读“文学作品”占16%；阅读“评论文章”占18%。

目前大学生的阅读结构对大学生正确世界观、人生观的形成非常不利，亟须加以正确引导。

二、写作题

1. 为了解当前大学生的消费倾向及存在的问题以便进行正面的引导，某大学决定对学生的消费现状进行调查，请你拟写一份详细的调查提纲。

2. 针对上一题的调查项目，假如采取调查问卷的形式进行抽样调查，请你为该大学设计一份调查问卷，完成大学生消费现状调查任务。

3. 完成上一题的调查任务并撰写一份完整的调查报告。

4. 假如你是班长，请你根据一年来的工作情况，向老师及同学作述职报告。

5. 组织完成下面的调查问卷，对调查问卷进行分析，并撰写一份调查报告。

高职学生社会志愿服务活动调查

您好，这是一项关于高职学生社会志愿服务活动的调查，想邀请您帮忙填写这份问卷。本问卷实行匿名制，所有数据只用于研究统计，请您放心填写。请根据您的实际情况和感受填写本问卷，谢谢您的帮助！

1. 你所在的年级是　　[单选题]

□一年级　　□二年级　　□三年级

2. 你是学生干部吗　　[单选题]

□是　　□不是　　□曾经是

3. 你参加社会志愿服务活动的经历是　　[单选题]

□从未参加过

□参加过，但现阶段已经不参加了

□参加过，现在也偶尔参加

□参加过，现在也经常参加

4. 你未参加过志愿服务活动的主要原因是（若第 3 题选“从未参加过”）　　[单选题]

□时间因素，与个人生活或工作学习相冲突

□经济因素，参加志愿服务活动还要花钱

□社会因素，多数人对志愿者不理解

□法律因素，法律对志愿者权益的保障不健全

□觉得没有什么意义

□报名参加但没有入选

□学校社会提供的机会少，还没有碰到感兴趣的相关活动

□宣传力度小，没有及时了解到相关信息

□认为很多志愿服务活动过于形式主义

□其他

5. 大学生应不应该参加志愿服务　　[单选题]

□应该　　□不应该　　□无所谓

6. 你一般利用什么时间参加志愿活动　　[单选题]

□双休日

□课余时间

□节假日（包括寒暑假）

□只要需要，任何时间都可以

□其他

7. 每次参与志愿服务活动的参与时间　　[单选题]

□2 小时以下

□2～4 小时

□4～8 小时
□8 小时及以上
□不固定
8. 你所参加的志愿服务活动的主要组织者是　　　[单选题]
□政府系统、工青妇系统、志愿者协会
□非政府组织、非营利组织等民间团体等
□自发的志愿者团体组织
□个人进行
□学校组织
□所在社区组织
□其他
9. 你参加过的志愿服务的类型　　　[单选题]
□体育赛事等大型活动志愿服务
□扶贫济困活动
□文化助残活动
□艾滋病预防、环保、节能等主题的公益活动
□科技下乡服务
□法律维权援助
□敬老院服务
□边缘青少年帮扶活动
□支教活动
□医疗卫生保障服务
□社区建设活动
□其他
10. 你最希望参加的活动的类型　　　[单选题]
□体育赛事等大型活动志愿服务
□扶贫济困活动
□文化助残活动
□艾滋病预防、环保、节能等主题的公益活动
□科技下乡服务
□法律维权援助
□敬老院服务
□边缘青少年帮扶活动
□支教活动
□医疗卫生保障服务
□社区建设活动
□其他
11. 你参加志愿服务的心理感受　　　[单选题]
□大多数时候快乐

□总是非常快乐
□感受复杂说不清
□偶尔很快乐
□其他
12. 你对参加过的志愿服务的满意度　　　[单选题]
□非常满意
□满意
□一般
□不满意
□其他
13. 如果你对参与的志愿服务没有预期的收获，你今后的打算是　　　[单选题]
□毫不犹豫地离开
□只要对自己没有什么大的影响，就中途离开
□坚持完成，但下次活动就不去了
□坚持完成，之后再坚持尝试几次
14. 你参加过志愿服务活动，是否感觉到有阻力　　　[单选题]
□是　　　　　　　　　　□否
15. 你认为参加志愿服务活动的阻力是（若第 14 题选“是”）　　　[多选题]
□时间因素，与个人生活或工作学习相冲突
□经济因素，参加志愿服务活动还要花钱
□社会因素，多数人对志愿者有偏见
□法律因素，志愿服务活动中涉及的法律因素不明确
□家人因素，家人不支持
□朋友因素，朋友不理解
□对志愿者的权益保障欠缺
□其他
16. 你参与志愿服务的原因是　　　[单选题]
□学校组织的，不得不去
□消磨空闲时间
□别人去，我也去
□提高自己的绩点
□提高自己的思想道德素质
□实现个人价值，将爱传播到社会，让生活更加充实
□丰富自己的社会阅历，有利于找工作
□可以结识一些对自己今后发展有用的人
17. 你身边（包括自己）的学生对志愿服务活动的重视程度　　　[单选题]
□非常重视
□比较重视
□不太重视

□不重视

18. 你身边（包括自己）的学生认为志愿服务对被帮助者是否有帮助 ［单选题］

□对被帮助者非常有帮助，我们的参与产生了至关重要的作用

□有一定帮助，但帮助不大

□非但没有帮助，反而产生了负面作用

19. 你认为高职学生参与志愿服务存在的问题是 ［多选题］

□对志愿服务的意义认识不够

□参与志愿服务工作积极性不高

□参与者志愿服务时不够投入

□参与志愿服务后讲求回报

20. 你认为高职学生志愿服务活动存在的主要问题是 ［多选题］

□社会各界对志愿服务活动不够了解

□政府重视不够

□资金不足

□志愿者权益得不到保障

□愿意参加志愿者服务的人太少

□志愿服务工作制度不健全

□其他

单元三

声明和公开信

学习目标

知识目标

1. 了解声明、公开信的概念、种类和结构
2. 掌握声明、公开信的写作要求

能力目标

1. 能够根据具体情况撰写准确表明立场、观点，符合规范的声明
2. 能够根据具体情况撰写内容全面、表述清晰、语言中肯的公开信

素养目标

1. 提高政治素质，具备法律意识，工作严谨，具有社会责任感
2. 培养思辨能力，提高分析问题、总结归纳的能力，提升写作理论素养

单元导入

声明、公开信是党政机关、企事业单位或社会团体以及个人就某一具体事项向社会公开陈述、报道、解说，表明自己的立场、态度和主张，使大众周知的一种简短社交文书(有时也叫宣告类文书)。声明、公开信都具有一定的宣传引导作用——通过向大众发布文书，传达有关单位或个人的政策、规定、意见，推动各项合作和事业快速开展，形成一致的认知和思想。由于公开发布，因此声明、公开信这两种文书的宣传引导范围更广、影响更大。

专题一　声明

声明用于党政机关、企事业单位或社会团体就有关事项或问题公开说明事情真相，表明自己立场、态度。政治、外交等领域较多使用声明，声明也适用于个人说明与本人直接相关的问题或事实真相，向公众表明自己的立场、态度和观点。声明既可以在报刊登载，也可以通过广播、电台播发，还可以张贴宣告。

例文 4-10

声　明

本公司职工张三因个人原因，已于2024年8月20日办理了离职手续，从离职之日起其所有关于业务上的行为及所作承诺，一律与我公司无关。

特此声明

××速记科技有限公司

2024年8月20日

这则声明用寥寥几句话就交代清楚了发声明的原因、发声明的事项，表明了公司的态度。

一、声明的概念

声明是就有关事项或问题向社会表明自己的立场、态度的应用文体。

声明和申明都是用来对某种事物或情况做出正式的说明，但它们的用法和含义略有不同。

申明是动词，是郑重说明的意思，往往含有解释或辩白的意味。声明是公开表示态度或说明真相，可作动词也可作名词：作动词时，多用来指国家、政党、团体或领导人公开宣布自身所持的立场、观点等；作名词时，指声明的文告、公开发表的文书。申明重在说明，以说服对方；声明重在公开宣布，让公众知道。

声明通常用于正式文书，是对某种事物或情况做出正式的宣布或说明。例如，政府可以发表声明谴责某种不道德的行为或宣布某种政策的重大变化。在商业领域中，声明也可以指公司或组织对外界公开发布的官方说明性文件，用于表明公司的立场或决策。

申明通常指个人或组织宣布或说明某种事物或情况。例如，个人可以向银行申明自己的收入情况，企业可以向政府部门申明自己的经营状况。在法律领域中，申明也可以指证人在法庭上对某件事情作出的宣誓证言。

二、声明的种类

按照用途的不同，声明可以分为三类。第一类是公开宣布自己所持的立场、观点的声明。第二类是当自己的某种合法权益受到侵害时，为维护自己的合法权益、引起公众关注，并要求侵权方停止侵害行为的声明。第三类是在自己遗失了支票、证件等重要凭据或证明文件时，为防止他人冒领冒用而发表的声明，如表 4-13 所示。如果是公司遗失了公章，那么该公司不仅需要在省、市级报纸刊登遗失声明，还需要到公安机关报案。

表 4-13 各类声明登报模板

类型	声明内容
单位声明	遗失声明 ×××公司不慎遗失给×××公司开具的增值税专用发票（发票联、抵扣联），发票代码：×××，发票号码：×××，开票金额：××××××元，开票日期：××××年×月×日，声明该增值税专用发票作废。
	更正声明 原刊登在××××年×月×日×××报上的×××××××公司注销公告中“经董事会决议”更正为“经股东决定”，特此声明。
个人证件	遗　失 ×××，第二代居民身份证，证号：××××××××××××××××××××，因不慎遗失，声明作废。

声明，有的也叫郑重声明，重在说明事实真相，表明自己的立场、态度，常常同权利、义务、责任紧密相连，是带有严肃性的。

三、声明的结构和写法

声明由标题、正文和落款三部分组成。

（一）标题

（1）只写文种，如“声明”。

（2）声明事由＋文种，如“遗失声明”。

（3）发文机关＋声明事由＋文种，如“××速记科技有限公司授权法律顾问××律师的声明”。

（二）正文

一般由声明缘由、声明事项、结尾组成。结尾一般用“特此声明”。有的声明也可以省略结尾，讲清事由、事项即可。声明要写清楚需要有关方面或有关人员知道的事情。声明要语气通俗，文字简约。

（三）落款

落款由发文机关署名、成文日期组成。

有的声明还有附注。例如，正文说明希望公众检举揭发侵权者的，还应在署名的右下方附注单位的地址、电话号码以及邮政编码，以便联系。

由于声明具有权威性、严肃性，因此写作时必须简洁有力，用词准确，态度鲜明。

四、声明与启事的相同与不同

声明与启事的相同之处在于两者都是将某件事公开告知人们，应用范围较广泛；发表方式也相同，或载于报刊，或发于广播、电视，或张贴于公共场所。

声明与启事的区别在于内容的侧重点不同。声明只是告知人们某件事，不提出什么要求。例如，遗失声明只向公众或有关方面宣布某单位（或某人）遗失某物，并不要求人们帮助寻找，只是宣布作废。启事不仅向公众公开说明某件事情而且还有所求助，希望人们协助办理。例如，寻物启事既告诉他人自己在何时何地丢失何物，又希望被告知失物下落，或拾物者能归还失物。

五、声明的写作要求

（一）真实准确、重点突出

声明的内容要真实准确，以免引起不良影响或法律纠纷。声明要结构合理，重点突出，以便读者快速了解主要内容。

（二）目的明确、态度鲜明

个人或组织在声明中表明自己的观点、立场时，要态度鲜明，不能模棱两可，摇摆不定，以免引起不必要的纷争。

（三）表述准确、无歧义

声明的表述要准确，语言要简明扼要，清晰易懂，尽量避免使用大量的技术性或专业性语言，以免增加读者的阅读难度，避免因理解有误引发纠纷。

专题二　公开信

公开信是将不必保密的全部内容公布于众，让大家周知和讨论的信件。一封好的公开信会产生较大的影响，它能促进人们积极参与活动，树立良好的社会风气，指导工作广泛开展和推动活动顺利进行。公开信既可以在报纸上刊登，也可以在电台、电视上播放，还可以发布在网络平台上。

公开信的内容一般都具有普遍的思想教育意义，它可以引导人们向榜样学习，痛斥歪风邪气，树立正确的思想和对待问题的正确看法。不论是写给社会中的某一部分人还是写给个人，从写信者的角度看，都希望有更多人阅读、了解，甚至讨论信中的问题。公开信的内容一般涉及比较重大的问题，具有普遍的指导、教育和宣传作用。

例文 4-11

致全市新闻工作者的一封信

全市广大新闻工作者：

在第 25 个中国记者节来临之际，市委、市政府谨向全市新闻战线的同志们致以节日的祝贺和亲切的慰问！向长期以来关心支持平凉新闻事业发展的社会各界人士表示衷心的感谢和崇高的敬意！

新闻工作者是党的政策主张的传播者、时代风云的记录者、社会进步的推动者、公平正义的守望者。今年以来，全市广大新闻工作者认真学习宣传贯彻习近平新时代中国特色社会主义思想和党的二十大精神，深入学习贯彻习近平文化思想，广泛开展了党的二十届三中全会精神、庆祝新中国成立 75 周年、习近平总书记视察甘肃重要讲话重要指示精神、党纪学习教育、“三抓三促”行动等重大主题宣传，聚焦“三区一城市”建设，围绕构建产业体系、和美乡村建设、优化营商环境、深化改革开放、统筹城乡发展、保障改善民生等方面，持续开展了高质量的宣传引导，营造了社会主义现代化幸福美好新平凉建设的浓厚舆论氛围，充分展现了全市上下感恩奋进、苦干实干，奋力谱写中国式现代化平凉篇章的新进展新成效。实践证明，全市新闻工作队伍是一支政治坚定、业务精湛、作风优良、党和人民放心的队伍！

当前，全市上下正深入学习贯彻落实党的二十大、二十届三中全会和习近平总书记视察甘肃重要讲话重要指示精神，聚力打造“三区一城市”，奋力推动高质量发展在全省进位前移、力争上游。希望全市广大新闻工作者坚持以习近平新时代中国特色社会主义思想为指导，全面学习贯彻习近平文化思想、习近平总书记视察甘肃重要讲话重要指示精神，牢牢把握新时代新的文化使命，始终坚持正确舆论导向，更好发挥新闻舆论工作主阵地、主渠道、主力军作用，发展壮大主流价值、主流舆论、主流文化。要增强信心、凝聚共识，持续做强正面宣传，加强经济宣传和舆论引导，唱响主旋律、弘扬正能量，不断提升新闻舆论传播力、引导力、影响力、公信力。要深化改革、加快发展，坚持导向为魂、移动为先、内容为王、创新为要和“思想＋艺术＋技术”的原则要求，扩大优质内容生产和传播，构建适应全媒体生产传播的工作机制和评价体系，推进主流媒体系统性变革，推动主力军全面挺进主战场。要坚信笃行、好学能文，深入开展“四力”实践，切实改进文风，按新闻规律办事，以“铁肩担道义，妙手著文章”的职业情怀为人民抒怀、为时代讴歌，为全市上下谱写中国式现代化平凉篇章提供有力舆论支持、强大精神力量。

祝全市广大新闻工作者节日快乐、身体健康、工作顺利、阖家幸福！

中共平凉市委
平凉市人民政府
2024 年 11 月 8 日

这封公开信是中共平凉市委、平凉市人民政府发给全市新闻工作者的。公开信的组成要素齐全，语言亲切，感情真挚。

一、公开信的概念

公开信是将信息公之于众的信件。公开信既可以手写，也可以印刷、张贴、刊登和广播。无论是写给亿万群众还是写给某一单位或个人，公开信的突出特征就是公开性。公开信的受文对象比较广泛，如“三八”国际劳动妇女节写给广大女性的公开信。

例文 4-12

习近平致中国工程院建院 30 周年的贺信

值此中国工程院建院 30 周年之际，我代表党中央，向你们致以热烈祝贺！向全院院士和广大工程科技工作者致以诚挚问候！

30 年来，在党的坚强领导下，中国工程院团结凝聚院士和广大工程科技工作者，大力推动工程科技发展，不断攻克科技难关，建设大国工程，铸造国之重器，为推动我国工程科技创新进步、促进经济社会高质量发展作出了重要贡献。

工程科技是推动人类社会发展的重要引擎。希望中国工程院在新的起点上，发挥国家战略科技力量作用，弘扬科学家精神，引领工程科技创新，加快突破关键核心技术，强化国家高端智库职能，为实现高水平科技自立自强、建设世界科技强国作出新的更大贡献。

习近平

2024 年 6 月 3 日

在中国工程院建院 30 周年之际，习近平总书记发来贺信，向全院院士和广大工程科技工作者致以诚挚问候，强调为实现高水平科技自立自强、建设世界科技强国作出新的更大贡献。贺信饱含亲切关怀与殷切期望，在广大工程科技工作者中引发热烈反响。30 年来，在党的坚强领导下，中国工程院团结凝聚院士和广大工程科技工作者，大力推动工程科技发展，不断攻克科技难关，创新成果举世瞩目。汇聚一流创新人才、产出一流科技成果、贡献一流咨询建议、打造一流学术平台，广大工程院院士和工程科技工作者在为高水平科技自立自强而奋斗的进程中争当排头兵。本文言简意赅，充分体现了党中央对科技工作者的亲切关怀和殷切期望。

例文 4-13

潘展乐勇夺巴黎奥运会男子 100 米自由泳金牌并破世界纪录省委省政府致贺电

中国奥委会转中国体育代表团：

欣悉浙江运动员潘展乐在第 33 届奥运会男子 100 米自由泳决赛中敢打敢拼、奋勇争先，以破世界纪录的好成绩为中国代表团再添一枚金牌，这也是我国首次摘得该项目奥运会金牌。在此，谨向中国体育代表团及中国游泳队，向潘展乐和教练员表示热烈祝贺！

潘展乐打破了欧美运动员长期以来对男子 100 米自由泳金牌的垄断，游出了中国速度，浙江人民倍感骄傲和自豪！潘展乐取得优异成绩，离不开国家体育总局和中国游泳队的悉心培养，我们表示衷心感谢！

衷心祝愿中国体育健儿在比赛中再接再厉、勇创佳绩！

中共浙江省委
浙江省人民政府
2024 年 8 月 1 日

这是一份贺电。中共浙江省委、浙江省人民政府在潘展乐取得第 33 届奥运会男子 100 米自由泳金牌后，向中国体育代表团、中国游泳队、潘展乐和教练员表示祝贺、感谢以及祝愿。贺电和贺信都是就重大胜利、喜庆节日、活动等表达祝贺的。相较贺信，贺电用极少的时间、极快的速度表达祝贺，更具时效性。

二、公开信的种类

根据适用范围，公开信可分为四种类型。

（一）在重大的事件、活动或节日里所发的公开信

第一类公开信是以领导机关、群众团体的名义，在纪念活动、传统节日或其他必要的情况下，给有关单位、社会阶层、集体、个人的书信。这类公开信有问候、表扬、鼓励的作用，结构与普通书信基本相同。

例文 4－14

习近平给北京师范大学“优师计划”师范生的回信

北京师范大学“优师计划”的同学们：

你们好！来信收悉。入学一年来，你们通过课堂学习和支教实践，增长了学识，开阔了眼界，坚定了到基层教书育人的信念，我感到很欣慰。值此北京师范大学建校 120 周年之际，谨向全校师生员工、广大校友致以热烈的祝贺和诚挚的问候！

北京师范大学是我国最早的现代师范教育高等学府，为国家培养了一大批优秀教师。希望你们继续秉持“学为人师、行为世范”的校训，珍惜时光，刻苦学习，砥砺品格，增长传道授业解惑本领，毕业后到祖国和人民最需要的地方去，努力成为党和人民满意的“四有”好老师，为培养德智体美劳全面发展的社会主义建设者和接班人贡献力量。

教师节即将来临，祝全国广大教师节日快乐！

习近平
2022 年 9 月 7 日

这是习近平给北京师范大学“优师计划”师范生的回信。中共中央总书记、国家主席、中央军委主席习近平给北京师范大学“优师计划”师范生回信，对他们寄予殷切期望，并在北师大建校 120 周年和第三十八个教师节来临之际，向该校师生员工、广大校友

表示祝贺和问候，向全国广大教师致以节日的祝福。

（二）针对某一问题的公开信

这类公开信或针对某些社会上存在的严重问题，如歪风邪气、贪污腐败；或针对一些新的事件而发给特定对象。这类公开信或批评或表扬或建议，其目的都是抑恶扬善，弘扬正气。例如，2024 年 10 月 16 日，中共中央总书记、国家主席、中央军委主席习近平给中国国际大学生创新大赛参赛学生代表回信，对他们予以亲切勉励并提出殷切希望。习近平指出，你们以大赛为平台，用在课堂和实验室学到的知识解决实际问题，在创新实践中增本领、长才干，在互学互鉴中增进中外青年的友谊，这很有意义。习近平强调，创新是人类进步的源泉，青年是创新的重要生力军。希望你们弘扬科学精神，积极投身科技创新，为促进中外科技交流、推动科技进步贡献青春力量。全社会都要关心青年的成长和发展，营造良好创新创业氛围，让广大青年在中国式现代化的广阔天地中更好展现才华。

（三）针对社会上出现的某些问题或现象进行澄清的公开信

随着政务的公开，对于群众反映的某些问题、某些现象、某公职人员或职能部门在从事某种工作时涉嫌违规的，政府机关使用公开信进行澄清。这类公开信的写法与普通书信相同，但由于要寄给报社、电台、电视台，因此要注意信封的书写格式。使用电子邮件时注意写好发信缘由。

例文 4－15

九龙坡区反诈骗中心
致广大网约车驾驶员的一封反诈公开信

近期，电信网络诈骗分子不断翻新作案手法，诈骗分子以各种理由诱使受害人以购买黄金、取现等方式，通过网约车将黄金、现金等贵重物品运往指定地点或者交给特定人员，以不见面、不现身份的方式将黄金、现金取走，最终成功转移赃物赃款。为避免广大网约车司机间接成为诈骗分子的“工具”，九龙坡区反诈骗中心总结“三个凡是”做以下提醒：

一、凡是在各银行网点、黄金店铺（含大型商超金店）等附近空车带货的；

二、凡是发件人行为异常，包裹上车后，下单人会拍摄运送车辆、司机的照片同时会索要司机的真实电话的；

三、凡是收件人行为异常，尤其是空车带货的订单，收货时戴口罩、戴帽子等遮掩，伪装容貌，或者不见面、不现身收货，或者到达指定地点后又临时更改送货地点的。

如遇到以上情形的，请务必第一时间拨打“110”。让我们共同努力，筑牢反诈防线，保护自身与他人的生命财产安全。

希望大家在工作中保持警惕，祝工作顺利、生活愉快！

这是重庆市九龙坡区反诈骗中心致广大网约车驾驶员的一封反诈公开信。因为电信网络诈骗分子不断翻新作案手法，多地出现利用快递和网约车运送现金、黄金实施“线上诈骗＋线下取钱”的电信网络诈骗案例，诈骗分子为快速实施诈骗，转移洗白赃款，诱骗受害人利用快递或网约车线下运送大额现金或黄金，给受害人造成重大财产损失。为此，九龙坡区警方把电信网络诈骗分子新作案手法总结为“三个凡是”，以公开信形式，向广大网约车司机朋友做出反诈预警提醒，提醒广大网约车驾驶员增强防范意识，警惕成为电信网络诈骗的“帮凶”。这封信件语言通俗易懂，易于传播。

（四）私人信件在特殊情况下被作为公开信发表

这类信件一般没有明确的收信方的详细地址，但又需要发给对方，所以要以公开信的方式发表在报刊、电台、网络平台上。例如，有人未留名的好事，他人想要表示感谢时会使用公开信。有的是虽知对方的详细情况，但由于客观条件所限不能直接将信发给对方，所以使用公开信的形式。

三、公开信的结构和写法

公开信的格式与普通书信基本相同，由标题、称谓、正文、落款等几部分组成。针对不同类型的公开信，其内容与写法有很大不同。

（一）重大节日活动中针对相关人群的公开信

1. 标题

这类公开信的标题一般由发文双方名称、发文原因、文种共同组成。

2. 称谓

这类公开信的称谓针对发信对象和发信方式的不同而有所不同，有的写集体称呼，有的写个人姓名。称谓一般顶格写在第一行，称呼后加冒号。

3. 正文

（1）开头：发文者表示关怀、问候和祝愿。开头一般写表示祝愿的语句，把发文单位、机关的良好祝福带给受信群众、单位或个人。

（2）主体：发文者真情实意地赞颂受信者的品德、成绩、贡献及影响，使受信者在特殊的气氛下倍受鼓舞、感到自豪。

（3）结尾：发文者进一步提出勉励、希望、要求等，使受信者不骄不躁，发扬优势，继续奋斗，为社会和他人做出更大的贡献。

4. 落款

在公开信右下方署上发文单位名称或个人姓名以及成文日期。

（二）针对具体问题的公开信

1. 标题

这类公开信的标题由发文双方名称、发文原因、文种组成，有时公开信标题也可只由受文者和文种构成，如“给×××的一封信”。文种名称有时简略为“一封信”，如“×××关于×××××给×××的一封信”。

2. 称谓

称呼要顶格书写后加冒号。有时用“同志们”“朋友们”表示多数，有时直接写受信者的单位名称或个人姓名。

3. 正文

（1）开头，说明公开信的发文原因。一般开头要针对某一具体问题展开叙述。

（2）主体，简略叙述问题。如果是事件，就说明在什么时间、什么地点、什么人，出于什么原因，做了什么事，结果如何。如果是某一现象，就要指明这是什么现象，有什么表现，有什么倾向，有什么危害，会造成什么结果，以及是什么原因造成的，等等。发文者阐明对问题的真实态度，是提倡赞扬还是批评反对，或对某种看法提出自己的主张。

（3）结尾，发文者提出希望或解决问题的意见及建议。若是有积极影响的事件可以写上表敬意或祝愿的话，如“此致敬礼”等；若是对事件的处理意见有看法，可写上“妥否，请参考”等。

4. 落款

在公开信右下方署上发文单位名称或个人姓名，并在署名正下方写成文日期。

四、公开信的写作要求

思虑周详。公开信虽然不具有行政约束力，但也不可以随便使用。发布公开信要充分考虑需要与可能，即的确有写公开信的必要，确有可能实现公开信所说的目标。

表情达意要注意分寸。发文方既要诚心诚意地将发表公开信的理由告诉受文者，又要灌输公开信的基本思想，切忌夸大其词。

把握分寸。公开信写好后要把握好发布公开信的最佳方式及最佳时间，以取得很好的社会效果。

拓展阅读

申明科禁诏

单元小结

本单元介绍了声明和公开信的概念和写作要求。这两类应用文都可以通过新闻媒体、社交网络等多种渠道进行发布，唤起公众注意。两者作用基本一样，都担负着告知大众事项的任务。我们要掌握好声明和公开信的写作要领，在今后的工作、学习生活中灵活地使用这两个文种解决问题，提高自己的工作效率。

实践操作

写作题

1. 阅读以下材料，请你以区城管局的名义起草一份给社区居民的公开信，进行解释说明。要求：内容完整，条理清晰，有针对性，有说服力。

最近让白师傅颇为烦恼的是，为方便小区居民出行，他用节衣缩食积攒的钱给大家修路，没想到刚动工就被城管部门叫停，还要求补办手续。难道做好事还有错吗?

摆了 20 多年修车摊的白师傅家住环城街道芳华小区，小区东门边有一条居民为出行方便沿围墙边开的便道。这条小道有 100 多米长，最窄处也就 1 米左右，通过两处较陡的台阶与主路相连。白师傅等人的街边摊就沿着这条小道一字排开。小道年久失修，铁制的栏杆锈迹斑斑，一到雨雪天，原本就坑坑洼洼的路面变得泥泞不堪，小区居民出行极为不便，街边摊的生意也没有保障。周边居民对小道的路况抱怨不已。白师傅看在眼里，总想着把这条小道修一修，方便大家也方便自己，无奈手头并不宽裕。

在区城管局和社区的积极协调和努力下，街边摊终于有了好去处，他们都搬进了新改造的社区便捷服务综合中心。白师傅有了自己的固定摊位，租金便宜，收入稳定。慢慢地，白师傅的手头有了一点积蓄，他就打算修路了。

白师傅先把那些废旧的铁护栏全部换成镀锌的管子，然后又刷了好几遍油漆，把护栏的水泥墩子也刷成了白色。可让白师傅怎么也没想到的是，他才干了几天，就有城管执法人员让他停工，说个人不能随便修路，要办理相关手续。即使他要修，也要按照要求，先把路面挖深然后打地基铺路，还要把护栏增高。白师傅感到很意外："这可咋办？按照城管的要求，我的钱根本不够啊！这路都开始修了，现在又不让修了，前面费那么大劲，不都白干了吗?"小区居民也纷纷表示不理解，"这条路的情况已经反映很多年了，一直没有解决。现在有热心人来修路，大家都很高兴。这是白师傅自掏腰包做好事，结果弄成这样，城管不让修，这不让人寒心吗?"

不断有小区居民为此找到区城管局，想问个究竟。工作人员说，按照规定，修路必须办理相关手续。"大家的心情我们都理解，但修路确实是有规定的。现在大家都觉得是城管的错，其实我们也是按规定办。"

城管部门要求白师傅暂停修路的做法，引发了社区居民的质疑。

2. 请你为下文中的歌手写一份声明。要求：内容合理，语言简练，态度诚恳。

某歌手的演唱会上发生了一场观众大喊退票的事件，引起了不少关注和讨论。据现场观众反映，他们花钱买了演唱会的门票，演唱会当天，该歌手仅在开场时简短问候，开唱半小时后，却只唱了三首歌，其后大部分表演时段均由伴唱挑起大梁，歌手本人则在台侧。经纪人跟粉丝互动聊天快一个小时。这样的表演让许多观众感到失望和不满，现场甚至响起了要求退票的声音。有观众表示，自己本来对该歌手的演唱会抱有很大期待，但没想到却遭遇了这样的情况，实在是让人失望。

单元四

简　报

学习目标

知识目标

1. 了解简报的概念、特点、作用和种类
2. 掌握简报的写作要求

能力目标

1. 能够撰写观点明确、材料具体充实、格式规范的情况简报和会议简报
2. 能够准确地把握语言使用技巧

素养目标

1. 具有大局意识、严谨的工作态度和责任感，培养团队合作意识，提高沟通交流的能力
2. 培养创新思维，提升时间管理、资源管理能力

单元导入

简报是各机关单位用来进行下情上报、上情下达和互通情况、交流信息的文种，是信息类公文中重要且常用的一种。它是一种机关事务文书。

从篇幅上看，简报虽小，但作用不可低估。通过简报，我们可以将工作进展情况以及工作中出现的新情况、新问题、新经验，及时反映给上级机关，使上级机关了解下情，为上级机关制定政策、指导工作提供参考；同时，它也是交流经验的有效途径。

专题一　简报的概念及特点

简报即工作情况的简要报道，主要反映本单位范围内重要政策的贯彻落实情况，重大问题和重要情况的处理意见与效果，反馈重要经验的评价与推广等。通过简报的编发，上级机关能够及时掌握情况，指导工作，为制定政策提供依据；平级机关之间可以互通情况，交流沟通信息；下级机关可以向上级汇报工作，反映情况，并接受领导指示，以便更好地开展工作。

例文 4-16

共青团××××大学委员会团学工作简报

20××年下学期第×期

（总第××期）

共青团××××大学委员会编印　　　　　　　　　　20××年 12 月 30 日

目　　　录

团学快讯

20××年秋季学期校团委学生干部、干事述职报告会

首届校园模拟招聘大赛圆满结束

××××大学首届校园导游大赛落幕

园区简讯

20××—20××学年上学期梓苑学生自律委员会干部补选报道

梓苑“欢庆元旦·文明考试”系列活动

学院巡礼

商旅学院学生会艺术团为第九届中国旅游论坛添彩

爱撒洋浦——城建学院青协防火防盗宣传活动

20××年秋季学期校团委学生干部、干事述职报告会

为加强校团委各部门成员间的了解，增进团结，促进工作经验交流与学习，明确各自工作目的，更好地开展团学工作，校团委办公室于 12 月 24—26 日中午在学生活动中心 104 室报告厅举行 20××年秋季学期校团委学生干部、干事述职报告会。团委办公室、青年团校办公室、管理办公室依次做了述职报告，报告分为两个部分：校团委学生干部、干事对自己所在工作部门工作的概况介绍；个人的自我介绍。整个报告会流程有条不紊，大家不时对讲演精彩的同学报以热烈的掌声。报告会还实行了打分制度，成员互评，形式新颖。通过这次报告会，团委内部成员之间的确增进了交流，有利于将来团委工作更加深入地开展。

这是一次新的尝试，工作与成员间的交流很好地结合了起来。相关同学进行述职报告时，团委副书记×××老师、×××老师还亲临现场，肯定了一年来全体成员的辛勤工

作，也给予了很大的鼓励。

（略）

抄报：××××

送发：××××

共印××份

这是一篇结构完整规范的工作简报。报头下用“目录”将各篇文章标题罗列出来，能使读者清晰了解本期简报主要内容。正文叙述了20××年秋季学期校团委学生干部、干事述职报告会的基本情况。结尾部分对本次工作进行了小结，交代了相关信息。语言简明扼要，逻辑性强。

一、简报的概念

简报就是简明扼要的情况报道，是社会组织内部用来汇报工作、沟通情况、反映问题、交流经验的一种事务文书。

二、简报的特点

简报是国家机关、企事业单位广泛使用的内部小报。简报以消息报道为主，有较强的时效性和针对性，虽然可包含多种文体，如调查报告、经验总结、情况通报、评论等，但是要尽量做到一文一事、一事一报。简报是内部编印，只限于编报单位内部之间交流，不宜甚至不能公开传播。

（一）新闻性

简报近似于新闻报道，就是要写得快、发得快，强调时效性，尤其是突发性事件，更要讲究争分夺秒。当我们发现新情况、新问题时，就应以最快速度报道，让领导及时掌握情况，使问题得到及时处理。

（二）简短性

简报贵在“简”，以简取胜，寥寥数笔，把情况说明即可。简报使读者不必花太多时间就能获得不少信息。如果调查报告、经验总结纳入简报，也要经过压缩和改写，做到内容精练、篇幅短小，以适应现代快节奏工作的需要。

（三）真实性

简报必须严格遵循真实性原则。简报所反映的内容必须完全真实，涉及人名、地名、时间、事件必须真实可靠，不能弄虚作假。一知半解的材料未经核实不写。对事物的分析、解释要科学，符合实际。

（四）专业性

简报一般由有关单位、部门主办，专业性十分明显。简报由主办单位组织专人撰写，传递该项工作的各种信息，包括情况、经验、问题和对策等。

（五）内部性

简报一般在编报机关管辖范围内各单位之间交流，是一种具有汇报性、交流性和指导性的简短灵活的内部刊物，即在机关内部印发定期或不定期的刊物，不公开发行。特别是涉外机关和专政机关主办的简报，往往是专给某一级领导人看的，有一定的保密要求，因此不能任意扩大阅读范围。简报不是正式公文，如情况简报，虽也具有严肃、严格的特点，但却没有约束、强制、准绳的作用。

三、简报的作用

（一）汇报工作

下情上达。简报是上级机关了解情况的一条重要渠道。发生问题的，相关部门须迅速向上级机关反映日常工作和业务活动情况，便于上级机关了解下情，及时作出指示。

（二）指导工作

上情下达。简报可以向下级机关传达上级机关的意图，便于上级机关提出工作的意见和要求，指导整个工作有序、科学地开展。

（三）同级机关交流信息

简报报道的具体做法、工作经验和教训，可在同级机关之间互相交流，使彼此得到启发，从而更好地配合工作，加强协作。

四、简报的种类

简报名目繁多，如快报、会议简报、动态简报、专题简报、综合简报等。根据分类的标准不同，简报分为两大类。

一类是情况简报（工作简报）。情况简报可反映本机关内部日常业务工作情况，内容十分广泛，有定期与不定期两种。开展某项重要活动，可写专题性简报，把活动过程中的动态、情况、典型事件、经验问题，按时间顺序阶段性地向有关部门反映和交流，以推动活动顺利进行。

另一类是会议简报。会议简报是为组织和引导会议进行，并及时向上级机关反映会议情况，由会务组在会议期间编写的简报。会议简报的内容包括：重要的报告，讨论发言，会议动态，议决的问题等。

专题二　简报的写作

一、简报的结构和写法

简报一般分为报头、报核、报尾三大部分，如表 4－14 所示。

表 4－14　简报的结构

要素	具体内容
报头	（密级）　（份号） ××××（单位名称）简报期数（套红印刷） 期数 编发单位名称　印发日期
报核	编者按（是否需要，视情况而定） 标题 ××××××××××××××××××××××××××××××××××××。（正文）
报尾	发送范围 （印制份数）

注：以上内容仅供参考。

（一）报头

简报的报头类似公文的“红头”，一般套红印刷。报告在首页间隔横线以上，占全页 1/3 的位置。简报的报头，如图 4－2 所示。

机密

XXXXXXXX简报

2024年第15期

（总第27期）

××大会秘书处编　　2024年×月×日

××市召开××会议

图 4－2　简报的报头

（1）简报名称。简报名称用大号字套红印刷。简报名称既可以是“简报”二字，也可以在“简报”前面加上单位名称或简报种类名称等限制词，如“宣传工作简报”“高教简报”。

（2）期数。期数位于简报名称下方正中，须加括号。综合工作简报，一般以年度为单位编排；如果是专题简报，按本专题统编顺排。如需发布特殊内容而又不必另出一期简报时，可在名称或期数下面注明“增刊”或“××专刊”字样。连续出的简报，要注明总期数。

（3）编发单位。编发单位一般是“××办公室”“××秘书处”等，位于期数下面、间隔横线上方左侧。

（4）编发日期。编发日期位于编发机关右侧。

（5）保密提示。保密文件要在首页报头左上角标明秘密、机密、绝密或内部刊物等字样。

（二）报核

刊登文稿的部分为报核，是简报的核心内容。简报有一期一篇文章的，有一期由数篇文章组成的，有仿效报纸内设若干栏目的。报核由标题、导语、正文、结尾等部分组成，如表 4－15 所示。有的简报在标题前还加上按语、目录。

表 4－15　简报报核的结构

要素	具体内容
按语	编者按：××××××××××××××××××××××××××××××。（提示内容要点或意义，说明编辑意图等）
标题	×××××
导语	××××××××××××××××××××××××××××××××（某人或某单位，什么时间，干什么（事件），结果等内容）
正文	1.×××××××××××××××××××××××××××××××。 2.××××××××××××××××××××××××××××××××。（用足够的、典型的、有说服力的材料，把导语的内容具体化） （正文如篇幅较长，可采用小标题等方式）
结尾	×××××××××××××××××××××××××××××××。 （如果主体部分已经把事情说清楚，就不必写了。）

注：以上内容仅供参考。

1. 按语

按语也称编者按，在间隔线下方，标题之上，单独成段。内容特别重要的简报，编者可另加按语，对内容加上必要的说明或评议，说明好在哪里、重要在哪里、从中得到什么启发，以提醒读者注意。

转发下级机关报上来的材料、刊登上级机关发来的简报时，须说明转发的目的，此时可在文章的前面加一段按语。有的简报还通过按语来传达领导指示或指出工作要求。按语要观点鲜明，文字精练。按语是代出版简报单位说的话，编者写按语时应持慎重态度。按语的种类如下：

（1）评价性按语，表明编者对简报内容的倾向性态度。

（2）说明性按语，介绍材料来源、转发目的、转发范围。

（3）提示性按语，用来提示简报内容，尤其是长文章，以加深读者对文章精神的理解。

按语不是必备要素，不是所有简报都要加按语。

2. 目录

如果简报文稿较多，就在报头下设计“目录”一栏，将各篇文章标题罗列出来，使读者能清晰了解本期简报的主要内容。

3. 标题

标题要能够简要地概括正文部分的核心内容，用词准确，简明醒目，切忌文题不符。书写标题时可以讲究一点艺术性，如“温暖的水来自四面八方”“大好时光忙些啥?”。这类标题虽不直接反映简报内容，但生动活泼，对读者有较强的吸引力。简报标题分为单行标题和双行标题，双行标题包含主题和引题或副标题。

4. 导语

和新闻写作一样，简报的开头要用简明的文字概括主要的内容。导语一般要告诉读者何时、何地、何人、何事、为何、如何，帮助读者领会简报的主旨，提起读者注意。导语的表现手法多种多样，常见的有以下两种：

(1) 直叙式导语，又称摘要式导语，即用朴实简明的语言，概括介绍简报的主要内容。

(2) 提问式导语，即围绕所写事物提问，可使读者警醒、关注，也是常见的导语。例如：“苹果滞销，部分水果批发公司亏损严重，可是××果品公司不仅不亏，还有盈余，这是为什么?”

5. 正文

简报要层次分明地把有关情况写清楚，简要地反映当前实际工作的动态、进展，做到观点明确、事实充分、条理清晰。

(1) 提炼要点。简报的编者应明确简报的中心思想和基本内容。除选定一个新颖的、能吸引人的、真正起到点睛作用的标题外，简报正文中还要善于使用小标题或提要式语句，使人对这一部分所要阐述的问题一目了然。这些提要式语句醒目，概括力强。

(2) 材料具体。简报是反映情况的，没有具体事实就没有编写简报的必要。每个提要式语句后面，都有具体事实或典型事例或具体数据说明观点。

(3) 主体结构层次清晰。简报的编写层次分为三种：时间顺序、平行顺序、逻辑顺序。一是时间顺序，即根据事情发生的先后顺序编写简报，使读者对事实全过程有完整了解。二是平行顺序，即围绕主题报道多方面的情况，或者通过几个并列的材料突出某个观点。三是逻辑顺序，即按事物的因果关系来安排材料，摆事实讲道理，或者按事情的主次关系来安排结构，突出重点。主体部分的结构，要根据简报的具体内容和报道意图安排，以清楚地反映事物的情况为原则。

有些简报，内容单纯，用简洁的文字把情况说清楚即可。有些快报，须迅速反映新情况、新问题，只要简要说明何时何地发生了何事即可。如果是会议简报，要以具体化的事实反映会议内容、会议主要精神和议定事项。

6. 结尾

结尾或对全文内容做小结，指出事件的意义或者未来发展趋势，加深读者印象；或补充说明与简报内容有关的某个问题；或提出要求和号召。事情单纯、篇幅短小的简报也可自然结束。

(三) 报尾

报尾在简报的末页下方。间隔线将报尾与报核分开。报尾要写明报、发、送单位名称，或个人职务及姓名，末行注明本期印发份数，以备查考。

领导或上级机关应写在“报”的一行；平行或不相隶属机关应写在“送”的一行；下级机关应写在“发”的一行。此外，报尾还要标注印刷份数。

例文 4－17

2024 年上半年全国技术市场交易快报

2024 年上半年，技术市场深入贯彻落实创新驱动发展战略，加强技术市场体系建设，推进科技创新与产业创新深度融合，技术要素市场发展活跃，技术交易额保持稳定增长。通过“全国技术合同管理与服务系统”数据统计，截至 6 月 30 日，全国共签订技术合同 37.1 万项，成交额 2.71 万亿元，比去年同期增长 7.3%。

按技术合同类型统计，技术服务合同成交额居五类合同之首，成交额 16 418.7 亿元，同比增长 11.1%；技术开发合同成交额 7 778.4 亿元，位居第二，同比增长 2.5%；技术许可合同成交额增幅较大，达到 1 372.5 亿元，同比增长 64.1%。

按技术领域统计，技术合同成交额居前三位的分别为先进制造、城市建设与社会发展、电子信息，三者占全国技术合同成交额 53.3%。其中，先进制造技术合同成交 6.4 万项，成交额为 4 912.4 亿元，占全国技术合同成交额 18.3%；城市建设与社会发展领域持续增长，成交额 4 862.2 亿元，占比 18%；电子信息类技术成交额 4 692.1 亿元，占比 17.3%。农业、航空航天、新能源与高效节能、生物医药和医疗器械等较上年同期均有不同程度的增长。

按照知识产权统计，技术交易知识产权含量稳步提升，占技术合同总成交额超过 1/3，生物医药新品种、集成电路布图设计专有权、设计著作权的技术合同有较大规模增长，其中生物医药新品种技术合同成交项数 2 888 项，成交额 261.97 亿元，同比增长 62.27%；集成电路布图设计专有权成交项数 290 项，成交额 29.49 亿元，同比增长 45.85%。

按技术交易主体统计，企业是技术交易最活跃的主体，上半年输出技术合同 24.3 万项，成交额为 24 614.7 亿元，占全国技术合同成交总额的 91.0%；企业吸纳技术合同 21 290.5 亿元，占全国合同成交总额的 78.7%。上半年，我国与境外企业技术合作势头强劲，境外企业购买技术达到 1 622.8 亿元，同比增加 62.4%。

这是一篇工作简报。文中导语部分交代了全国技术市场交易的基本情况；正文部分从四个方面展开了具体阐述。本文语言简明扼要，逻辑性强。

例文 4－18

北京市以统筹推进教育、科技、人才之力服务中国式现代化之要

——2024 年全国教育工作会议经验交流之一

编者按：1 月 11 日至 12 日，2024 年全国教育工作会议在北京召开，中央教育工作领导小组秘书组组长、教育部党组书记、部长怀进鹏出席会议并讲话，北京市教育委员会等 8 家单位在第二次全体会议上作了交流发言。现将交流发言材料予以编发，供参阅。

教育部简报〔2024〕第 1 期

北京市坚持以习近平新时代中国特色社会主义思想为指导，按照加快建设教育强国的重大战略部署和服务新时代首都发展的新要求，紧紧围绕推进中国式现代化这个最大的政

治，瞄准加快形成新质生产力这个重大命题，统筹推进教育、科技、人才工作，重实践、抓落实，不断提升教育对经济社会高质量发展的支撑力、贡献力。

聚焦思想政治建设，加强党对教育工作的全面领导。深入学习贯彻习近平总书记系列重要讲话和重要回信精神，深刻领悟“两个确立”的决定性意义，增强“四个意识”、坚定“四个自信”、做到“两个维护”。深入开展学习贯彻习近平新时代中国特色社会主义思想主题教育，大兴调查研究之风，精准发力解难题。精心打造“三进”工作品牌，开展“学习新思想、做好接班人”等主题活动，试点建设大中小学思政课教学改革创新联合体，推进大中小学思政课一体化联动。推动落实中小学校党组织领导的校长负责制，已优化和调整全市1 200余所中小学校中近80%的党组织书记和校长，1 070所学校已完成相关制度建设。研究出台以实践教学为主题的“大思政课”综合改革试验区建设方案，搭建实践教学数字地图，建立实践基地，打造“北京中轴线上的大思政课”。开展“‘京’彩文化、青春绽放”行动计划，组织20余万学生参与“千人百村”、红色“1+1”等实践活动。

聚焦连续贯通，有组织地构建全学段全链条的人才培养体系。(略)

聚焦教育开放，为推动国际交往中心建设、践行人类命运共同体理念作出应有贡献。(略)

聚焦数字化转型，以新赛道新优势服务全球数字经济标杆城市建设。(略)

这是一篇会议简报。标题由正、副标题组成，正标题概述会议议题，副标题交代会议时间。编者按交代了这份简报的相关信息。导语部分交代了北京市教育委员会2024年的工作经验。正文部分采用段首概括法，提纲挈领地从四个方面用具体事例、数据展开了具体阐述，除介绍工作成绩之外，还介绍了工作经验。工作经验均有一定的普遍意义。正文结束后自然收尾。文章观点和材料紧密结合，选取的事例较具典型性。本文语言简明扼要，逻辑性强。

二、简报的写作要求

（一）实事求是

真实、准确是简报的生命。简报是向领导和有关部门报告情况的，上级机关可据此作决策，有关部门可将其作为行动的重要参考。编者要做深入细致的调查研究工作，反复核实内容，做到确凿无误。

（二）材料要精

简报的内容既要集中、精练、扼要，又要主旨突出。编者要善于综合归纳大量的材料，进行加工整理，重点选择与国家政策、方针密切相关的，或涉及本部门中心工作的重要材料、典型经验，特别注意与事物发展的最新状态和发展趋势相关的材料。

（三）迅速及时

简报是工作报告文件中的“轻骑”，快捷、及时是它的一大特点。从收集信息、整理材料到编审、印发，一环扣一环，编者要力求将最新了解到的情况和最近发生的事情迅速地报道出来，特别是要独具慧眼，一旦发现事情露出端倪，就要穷追不舍，刨根寻底，直至水落石出。

拓展阅读

××矿泉水产品营销策划书

单元小结

本单元分别从概念、特点、作用、种类和写法介绍了简报。简报可以为领导作决策提供依据，可以有效传达上级机关指示，交流信息，有效地推动工作的开展。

实践操作

一、改错题

这是一份简报的开头，请指出问题并进行修改。

为了满足节日人民的需要，为了做好今年的国庆供应，在××市财贸系统党组织的领导下，在广大人民群众的支持下，由于广大干部职工齐心合力，在遭受特大洪水灾害和××铁路一时中断的情况下，克服了各种困难，千方百计组织货源，积极安排节日商品的生产、加工，因而使今年国庆供应水平不低于去年水平。

二、写作题

1. 阅读下面的材料，用一句简洁、鲜明的提要式语句进行总结。

以前，泰来食品店糕点组每月产生 900 多斤点心渣；现在，他们卸车、搬运轻拿轻放，销售包装仔细精心，这个月只产生 100 斤点心渣。以前，他们会把进货包装的塑料绳扔掉；现在，他们将塑料绳回收再利用，仅此一项，一年便可节约 1 400 余元。

2. 请根据以下信息，以××集团企划部的名义写一份工作简报。

20××年××月××日，全国冰箱质量评比活动在××市举行。会议由全国家用电器协会主办，××集团承办，家用电器管理处处长××主持。22 个省、自治区、直辖市推出 32 种产品参加评比。在评比会上，全国冰箱制造行业的 30 多名专家对 32 种产品的各项质量指标进行了认真的评比，其中对冰箱压缩机质量的检测正在进行中。

虽然评比结果尚未揭晓，但总体来看，各厂产品之间的差距越来越小，有些产品的优势几乎不复存在。这说明各厂都在狠抓产品质量，以质量求生存，同时也告诫各厂，不能不思进取，要想保持优势，必须在产品质量上再下功夫。

3. 以报道班级同学积极参加校运动会，并在多个项目的比赛中取得优异成绩，为获得团体总分第一作出了巨大贡献为内容制作一份简报。要求：标题简洁醒目，材料详略得当，层次清晰明畅，语言简洁朴实。

参考文献

1. 本书编写组. 党政公文写作格式与范例：修订本［M］. 北京：中共中央党校出版社，2021.

2. 徐成华，等. GB/T 9704—2012《党政机关公文格式》国家标准应用指南［M］. 北京：中国标准出版社，中国地质出版社，2012.

3. 孟延军，高云飞，吕向阳. 党政机关公文标准与格式应用指南：解读 案例 模板［M］. 北京：人民邮电出版社，2021.

4. 岳海翔. 公文写作教程［M］. 2 版. 北京：高等教育出版社，2013.

5. 王用源. 应用文写作技能与规范［M］. 北京：人民邮电出版社，2019.

6. 韦志国. 财经应用文写作［M］. 3 版. 北京：北京理工大学出版社，2019.

7. 杨文丰. 高职应用文写作［M］. 4 版. 北京：高等教育出版社，2018.

8. 郭鹏，胡晓蕾. 应用文写作［M］. 北京：清华大学出版社，2015.

9. 单立勋，沈冬娜，丁国祥. 应用文写作［M］. 北京：清华大学出版社，2015.

10. 邹运月，张成. 简明应用文写作［M］. 杭州：浙江大学出版社，2015.

11. 马琳. 应用文写作实训教程［M］. 济南：山东人民出版社，2022.

12. 张军. 现代应用文书写作教程［M］. 北京：高等教育出版社，2019.

13. 耿云巧，马俊霞. 应用文书写作［M］. 北京：人民邮电出版社，2015.

14. 郭冬. 秘书写作［M］. 4 版. 北京：高等教育出版社，2021.